VINYLFA

VINYLFANATEN

Robert Haagsma

Spectrum

Uitgeverij het Spectrum
Postbus 2073
3500 GB Utrecht

Eerste druk 2006
Omslagontwerp: Maura van Wermeskerken
Fotografie: Foto Focus, Jack Tillmanns
Foto 2 Many DJ's op bladzijde 174: Eva Vermandel
Zetwerk: Meijster Design B.V., Vijfhuizen
Druk: Wilco, Amersfoort

ISBN-13: 978 90 274 2774 8
ISBN-10: 90 274 2774 7
NUR 680
www.spectrum.nl

INHOUD

Voorwoord Cas Bosland	7
Proloog	8
Emiel Buis	13
Jules Deelder	25
Walter Hoeijmakers	37
Miss Djax	49
Jan Vollaard	59
Johan Derksen	69
Eric van den Hurk	83
Deejay Git Hyper	93
Marthy Coumans	105
Metal Mike van Rijswijk	119
Kees de Kat	129
Erik Heylen	141
Hans Seegers	149
Berend Dubbe	163
Stephen Dewaele (Soulwax)	175
Willem Venema	183
Michel Terstegen	205
Henk Bouwer	217
André Methorst	227
Wipneus & Pim	237
Rob & Elly	247
Johan Visser	257
Vinyl in de praktijk	267
Epiloog	281
Dankwoord	287

VOORWOORD

De magie van de langspeelplaat, daaraan zijn al deze vinylfanaten volkomen verslingerd. En terecht, want het blijft een magisch moment om een plaat tevoorschijn te halen, op de draaitafel te leggen, de naald langzaam in de groef te laten zakken en te wachten tot de muziek begint. Tijdens het luisteren laat je de prachtige grote hoesfoto op je inwerken – met een beetje geluk is het een klaphoes die uitvouwt tot het dubbele formaat – je kijkt nog eens welke muzikanten erop mee spelen of je leest de bijgevoegde songteksten. Je geniet van de warme geluidskwaliteit en je blijft in de buurt van de pick-up, want de plaat moet op tijd omgedraaid worden. Dankzij dit boek zie je het beeld zo voor je. Dat is de verdienste van Robert Haagsma.

Cas Bosland
Organisator Mega Platen & CD in de Jaarbeurs Utrecht

PROLOOG

Wat drijft iemand om zijn hele leven te wijden aan Bob Dylan? Om zich te omringen met zeventigduizend elpees? Of om vrijwel alle sociale contacten op te offeren aan een gigantische platencollectie? En wat is er zo bijzonder aan elpees, terwijl cd's toch zoveel handzamer zijn? Het zijn vragen die ik probeer te beantwoorden in *Vinylfanaten*, een boek waarin muziek oneindig veel meer is dan achtergrondbehang. Het speuren naar elpees en singles en het luisteren naar muziek is voor de verzamelaars die geportretteerd worden een manier van leven geworden.

Ik weet niet meer precies hoe lang ik al rondloop met het idee om een boek te schrijven over de grootste fanatiekelingen onder de vinylverzamelaars. Ik denk een jaar of tien. Sinds mijn tienerjaren spelen vinyl en de verzamelaars namelijk een grote rol in mijn eigen leven. Ik verzamel zelf elpees, ep's en singles, loop beurzen plat en bezoek wekelijks platenwinkels. Mijn meeste vrienden en kennissen zijn zelf ook verzamelaars. Kortom, vinyl is alom vertegenwoordigd in mijn leven.

Als muziekjournalist heb ik de afgelopen vijftien jaar vele honderden artiesten geïnterviewd: grote sterren en beginnende bandjes. Het leek mij sowieso aardig om nu eens niet de makers, maar de gebruikers aan de tand te voelen: de andere kant van het muzikale spectrum.

Luisterend naar de gesprekken in de winkel of op de beursvloer viel mij namelijk steeds vaker op dat de verhalen van menig verzamelaar minstens net zo boeiend zijn als die van de gemiddelde muzikant. Niet zelden zelfs nog veel leuker. Achter elke collectie gaat een goed verhaal schuil, merkte ik. Heel wat verzamelaars zitten bovendien vol smeuïge anekdotes en boute uitspraken. 'Mocht ik ooit geplaatst worden voor de keuze: mijn platen of mijn vriendin, dan wist ik het wel,' hoorde ik ooit iemand bloedserieus vaststellen. Voor de goede orde: dan kon de dame in kwestie haar koffers pakken.

Goede verhalen zijn er om opgetekend te worden. Het afgelopen jaar hakte ik de knoop door: *Vinylfanaten* moest er nu maar eens komen. Het laatste zetje dat ik nodig had, werd mij bezorgd door een documentaire: het aangrijpende *Vinyl* (2000), een low-budget documentaire van de Canadese filmer en somberman Alan Zweig. Met een openhartigheid die soms pijnlijk is doet hij uit de doeken wat zijn verzamelwoede in zijn toch al weinig florissante leven aanrichtte. Even mooi zijn de portretten die hij schoot van bevriende verzamelaars. Het is onbegrijpelijk dat *Vinyl*, een hit in Amerikaanse en Canadese filmhuizen, Europa nog nooit bereikt heeft. Hoe dan ook, ik wist het nu zeker: de verhalen van verzamelaars zijn de moeite meer dan waard.

Wat ik in *Vinylfanaten* wilde vastleggen, is de gedrevenheid die ik van mijzelf ken, maar ook in de wereld van verzamelaars om mij heen terugzie: de honger naar nieuwe plaatjes, de nieuwsgierigheid naar muziek uit allerlei exotische landen, het fanatisme waarmee verschillende persingen vergeleken worden en de liefde voor mooie platenhoezen.

Gepassioneerdheid is nu eenmaal een van de mooiste eigenschappen die een mens kan hebben. Vooral wanneer die liefde voor wie of wat dan ook staande houdt te midden van de oppervlakkigheid, middelmaat en onverschilligheid die ons elke dag omringen. Het maakt mensen mooi, goed en boeiend.

Hun verhaal wordt des te interessanter wanneer die gepassioneerdheid leidt tot wat brave burgers soms excessief gedrag noemen. Mij kan het niet gek genoeg zijn. Honderd oldtimers, prima! Duizend theelepeltjes, prachtig! Zeventigduizend elpees, helemaal te gek! Lak aan logica maakt mensen juist interessant.

In de afgelopen jaren merkte ik ook hoe inspirerend dergelijke gesprekken zijn. Niets is leuker dan iemand eindeloos te horen oreren over obscure progressieve rock, onontdekte folk, beat uit Bombay of woeste bebop diep uit de jaren '50. Het zorgde ervoor dat ik zelf mijn muzikale grenzen steeds verder verlegde, oude platen herontdekte en op zoek ging naar telkens weer nieuwe, spannende bands, solisten, orkesten en hun platen.

Ik hoop dat *Vinylfanaten* net zo inspirerend is. Dat het de gestaalde verzamelaar aan nieuwe ideeën helpt. Of dat het muziekliefhebbers in ruste aanzet om die in onbruik geraakte platen toch weer eens tevoorschijn te halen. En wellicht inspireert het jonge muziekfans tot het ontdekken van de wereld van de groeven, obi's, matrijsnummers en plakranden.

Ik besloot voor *Vinylfanaten* een twintigtal mensen te interviewen, waar mogelijk te midden van hun eigen collectie. Het lijstje met namen kwam moeiteloos tot stand. Op enkele verzamelaars had ik zelf mijn zinnen al gezet, anderen werden mij aangedragen door vrienden en kennissen, en door contacten in platenzaken.

Ik wilde verzamelaars uit diverse muzikale geledingen spreken. Van jazz tot metal en van dance tot psychedelica. Daarnaast wilde ik zowel 'veel-vinylbezitters' spreken als puristen met een bewust bescheiden gehouden collectie. Het leek mij bovendien aardig om een combinatie te maken van bekende Nederlanders met een vinyltic en muziekfanaten die in alle anonimiteit verzamelen.

Vanaf het begin stond vast dat ik mij vooral op de verzamelaars wilde richten die het vinyl trouw gebleven zijn. Het verschafte me een rode draad. Ik heb sowieso gemerkt dat iemand die zich verlustigt aan analoge klanken vaak net een iets persoonlijker band met muziek heeft dan degenen die al lang geleden overgestapt zijn op cd. Of erger, die de liedjes downloaden en afspelen op hun iPod.

Ik werd niet teleurgesteld, integendeel. Vrijwel iedereen die ik benaderde was meteen enthousiast. 'Waarom is nog niemand eerder op dit idee gekomen?' luidde een veel gehoorde vraag. Ik mocht overal langskomen. Iedereen wilde maar al te graag zijn of haar verhaal doen. De bezoeken leverden tientallen uren tape op, met daarop de meest leuke, interessante en ontroerende verhalen van verzamelaars die soms zelden naar buiten treden, maar zich – zeg ik in alle bescheidenheid – door een medeverzamelaar begrepen voelden. Ik durf gerust te stellen dat dankzij al die ontboezemingen *Vinylfanaten* met afstand mijn meest dierbare journalistieke klus tot nu toe is gebleken.

Het leek mij aardig om als extraatje alle verzamelaars, geheel naar eigen inzicht, een top-10 te laten samenstellen. Het kleurige, handgeschreven lijstje waarmee sportjournalist Johan Derksen mij opwachtte, bracht mij op het idee om aan iedereen een dergelijk ambachtelijk document te vragen en die integraal af te drukken. Met soms uiterst creatieve bijdragen als resultaat.

Na elk gesprek merkte ik bovendien dat ik thuiskwam met een representatief steekwoord. Ik besloot om die notitie te verheffen tot titel van het betreffende hoofdstuk.

Tijdens het uitwerken van *Vinylfanaten* merkte ik dat ik misschien nóg wel een motief had om dit boek te schrijven. Het is vaak behoorlijk lastig om aan je omgeving uit te leggen hoe diep je liefde voor muziek zit en wat je drijfveren zijn als verzamelaar. Al deze verhalen zijn misschien een beetje een omslachtige manier om dat alsnog te proberen. Veel verzamelaars vertolkten namelijk precies wat ik ook al jaren voel en meemaak. *Vinylfanaten* gaat dus over hen, maar elk verhaal gaat ook een beetje over mijzelf.

Ten slotte nog wat statistische gegevens: tijdens de tweeëntwintig bezoeken aan vinylfanaten werden door mij een slordige dertig koppen koffie geconsumeerd, alsmede vijftien biertjes en ongeveer zestig glazen wijn. Vooral rood. Het leverde de Nederlandse Spoorwegen zo'n 350 euro aan treinkaartjes op en de busmaatschappijen ongeveer 30 euro aan strippenkaarten.

Ik mocht mijn ogen – en in sommige gevallen mijn handen – laten glijden over collecties van in totaal meer dan 350.000 singles, ep's en elpees. De waarde daarvan laat zich niet eenvoudig becijferen. Zeker de muzikale niet.

Robert Haagsma

UNO
BEATLES

Single

Emiel Buis

Emiel Buis (1965) werkt bij een Nederlandse bankinstelling en presenteerde een tijdlang radioprogramma's voor een regionale omroep. Hij verzamelt onder meer klassieke Indiase muziek, psychedelica uit de jaren '60, George Harrison en vooral de band: The Beatles. 'In mijn top-10 van beste platen ooit staat niets van The Beatles. De band is voor mij te groot voor dat lijstje. Laat ik het zo stellen: hun complete oeuvre zweeft daarboven. Het staat op nul.'

De rijzige gestalte van Emiel Buis lijkt zo weggelopen uit zijn favoriete muzikale tijdperk: de jaren '60. Hij heeft een weelderige baard en zijn lange haar is samengebonden tot een paardenstaart. Op zijn neus prijkt een metalen brilletje dat lijkt op het type dat ooit hip gemaakt werd door John Lennon. Niet helemaal in de pas lopen met de tegenwoordige tijd, Emiel vertelt dat hij die ervaring al vroeg had. 'Ik was een jaar of twaalf toen mijn oog viel op een elpee in de bescheiden collectie van mijn vader. Het was een verzamelelpee van The Beatles. In eerste instantie vond ik de hoes erg mooi. Toen ik de muziek hoorde, was het liefde op het eerste gezicht. Ik werd getroffen door de eerlijkheid en de directheid van hun songs. Het was ook muziek die nog niet helemaal af was. Een song als *Ticket To Ride*, prachtig! Er was nog ruimte voor mij en wat ik erbij wilde voelen.'

'Ik miste dat in de muziek die destijds, halverwege de jaren '70, in de mode was. Maar ook in wat nu trendy is. Ik vind moderne muziek vaak te af. Te overgeproduceerd. Ik ervaar het als een product, gemaakt door bands die het heilige vuur missen. Als ik luister naar The Beatles, Jefferson Airplane of The Grateful Dead, dan hoor ik groepen die vanuit een innerlijke noodzaak muziek maken. Niet omdat een platenmaatschappij met een contract staat te wapperen. Ik ben daar kennelijk erg gevoelig voor.'

De compilatie van zijn vader smaakte al snel naar meer. Eind jaren '70 verscheen de zogenaamde blue box, een doos met daarin alle albums van The Beatles, minus *Magical Mystery Tour*, maar met een plaat vol zeldzame liedjes. Emiel Buis schafte het lijvige pakket aan. Er ging opnieuw een wereld voor hem open. 'Ik ben achteraan begonnen met luisteren. Eerst dus *Let It Be*, helemaal terug tot *Please Please Me*. *Let It Be* heb ik er sindsdien weinig meer uitgehaald. Het is nog steeds mijn minst favoriete elpee van The Beatles, met name vanwege de productie van Phil Spector. Een man die ze van mij mogen... Nou ja, laat ik dat maar niet hardop uitspreken.'

Emiel Buis besefte als snel dat hij met die box wel een groot deel van de muziek van The Beatles in huis gehaald had, maar dat er nog veel meer was. Hij ontdekte dat er aanmerkelijke verschillen waren tussen sommige Amerikaanse en Engelse persingen. Dat er verzamelelpees waren die alleen in Frankrijk waren uitgekomen. En nog veel meer. Zoals Nederlandse singles met unieke fotohoesjes. 'Ik wilde allereerst alle elpees graag in hun oorspronkelijke versie hebben, zoals ze destijds – in de jaren '60 – in de winkel hebben gelegen. Dus ging ik achter de originele Britse persingen aan. Dat is het begin van mijn verzamelwoede geweest. Al snel kocht ik alles wat ik tegenkwam. Eind 1980 werd John Lennon vermoord, dat versnelde het proces nog meer.'

'Waarom gaat een mens verzamelen? Het is een vraag die ik mijzelf ook regelmatig stel. Ik denk dat het komt doordat het verzamelen los komt te staan van de muziek zelf. Uiteraard geniet ik nog steeds intens van de muziek. Dat blijft de hoogste prioriteit. Maar het zoeken naar verschillende persingen geeft mijn hobby een extra dimensie. Het is niet alleen de muziek, maar ook de esthetiek. Het mooie fotohoesje uit Finland. Die ep uit Frankrijk.' 'Verder is het ongebreidelde nieuwsgierigheid. Zou er ook ooit iets van The Beatles in Ethiopië verschenen zijn? Dat fascineert mij eindeloos. Het is een soort zoeken naar de grote schat. Het is erg spannend om naar de Indiase persing van *Sgt. Pepper's Lonely Hearts Club Band* van The Beatles te speuren. Het plezier dat ik daarmee heb staat los van de bedragen die er soms mee gemoeid zijn. Ik kan evenveel lol beleven aan de aanschaf van iets dat 5 euro kost, als van iets waarvoor ik 1500 euro moet neertellen.'

'Ik begrijp intussen dat ik daarin vrij alleen sta. Sommige mensen hebben bijvoorbeeld alle cd's van The Beatles. Daarmee is het klaar. Waarom dat niet voor mij geldt? Geen idee. Ik vind dat lastig onder woorden te brengen. Het zit niet in de familie. Ook bij mijn collega's ben ik een grote uitzondering. Ik heb mij er dan ook vroeg mee moeten verzoenen dat ik een buitenbeentje ben. Ook qua muziek. Ik bedoel, terwijl mijn leeftijdgenoten tot over de oren in de punk zaten, luisterde ik naar *The Freewheelin' Bob Dylan* uit 1963. Ik ontdekte The Sex Pistols pas toen de punk allang weer voorbij was. Nee, ik ben geen kind van mijn tijd.'

Emiel Buis beaamt dat The Beatles de basis voor zijn liefde voor muziek vormt. Vandaaruit waaierde het uit. Via de fascinatie van Beatle George Harrison voor Indiase muziek kwam hij zelf terecht bij Ravi Shankar en tablaspeler Alla Rakha. Vanuit The

Beatles was de stap naar Bob Dylan ook niet heel groot. Vanwege een kort rolletje in de Beatles-film *Magical Mystery Tour* kwam ook The Bonzo Dog Doo-Dah Band in beeld. Wat hem vervolgens weer bij het komische gezelschap Monthy Python bracht.

Hij verzamelt verder onder meer alles dat is verschenen via het Amerikaanse kwaliteitslabel World Pacific, dat de afgelopen decennia vooral naam maakte met jazz en wereldmuziek.

'Ik kwam daarmee in aanraking omdat Ravi Shankar daar platen op uitbracht voordat hij dankzij George Harrison bekend werd. Het is lastig verzamelen. Het bedrijf is een paar keer gestopt en weer opgestart, waarbij diverse malen de hele collectie opnieuw uitgebracht werd. Soms met nieuwe hoezen en catalogusnummers. Het is een hele klus om dat uit te zoeken. Welke variaties hebben de hoezen? Waarom zijn sommige elpees op gekleurd vinyl verschenen? Hoe komt het dat op de ene kant van een elpee een matrixnummer (identificatiecode van een specifieke persing, RH) staat, dat uit een heel andere periode stamt dan die op de andere zijde? Waar is dat goed voor? Ik wil dat weten. Omdat je van de platenmaatschappij niets hoeft te verwachten – het interesseert ze gewoon niet – moet je dat als verzamelaar allemaal zelf uitpluizen. Dat spitten, dat is het leuke van verzamelen.

'Hoewel ik het niet fanatiek verzamel, koop ik ook regelmatig platen van psychedelische bands uit de jaren '60. The Wind In The Willows bijvoorbeeld. Met in de gelederen Debbie Harry van Blondie, maar dan nog met bruin haar. Verder houd ik erg van de muziek van Ultimate Spinach. Voor Jefferson Airplane mag je me midden in de nacht wakker maken. Verder heb ik ook een zwak voor bepaalde rock uit de jaren '70, zoals die bijvoorbeeld gemaakt wordt door Hawkwind. Als ik ooit zelf muziek zou gaan maken, zou het in zo'n band zijn.'

'Er zijn ook genres waarmee ik niets heb. Zoals country. Het raakt me simpelweg niet. Nee, zelfs Johnny Cash doet mijn hart niet sneller kloppen. Heavy metal maakt ook niets bij mij los. Ik heb ook een groot probleem met veel Nederlandse muziek. Jaap Fischer is een uitzondering. Hij zingt mooi, zijn teksten zijn puntig en de eenvoudige begeleiding is heel doeltreffend. Ik luister ook graag naar de vroege Boudewijn de Groot. De rest kan me gestolen worden. Vooral de Engelstalige acts, omdat de beheersing van de taal vaak zo slecht is. De Franse chanson laat ik ook met veel plezier aan mij voorbij gaan.'

Emiel Buis bewaart zijn imposante collectie in een tussenkamer van de bovenetage waar hij woont. Een deel staat in zijn slaapkamer. Alles is overzichtelijk opgeborgen. Duizenden singles, elpees en cd's. Opvallend zijn hele reeksen cd's met bootlegs van The Beatles. Gevraagd naar zijn meest dierbare schatten, trekt hij het zogenaamde *White Album* van The Beatles uit de kast. De mono uitvoering. Het is een versie die de laatste jaren heel snel populair is geworden onder verzamelaars vanwege de, in vergelijking met de stereo persing, superieure mix. Uiteraard met de nodige consequenties voor de prijs. Een ander topstuk is de *Amused To Death*, een soloplaat van Pink Floyd's Roger Waters, die in een heel bescheiden oplage op dubbelelpee verscheen. Volgens kenners is het een audiofiel paradijsje op plaat.

Buis is ook erg blij met de complete serie van zeven kerstsingles die The Beatles in de jaren '60 aan de fanclubleden stuurden. Zijn set is compleet met de enveloppen en het begeleidende schrijven. Het is zijn duurste aanschaf ooit. Hij betaalde er 850 Britse ponden voor. Veel geld, maar intussen is deze set veel meer waard.

Verder, zover het oog reikt, promo's, radioshows en boxen. Zoals een doosje met singles van Mary Hopkin. Deze frêle Britse zangeres bracht haar platen uit via het Apple label vanThe Beatles, waarvan Buis ook alles zoekt. Hij stuitte op het setje via de veilingsite eBay. Het zijn 25 identieke exemplaren van *Think About Your Children*, een piepklein hitje in 1970. Ze zitten nog in het doosje, inclusief Apple logo, waarmee ze destijds door de platenmaatschappij verstuurd werden. Een mooi, puntgaaf pakketje, dat oogt alsof het zo uit het magazijn komt.

Emiel Buis verzamelt ook bootlegs, cd's en elpees met onofficiële concertopnamen van acts als The Doors en Jefferson Airplane. 'Ik kan mij op die manier terug laten voeren naar een tijd die ik niet bewust heb meegemaakt. Natuurlijk, ik had best vijftien jaar ouder willen zijn. En geboren in Amerika. Dit is echter de manier om die fantastische tijd van Jimi Hendrix, Janis Joplin en al die andere helden zo dicht mogelijk te benaderen. Verder heb ik twee Amerikaanse kennissen die deze periode wel bewust meegemaakt hebben, en mij aan veel platen helpen. Zij delen die ervaringen maar al te graag met mij.'

Het pièce de résistance in de collectie van Emiel Buis hangt echter in zijn voorkamer aan de muur. Het is een uiterst charmante pentekening van twee vogels, in 1962 gemaakt door Stuart Sutcliffe, van 1960 tot medio 1961 bassist van The Beatles. Hij maakte de tekening in Hamburg, in het jaar dat hij overleed. 'Ik heb zijn zus ontmoet tijdens een dag van de Beatles fanclub. Ik vroeg haar of er nog kunst van hem te koop was. Ze stuurde dit later zomaar op. Als ik het wat vond, kon ik alsnog betalen. Wat ik uiteraard per kerende post gedaan heb.'

Opvallend is verder een plank vol voorbespeelde bandrecorderbanden, waar Emiel Buis ook een warme liefde voor koestert. Hij vertelt de doosjes mooi te vinden, maar in bepaalde gevallen het geluid van de banden te prefereren boven dat van cd's of elpees. Hij verzamelde in de afgelopen jaren tapes van onder meer Ultimate Spinach, the Paul Butterfield Blues Band, Bob Dylan en – uiteraard – The Beatles. Ter illustratie legt hij een band van *Let It Be* op een van zijn bandrecorders. En inderdaad, het nummer *Two Of Us*, waarmee het album opent, heeft een warmte en aanwezigheid die frappant is. 'Zo raar is dat niet,' legt Emiel Buis uit. 'Een bandrecorderband is maar twee stappen verwijderd van de originele mastertape. Er heeft geen conversie naar een totaal ander medium plaatsgevonden, zoals bij de elpee of cd. Je zit dichter bij de bron.'

Hij benadrukt echter dat vinyl desondanks zijn favoriete geluidsdrager is. 'Van een mooie elpeehoes kan ik werkelijk warm worden. Bij een cd heb ik dat niet. Ik heb wel cd's. Box sets en bootlegs. Vaak zijn die simpelweg nooit op vinyl verschenen, dus moet ik wel. Het zwaartepunt van mijn collectie ligt in de jaren '60 en '70. Aangezien in die periode muziek verscheen op singles en elpees is dat vanzelfsprekend de geluidsdrager die mijn voorkeur heeft.'

Hij komt slechts sporadisch op platenbeurzen. Ook in de platenwinkels is de oogst de laatste jaren schraal. Hij gaat wel een keer per jaar naar Amerika, voor een concert van zijn geliefde Pandit Ravi Shankar. Hij bezoekt daar dan zoveel mogelijk platenwinkels, waaronder de befaamde Amoeba Records in San Fransico. Een hemel op aarde, aldus Emiel Buis.

'Ik betrek heel veel via het internet en dan vooral eBay. Ik realiseer mij dat dankzij het internet de prijzen voor sommige topitems fors omhoog gegaan zijn. Daar staat tegenover dat het aanbod evenredig is toegenomen, wat voor een hele categorie ook gunstige gevolgen had. Onlangs kocht ik nog een originele elpee van Ravi Shankar uit 1958 voor nog geen 6 dollar. Als daar net even geen belangstelling voor is, valt zoiets je zomaar in de schoot. Zonder eBay zou ik zoiets nooit tegenkomen. Ik heb overigens geen duidelijke grens in wat ik uitgeef. Het item moet het mij waard zijn. Verder ben ik natuurlijk afhankelijk van mijn budget. Dat is bescheiden, al geef ik wel veel uit.'

'Ik zoek nog veel. Er zijn in India 78-toerensingles van The Beatles verschenen. Net als in Zuid-Afrika en op de Filippijnen. Ik heb er ooit drie gezien. Ik heb er geen een in mijn bezit. Dat zou ik graag veranderen, maar de prijzen van die dingen zijn gigantisch. We hebben het dan over duizenden dollars. Er zijn mono versies van de voorbespeelde banden van *Abbey Road* en *Let It Be* van The Beatles. Die staan ook hoog op mijn verlanglijstje. Verder zoek ik nog de mono versie van de tweede elpee van Pink Floyd: *A Saucerful Of Secrets*. Er duiken wekelijks platen op waarvan ik denk: hé, dat zou ik ook graag hebben. Het zoeken gaat eindeloos door.'

Emiel Buis benadrukt, enigszins ten overvloede, dat muziek heel belangrijk voor hem is. Het liefst zou hij er zijn ganse leven aan wijden. Omdat er ook brood op de plank moet komen, heeft hij wel een gewone baan. Hij meldt nadrukkelijk dat die betrekking volledig losstaat van zijn persoonlijkheid.

'Ik had best muzikant willen worden, maar ik mis vermoedelijk het daarvoor noodzakelijke talent. Ik heb wel eens gefantaseerd over een eigen platenzaak, maar ik zou mij net zo gedragen als die jongens in het boek en de film *High Fidelity*. Mocht er ooit iemand binnenkomen en om een single van Hepie en Hepie vragen, zou ik in lachen uitbarsten. 'Heb je dan geen hersens, of ben je echt zo dom,' zou ik Louis van Gaal parafraseren. Dat zou dus niet opschieten. Dan maar een speciaalzaak? Ook dat heeft geen zin. Ik zou de hele winkelvoorraad mee naar huis slepen, in plaats van verkopen.'

'Ik beleef muziek nu eenmaal heel intensief. Bepaalde platen vertegenwoordigen een heel specifiek gevoel. Ik kan daar volledig in opgaan. Achtergrondmuziek bestaat voor mij dan ook niet. Een café vol mensen die mee brullen met Marco Borsato, ik kan dat niet. Als ik een plaat opzet, doe ik niets anders meer. Opperste concentratie. Totale overgave. Als ik onderbroken word, bijvoorbeeld door de telefoon, gaat de naald omhoog. Die laat ik pas weer zakken wanneer ik daar weer helemaal klaar voor ben.'

'Muziek is inderdaad alles voor mij. Ik heb er veel aan te danken. Ik heb ooit een moeilijke tijd gehad. Muziek heeft mij daardoorheen gesleept. Het is de reden dat ik nog steeds leef. Om die reden is muziek ook zo'n groot deel van mijn leven geworden. Elke avond luister ik muziek of zit ik achter de computer, speurend naar nieuwe platen. Urenlang.'

'Het is een intensiteit die ik elders nergens tegenkom. Ik merk ook dat die niet te delen is. Mijn familie of mijn collega's begrijpen het niet. Zij hebben totaal andere prioriteiten. Ik heb dan ook weinig echte vrienden. Ik ontmoet vaak onbegrip of verbazing. Of erger, mensen die het ridiculiseren. Omdat muziek zoveel voor mij betekent, doet dat pijn. Dus houd ik de meeste op een veilige afstand. Er komt bij mij zelden iemand over de vloer. Dat jij hier nu bent is best uitzonderlijk.'

'Natuurlijk heeft die enorme toewijding nog meer consequenties. Op vakantie ga ik niet. Een weekje Amerika per jaar vind ik genoeg. Ik heb ook geen relatie. Ik heb het wel geprobeerd. Maar mijn manier van leven is gewoon niet te combineren met zoiets als een relatie. Ik zal een voorbeeld geven. Een paar jaar geleden had ik mijn Amerikaanse vrienden uit Saratoga aan de lijn. Een concert van The Sex Pistols in San Fransisco kwam ter sprake. De kaartjes waren al in luttele minuten uitverkocht. Ik had mij daarbij neergelegd. Kreeg ik even later weer een telefoontje: ze hadden toch nog een kaartje weten te versieren. Ik pak op zo'n moment mijn spullen, koop een ticket van 650 euro en ben vertrokken. Ik kom natuurlijk niet met lege handen terug, dus zo'n bliksembezoek kost mij al snel 1500 euro. Dat ik vervolgens maandenlang rood sta, vind ik geen probleem. Ik weet waarvoor ik dat doe. Maar leg het maar eens uit aan een partner. Die ziet alleen maar het geld, niet wat ik zojuist allemaal meegemaakt heb.'

'De manier waarop ik bezig ben met muziek kost gewoon veel tijd en geld. Het is een dagvulling. Als ik een bepaalde plaat wil hebben, zal die er hoe dan ook komen. Ook al moet ik wekenlang leven op pannenkoeken en Brinta. Mijn gas, licht en huur zal ik altijd betalen. De rest, zoals eten, is onderhandelbaar. 'Schat, we eten voorlopig niets, want ik heb zojuist een hele zwik platen gekocht!' Vroeg of laat gaat dat wringen. Ik weet waar ik dat offer voor breng. De ander niet.'

'Ik wil ook dat niemand anders aan mijn platen komt. Mijn muziek staat bovenaan, dan kom ik, op de derde plaats staat de eventuele ander. Dat wordt niet geaccepteerd, dat snap ik best. Ik kan en wil echter geen water bij de wijn doen. Ik wil mijzelf zelfs niet hoeven verdedigen of verantwoorden. Als dit als consequentie heeft dat ik altijd single zal blijven dan is dat jammer, maar voor mij niet zo belangrijk als die ep uit België.'

Bootleg 10.

1. The Beatles - Day by Day-series. Yellow Dog
2. Pink Floyd - Random Precision. Great Dane.
3. Led Zeppelin - the Destroyer - Smilin' Ears Rec
4. The Doors. The Matrix Tapes - Swinging Pig
5. Jimi Hendrix - Mixdown Master tapes. Dandelion
6. Bob Dylan Folk Singer's Choice - Yellow Dog
7. Tori Amos - Blood Girl - Moon Raker
8. Simon and Garfunkel Unsurpassed Masters - stone age music
9. Sandy Denney - Dark the Night - Mixed
10. Monterey Pop Festival Vol 1&2 - Living legend

Artist Title Comment. Label

1. Ravi Shankar - Live at Monterey - Mono version - World Pacific
2. John Lennon / Plastic Ono Band - - - Apple.
3. Bob Dylan - Blonde On Blonde - Mono version - Columbia

Great Society - Conspicious Only in it's Absence - Mono - Columbia
John Martyn - One World - - Island Records.
Roger Waters - Amused to Death - - Columbia
Pearls Before Swine - One Nation Underground - - ESP
Saddhu Brand - Whole Earth Rhythm - 1st pressing - Ana Chakraborty's
Musical Sewing Machine Records.
Jimi Hendrix - Electric LadyLand - - Trax records.
Vivian Stanshall - Sir Henry at Rawlinson End - - Charisma.

ZWART

Jules Deelder

Achter het diepzwarte exterieur van Jules Deelder (1944) gaat een kleurrijk mens schuil. De Rotterdammer in hart en ziel manifesteerde zich begin jaren '60 aanvankelijk als dichter, maar sloeg al snel de vleugels uit. Nederland leerde hem kennen als muzikant, schrijver, theaterdier, hartstochtelijk supporter van voetbalclub Sparta en als hoofdpersoon in diverse reclamefilmpjes.
Zijn liefde voor het uitgaansleven van de havenstad leverde hem bovendien de eretitel 'nachtburgermeester van Rotterdam' op. In 1999 ondernam hij een inmiddels legendarische theatertournee met zijn vrienden Bart Chabot en Herman Brood. In 2003 bracht hij de compilatie *Deelder Draait* uit, met daarop hoogtepunten uit zijn omvangrijke jazzcollectie, rechtstreeks van elpee geplukt. Voor het vervolg, *Deelder Blijft Draaien*, kreeg hij eind 2005 een Edison.

Jules Deelder geeft ter kennismaking, met afgewend gelaat, een vluchtige hand. Afstand. Een meegebracht exemplaar van de elpee *Poëzie in Carré* breekt voorzichtig het ijs. De plaat, met een prachtige hoestekening van Marijke Koger, bevat opnamen uit 1966 van een nog jonge Jules Deelder, tussen onder meer Simon Vinkenoog, Remco Campert, Ed Hoornik en Cees Nooteboom. 'Een collectors item,' stelt Jules Deelder terecht vast. 'Uiteraard heb ik hem zelf ook nog. Het was mijn doorbraak.' Nog geen uur later staat de zwarte verschijning tussen de tafeltjes van zijn Rotterdamse stamkroeg. Met weidse gebaren maakt hij duidelijk hoe groot de houten kasten van de allereerste televisietoestellen waren. 'En dat allemaal voor wat bewegende zwart-witbeelden op zo'n klein pleurisschermpje.'

Weer een paar uur later geeft hij ten afscheid opnieuw een hand. Een warme, ditmaal. 'Lullen over muziek is lastig zat. Wanneer je het gevoel hebt begrepen te worden, scheelt dat wel.'

Jules Deelder leeft in een eenpersoons universum, waarin de tijd al decennialang stilstaat. Het haar strak naar achter, de maatpakken messcherp gesneden en zelfs in verduisterde ruimten wijkt de zonnebril geen seconde van zijn spitse neus. Hij is elke centimeter de coole jazzcat uit de jaren '50.

Van moderniteiten moet hij dan ook niets hebben. Aan zijn vingers geen computer. Hedendaagse dansmuziek schuift hij achteloos terzijde als 'onpersoonlijk gebonk', die hem geen flikker doet. En cd's? De Rotterdammer, die zijn koffie met cognac druppelsgewijs consumeert, snuift minachtend. 'Cd's zijn digitaal. Nulletjes en eentjes. Een robot is digitaal. Wij zijn mensen, geen robots. Dus dat werkt niet. Simpel zat.'

Zijn grote liefdes zijn scherp afgebakend: elpees en jazz. Echte jazz welteverstaan. En dan vooral de combinatie van dat medium en die muziek.

Ergens in de duistere jaren '50 denderde de jazz het leven van Jules Deelder binnen. 'Muziek speelde in ons huis geen uitzonderlijke rol,' memoreert Deelder. 'We hadden wel radio. Toen nog distributieradio. Jazz was er nauwelijks op te horen. Of het was het nogal brave werk van iemand als Stan Kenton. Big band. Zelfs dan moest het geluidsvolume omlaag van mijn moeder. Geschetter vond ze het.

'Met de echte jazz maakte ik kennis op een verjaardagsfeestje van een acht jaar oudere zus. Zelf was ik tien. Ik mocht er tot een uur of half tien bij zitten. Een van de jongens die over de vloer was, had een half jaar in Amerika gezeten. Hij had, jawel, twee elpees bij zich. Een van Chet Baker, waarop hij ook zong. En eentje van Gerry Mulligan en diens kwartet. Ik had nog nooit een elpee gezien. Een ervan was ook nog op rood vinyl geperst, wat helemaal bijzonder was. Ik heb de hele avond met die hoezen in mijn handen gezeten. Dat dikke karton en die mysterieuze foto's, het fascineerde me eindeloos.'

'Ik moet bekennen dat ik de muziek in het begin wat vreemd vond. Wat wil je, ik was toen tien en net gewend aan de Dutch Swing College Band. Het boeide me wel vanaf de eerste seconde. Ik wist niet wat het was, maar dat het wat was hoorde ik meteen. Het was zoveel opwindender dan de muziek die ik tot dan toe gehoord had!'

Jules Deelder vertelt in de staccato stijl die hem zo typeert dat het niet alleen de muziek was die hem bij de lurven greep. Het was ook de manier van leven. De drank, de dames en vooral: de dope. 'We hadden daar heel romantische ideeën over. Jazz was ook extra spannend omdat het toch hoofdzakelijk door de zwarte medemens gemaakt werd. Waarmee ik overigens niet wil zeggen dat blanken geen goede jazz kunnen maken. Maar toch. Het was ook een vorm van rebellie. Volwassenen moesten destijds niets van die nieuwe bebop jazz hebben. Het werd toen nog afgedaan als ongestructureerde herrie.'

Op de middelbare school stuitte Jules op klasgenoten met eenzelfde passie voor jazz. Het ging toen, vertelt hij, al snel van kwaad tot erger. Letterlijk. 'We hadden een enorme honger naar nieuwe muziek. We lazen erover in een blaadje als *Downbeat*, dat destijds in de kiosk van het Centraal Station verkocht werd. Alleen, poen hadden we niet. Ja, een beetje zakgeld, maar dat was nooit genoeg. Een ep-tje kostte toen al 6 gulden 25. Een elpee op Blue Note 18 of soms zelfs 20 gulden. Dat was destijds een vermogen. Dus jatten we veel. Ik heb honderden platen gepikt. Vooral ep-tjes, want die waren destijds erg in zwang. Vier nummers op een schijfje, met het handzame formaat van een single. We trokken er vooral in de vakanties opuit. Op de fiets naar Leiden en Den Haag. Elke winkel die we tegenkwamen, gingen we binnen.'

'De middenstand was destijds, we hebben het over de late jaren '50, nog erg naïef. 'Kan ik u helpen, mijnheer?' Natuurlijk niet, ik kwam alleen maar wat rondkijken. Verdween zo'n gozer meteen weer naar achter. Ik meteen mijn zakken vullen. Want de platen uit de hoes halen deden ze destijds ook nog niet. Elpees waren wat lastiger, maar dat lukte wel als je er een met een punt achter je riem stak, met daaroverheen dan je trui. Soms had ik er ook nog een op mijn rug.'

Verheft zich voor een kleine demonstratie. 'Zo liep ik dan de deur uit, stijf als een plank. Jarenlang ging dat goed. Toen ik op een bepaald moment wel geld had om platen te kopen, maar er toch weer een jatte, werd ik meteen gesnapt. Voor het eerst. Typisch, hè? Misschien wel terecht ook. Als je geld hebt, moet je platen gewoon kopen.'

Door de jaren heen groeide, dankzij de wijd zittende truien en ruime riemen, de collectie van Jules Deelder. Ook bezocht hij concerten van alle jazzgrootheden. Van John Coltrane tot Miles Davis. Deze laatste zag hij al in 1959. 'Van al die harde bopjongens heb ik helaas alleen Charlie Parker nooit zien spelen. Aanvankelijk luisterde ik vooral naar het actuele werk. De harde bop uit de jaren vijftig en zestig. Later heb ik ook kennisgemaakt met vooroorlogse jazz. Iemand als Fletcher Henderson, een geweldige pianist en bandleider, opende in dat opzicht mijn ogen. Ik verzamel nu van de jaren '20 tot ongeveer 1970. Daar ligt mijn zwaartepunt. Dat is de echte jazz. Ik houd daarbij het meest van ensembles met blazers. Saxofoons, daar ben ik gek op. Ik heb bijvoorbeeld veel minder met pianotrio's.'

Nederland was in de vroege jaren '60 nog een land van rangen en standen. De jongens uit het arbeidersmilieu, de vetkuiven, hielden van pop, met sterren als Elvis en Cliff. De artistiekelingen, zoals Jules Deelder, destijds vooral te vinden op de toenmalige

HBS, gingen voor de jazz.

'Voor de tijd van The Beatles was dat inderdaad strikt gescheiden,' beaamt Jules Deelder. 'Er was een klassenverschil. Wij voelden dat wij als jazzfreaks tot een bepaalde elite behoorden. Dat gevoel koester ik nog steeds een beetje. Ik moet er niet aan denken dat ik op een ochtend wakker word en iedereen blijkt plotseling van jazz te houden. Jazz moet exclusief blijven. Iets clandestiens bijna. Iets wat alleen volledig begrepen wordt door een kleine minderheid van ingewijden. Het is leuk om ergens alles van te weten, waar anderen helemaal niets van snappen.'

'Overigens ben ik niet bang dat dit ooit zal gebeuren. De meeste mensen zeggen wel van muziek te houden, maar laten zich er toch niet werkelijk door grijpen. Mensen vragen mij wel eens wat ik met duizenden platen moet. Hoe red jij het met dertig cd's, denk ik dan. Dat lijkt mij een veel groter probleem.'

De liefde voor jazz bleef ongebroken, ook in de jaren '60, met zijn Beatlemania en flowerpower. Al zou Jules Deelder in die periode wel onder verschillende namen en met diverse bandjes wat popachtige singles uitbrengen. 'Ik was heel even gecharmeerd van een paar groepen, waaronder The Rolling Stones. Ze hadden dat ruige en rebelse, dat ik eerder ook in de jazz was tegengekomen. Het ebde bij mij toch heel snel weer weg. Vooral toen je eind jaren '60 van die Amerikaanse west-coastbands kreeg, met van die ingewikkelde lange bandnamen. Ik had daar helemaal niets mee. Vanaf dat moment was het weer puur de jazz. Dat is ook nooit meer veranderd.'

Wat ook niet veranderde was zijn liefde voor vinyl: de single, ep en vooral elpee. Ook niet toen begin jaren '80 een glanzend zilveren schijfje met de naam compact disc aan de horizon verscheen. 'Toen ze geïntroduceerd werden vond ik het kleine kutdingen. Dat vind ik nog steeds. Dat plastic doosje, dat flinterdunne boekje en de onleesbare hoesteksten. Ondingen zijn het. Ik vind platen ook beter klinken. Zeker albums die in mijn favoriete periode opgenomen zijn. De latere versies op cd klinken te netjes. Te vlak. De beste muziek wordt opeens behang.'

Het opmerkelijke is overigens dat Jules Deelder zich de afgelopen jaren ontpopte tot een geestdriftig ambassadeur van de jazz. Hij werd een veelgevraagd deejay, wat weer leidde tot het uitbrengen van een reeks compilaties, met daarop hoogtepunten uit zijn jazzcollectie. Op cd! Voor één van die albums, *Deelder Blijft Draaien*, kreeg hij eind 2005 een prestigieuze Edison-onderscheiding.

Hoe verhoudt zich zijn hang naar snobisme en zijn afkeer van die zilveren schijfjes tot deze wervende initiatieven? Deelder denkt even na. 'Er schuilt een glimp van waarheid in elke contradictie,' reageert hij uiteindelijk, even cryptisch als minzaam.

'Kijk, niets is leuker dan op feestjes keihard je favoriete platen draaien. Ik draai soms op bedrijfsavonden. Ik neem nooit gas terug. Er wordt wel eens gevraagd of ik voor achtergrondmuziek wil zorgen. Ja, pleur op. Ik ga keihard. Altijd. Verder sta ik regelmatig op hippe dansfeesten. In de grote zaal staat dan een deejay; ik in een belendende ruimte. Niet zelden puilt de boel juist bij mij uit. Lachen is dat.'

'Veel van die jonge gasten klampen je dan aan en willen weten welke plaat er op de draaitafel ligt. Het valt dan op hoeveel vooroordelen er leven. Bijvoorbeeld dat je op jazz niet zou kunnen dansen. Nou, bij mij is de dansvloer dus altijd vol. Die gasten staan daar zelf van te kijken. Daar is dat idee voor die compilaties uit voortgekomen. Ik heb gewoon de beste tracks op die cd's gepletterd. Mono, inclusief een tikje hier en daar. Dat hoort er allemaal bij. In het juryrapport van de Edison stond dat de cd zo analoog klonk. Net als een echte plaat. Kun je nagaan.'

'Ook al wil ik niet dat morgen iedereen van jazz houdt, toch zou ik willen dat er meer ruimte voor was. Met name op de radio. Zelf had ik jarenlang een jazzprogramma op Radio Rijnmond. In het kader van de een of andere vernieuwing werd dat geschrapt. Nu is het geen seconde meer te horen.'

'Landelijk is dat al net zo erg. Het is alsof de muziek nooit heeft bestaan. Alsof al die gasten die prachtmuziek voor de kat z'n kut hebben gemaakt. Zijn ze eerst allemaal aan de gallemiezen doodgegaan, zonder ooit een cent verdiend te hebben, wordt er nu over hun muzikale erfenis heen gelopen. Ik kan daar niet tegen. Dus doe ik daar wat aan. Als deejay en met mijn cd's. Ik ben dus een soort zendeling, maar wel een die selectief is. Ik heb niet de ambitie om de wereldbevolking te bekeren.'

De collectie waar Jules Deelder uit kan putten is groot. Alle elpees, ep-tjes en 78-toerenplaten bij elkaar gaat het om zo'n tienduizend titels. 'Een uitermate geordende collectie,' benadrukt de bezitter. Met een korte glimlach: 'Het enige dat ik thuis op een rijtje heb zijn mijn platen. Ik kan alles moeiteloos vinden. Voor de rest regeert de chaos.'

'Ik had ooit alles geselecteerd op het instrument van de bandleider. Daar ben ik vanaf gestapt. Nu staat alles op label. Alle Blue Notes bij elkaar. Alle Atlantics idem dito, noem maar op. Ik vind dat een prachtig gezicht. Ik kan ook thuis met mijn platen bezig zijn, zonder dat ik muziek draai. Veel van wat erop staat zit sowieso in mijn hoofd. Ik trek alle platen van een bepaald label wel eens uit de kast en verspreid die dan over de grond. Alle Blue Notes bijvoorbeeld. Ik beklim dan een trapleer om van het uitzicht te genieten. Dan berg ik alles weer op en doe hetzelfde met alles van Impulse. Ik kijk dan en zie een compleet tijdperk voor me. Elk label heeft zijn eigen huisstijl. Dat is prachtig om te zien.'

'Ik draai mijn platen trouwens op een samengeraapt zooitje. Ik heb een pick-up van Dual, die ik heb laten ombouwen, zodat ik er ook 78-toerenplaten op kan draaien. De versterker is ook van Dual. Stokoud. Wat voor boxen ik heb weet ik niet eens. Ik heb ze ooit eens gekregen van iemand. Ik kan heel goed uit de voeten met dat setje. Het gaat bij muziek niet om de perfectie, maar om de klank en de akoestiek. En nee, een cd-speler heb ik niet. Net zo min als cd's trouwens.'

'Een audiofiel zou er kippenvel van krijgen. Ik weet het. Als deejay ben ik ook wel eens op van die hifishows. Daar lopen me een weirdo's rond. Het duurt om te beginnen eindeloos voordat je die dure platenspelers aan de praat hebt. Hier moet de snaar verlegd worden, daar moet een dop op. Een gebed zonder eind. Na een kwartier heb je dan eindelijk muziek. Die interesseert niemand iets. Geeft ook niet, want het is zonder uitzondering kutmuziek. Die gasten luisteren alleen naar het geluid. Hoe de hoge tonen zijn. Of er niet te veel *rumble* is. Nee, dat is niet mijn wereld.'

'Wat ik zelf thuis zoal draai? In elk geval weinig klassiekers. Zelden John Coltrane. Hij is een geweldig muzikant, begrijp me niet verkeerd. Hij mist alleen iets. Humor. Miles Davis ligt ook zelden op de draaitafel. Te bekend. Als ik mensen met hem hoor dwepen, snap ik dat niet zo. Hij is in mijn ogen zwaar overschat. Veel liever draai ik iets van een obscure muzikant, die ooit een plaat heeft gemaakt en inmiddels allang vergeten is. Iets minder bekende gasten als Cozy Cole, Fats Navarro, Kenny Dorham en Hank Mobley. Of iemand als Charlie Parker. Natuurlijk, die man is een legende. Maar wie van de huidige generatie kent hem nog? Of zijn werk?'

'Van nieuwe platen krijg ik nog steeds een kick. Het windt me nog steeds op, net als toen ik tien was. Soms stuit ik op een elpee die ik al jaren in de kast heb staan, maar waarvan ik nooit verder kwam dan één plaatkant. Die zet ik dan op en af en toe blijken daar ware meesterwerken tussen te zitten. Al die tijd heeft die plaat staan wachten op dat ene goede moment. Ik zit dan met rode oren te luisteren. Muziek van veertig, vijftig jaar oud, die nog steeds actueel klinkt. Alsof het gisteren allemaal is opgenomen. Dat is de kwaliteit van goede jazz.'

'Op die manier kan ik nog eeuwen door met mijn collectie. Er staat voor jaren op de plank. Ik red mij ermee voor de rest van mijn leven. Aan de muziek van nu heb ik geen boodschap. Ik hoor vooral bonk-bonk-bonk. Wat is het verhaal daarachter? Teringherrie is het, alleen maar bedoeld om mensen in een hogere gemoedstoestand te brengen. Nou, daar heb ik wel betere middelen voor.'

'Het punt is: het ontroert me niet. Juist daar moet het om gaan bij muziek. Als ik dan in zo'n club kom, staat iedereen een beetje voor zijn eigen rekening te dansen. Niemand doet dat meer met elkaar. Onbegrijpelijk. Nee, ik heb niet het idee dat ik veel mis door de pop van nu te negeren. Het is zo afgestompt allemaal.'

'Ik koop wel nog steeds veel jazzplaten, al wordt het steeds lastiger. In gewone platenzaken kom ik steeds minder van mijn gading tegen. Ik heb natuurlijk al veel, maar deels komt het ook vanwege het internet. Veel platen worden tegenwoordig kennelijk via eBay verkocht. Ik heb geen computer, dus voor mij is dat geen optie. Nee, ik denk er ook niet over om overstag te gaan. Veel van die veilingen lopen, vanwege het tijdsverschil, 's nachts af. Ik ken gasten die dag en nacht achter dat teringding zitten. Kom ik nooit mijn nest meer in. Ik wil bovendien een elpee graag in mijn handen hebben voordat ik afreken.'

'Toch blijf ik speuren. Ik reis veel, zowel in Nederland als in het buitenland. Ik check altijd de lokale platenzaken. Wanneer ik over de drempel van zo'n winkel stap, ruik ik het meestal meteen: hier is wat te halen. Of juist niet. Ik heb daar een soort zesde zintuig voor ontwikkeld. Ik vind het een sport om voor weinig geld goede platen te scoren, maar wanneer ik in Antwerpen bijvoorbeeld een Hank Mobley op Blue Note zie, labelnummer 1550, die ik dus nog mis, gaat die toch mee. Ook al kost het ding vijfhonderd euro. Ik heb wat dat betreft geen psychologische barrière. Als ik de poen heb en de plaat is het me waard, laat ik hem niet liggen. Veel aankopen zijn ook ter vervanging. Van een aantal platen heb ik een Japanse heruitgave. Uiteindelijk wil ik toch het liefst de originele Amerikaanse persing hebben. Die klinken soms, maar niet altijd, beter.'

'Toch kom je de aardigste dingen om de hoek tegen. Onlangs stuitte ik in een winkel op de Nieuwe Binnenweg op een elpee van Romano Mussolini. Inderdaad, een zoon van Benito. Op die plaat wordt hij begeleid wordt door een trio en een sextet. Zoiets is toch heel bijzonder. Vooral vanwege het verhaal erachter. Het is helemaal geen onverdienstelijke muziek bovendien.'

Op plechtige toon: 'Schijt aan Romano, voor een fascist speelt hij aardig piano.'

'De enige manier waarop ik nog wel eens aan een mooi partijtje kom is wanneer een verzamelaar doodgaat. De jazzjongens zijn immers op leeftijd aan het geraken. Dus vragen ze het mij ook wel eens: "Hoe moet dat nou als jij de pijp uitgaat?" Ik weet dat niet. Als je aan het verzamelen bent, sta je daar niet zo bij stil. Je hoopt alleen niet dat je nabestaanden de hele collectie door een opkoper laten weghalen, zodat het voor een habbekrats op een markt terecht komt. Hoewel? Misschien worden ze daar weer door liefhebbers gekocht. Als de platen maar in goede handen komen.'

'Over het hiernamaals heb ik niet zulke concrete ideeën. Ik heb wel eens een bijna-doodervaring gehad. Wanneer? In de tijd dat er nog goede acid circuleerde. Ik zag een helder wit licht, waar ik in opgenomen werd. Ik voelde me heel rustig en was nergens bang voor. Dat is doodgaan volgens mij ook: terug opgenomen worden in de energie waar je vandaan komt. Alles moet je loslaten. Ook je ego. Dat maakt niet uit, want daar heb je een groot deel van je leven toch alleen maar last van gehad.'

'Wat me alleen wel opviel: het was doodstil. Er zal in het hiernamaals toch wel muziek zijn? Mijn platen kan ik natuurlijk niet meenemen. Helaas. Hoewel, ik kan het natuurlijk wel proberen. Een of twee. Achter mijn broekriem. Net als vroeger. Want een hemel zonder muziek, ik moet er niet aan denken. Het zou voor mij een hel zijn.'

1 Tony Fruscella – Atlantic 1220
2 Hank Mobley – Blue Note 1568 } deep groove
3 J.R. Monterose – Blue Note 1536 }
4. Watkins at large – Transition TRLP-20
5. Dafneau Indian Chief – Transition TRLP-23
6. George Wallington – Progressive PLP-1001
7. Jackie McLean – Ad Lib ADL 6601
8. Lawrence Marable – Jazz West LP-8
9. Kent Harian – Caravan LP 15611
10. Teddy Tyle – Golden Crest GL 3060

Top 10 van nog te scoren vinyl

Gevoel

Walter Hoeijmakers

Walter Hoeijmakers (1965) groeide op in het Limburgse Venray. Hij studeerde aan de sociale academie, maar koos voor de popjournalistiek. Zijn stukken verschenen in de rockbladen *Meltdown* en *Watt*. Hij werkte als vrijwilliger in diverse popcentra. Daarnaast bestierde hij enkele jaren de rock- en popafdeling van een grote Amsterdamse platenzaak. Zijn journalistieke werk zette hij voort via de Roadburn website, die hij opzette met Jurgen van den Brand. In 1999 sproot daaruit het gelijknamige festival voort, wat uitgroeide tot een prestigieus platform voor nationale en internationale stoner rock bands – overwegend jonge acts, die zich hevig geïnspireerd voelen door psychedelica uit de jaren '60 en rock uit het begin van de jaren '70.

Walter Hoeijmakers staat voor zijn platenkast, in een zijkamer van het smaakvol ingerichte appartement dat hij met zijn vriendin bewoont. Vijf bij vijf vakken vol elpees. Een mooie collectie. Dat blijkt alleen al uit de vier delen uit de reeks *American Recordings* van countryzanger Johnny Cash, die keurig op een rijtje staan. De eerste drie waren binnen de kortste keren uitverkocht en zijn tegenwoordig hun gewicht in goud waard. 'Gewoon aangeschaft toen ze uitkwamen,' luidt de even logische als eenvoudige toelichting van de eigenaar.

Hij bladert verder en stuit op een album van John Mayall. Ook een van zijn helden. 'Ik heb in de loop van de jaren wel wat weggedaan. Van een enkele plaat heb ik spijt, maar in de meeste gevallen ging het om muziek waarmee ik niet zoveel meer had. Veel hardrock bijvoorbeeld. Ik kan heel goed verder met wat er nu nog staat.'

Walter Hoeijmakers was in zijn prille jaren lang verstoken van popmuziek. Hoewel zijn ouders allebei een artistieke inborst hadden, moesten ze niets van popmuziek hebben. Ze hadden er een uitgesproken hekel aan. Het enige dat in de buurt kwam waren de muzikale ontboezemingen van Robert Long, Boudewijn de Groot en Herman van Veen. Verder was het klassiek wat de klok sloeg.

'Mijn ouders hadden heel uitgesproken opvattingen over hoe iemand zijn leven moest inrichten,' mijmert Walter. 'Dat hield in: hard studeren, later een goede baan krijgen en op die manier de maatschappij tot nut zijn. Daarin was geen plaats voor popmuziek. Sterker nog, ze waren van mening dat die muziek je juist van zo'n goudomrande toekomst kon afhouden. Muziek was prima als middel om te ontspannen, maar het moest geen levensvervulling worden.'

'Ik had wel belangstelling voor muziek, maar in het begin kwam ik niet verder dan wat grote namen: The Police, Golden Earring, dat soort groepen. Verder tastte ik toen nog – ik was dertien, veertien jaar oud – in het duister.'

Dat veranderde dramatisch toen Walter zich als vrijwilliger meldde bij het lokale jeugdhonk Dingus, dat eind jaren '60 in Venray was opgericht, aanvankelijk met de mooi in de tijdgeest passende naam Free Wheelin'.

'Een jaar of vijftien was ik toen. Ik had me nog maar nauwelijks voorgesteld aan de jongerenwerker of hij wees naar een gigantische collectie elpees. "Kijk, daar staan een paar duizend platen. Repareer de hoezen maar, verwijder de stickers, zoek ze uit en zet ze op de juiste volgorde." Ik had maar een half woord nodig. Voor mijn gevoel was ik gestuit op een gigantische schat. Dat was het natuurlijk ook. In Dingus hing destijds nog een beetje de sfeer van de jaren '60 en '70. Dat zag je terug in die enorme verwaarloosde verzameling. Veel Rolling Stones, Jimi Hendrix, Uriah Heep, Tom Petty, Led Zeppelin. Maar ook werk van new wave bands als The Cult en The Cure.

'Er ging voor mij een wereld open. Ik voelde mij als het spreekwoordelijke kind in een snoepwinkel. Ik was een spons, ik zoog alles in mij op wat ik hoorde, zag en las. Alles wilde ik erover weten. Vanaf dat moment was muziek de enige constante factor in mijn leven.'

'Wat mij meteen zo aangreep in muziek? Ik heb mijzelf die vraag ook regelmatig gesteld. Het is lastig te verwoorden. Het was alsof ik thuiskwam. In die muziek vond ik iets dat vertolkte wat ik voelde. Luisterend naar bepaalde platen voelde ik mij begrepen. Opeens klopte alles.'

Het overgrote deel van Walters leven speelde zich al snel af in het jongerencentrum. Het werd zijn nieuwe thuis. Hij stortte zich als een hongerige leeuw op de collectie elpees, werd zo vanzelf gebombardeerd tot een van de huisdeejays en verrichtte er allerlei hand- en spandiensten. Thuis was hij nog maar zelden, net zomin als op school. Uiteraard tot groot verdriet van zijn ouders.

'Ik sloop vaak het huis uit en spijbelde regelmatig van school, zodat ik in Dingus kon zijn. Tussen de muziek. Mijn muziek. Er ging sowieso een wereld voor me open. Ik ontdekte het Radio 3-programma *Stampij* van Hanneke Kappen. Ik maakte op die manier kennis met allerlei te gekke nieuwe hardrockbands. Ooit draaide ze drie livenummers van Motörhead achter elkaar. Het was alsof de bliksem insloeg. Dat ruige geluid, dat hoge tempo. Ik ervoer het als het toppunt van opwinding. Ik werd meegesleurd naar een wereld die zo anders was dan de mijne.'

'Al die ervaringen hadden een enorme impact op me. Van een rustig, tamelijk volgzaam jongetje veranderde ik in een muziekfreak met lang haar, die alleen maar T-shirts droeg met daarop de logo's van favoriete bandjes. Muziek beheerste mijn leven. Rond mijn zestiende kocht ik mijn eerste plaat: *Killers* van Iron Maiden. Die hing bij platenzaak Grammo in Venray aan de muur. Ik zal het nooit vergeten. De opvallende hoes trok mijn aandacht, maar de verkoper hief een waarschuwend vingertje. "Dat is heavy metal. Keiharde muziek."'

'Dat was bedoeld als vaderlijk advies om mij niet met die herrie in te laten, maar een duidelijkere aanmoediging had ik niet nodig. Die plaat was voor mij! Niet veel later kocht ik ook de eerste elpee van Nina Hagen, nadat ik die eerder een halfjaar van de platenbieb in een dorp tien kilometer verderop had geleend. Elke twee weken door weer en wind fietsen om de termijn te verlengen. Dat was nog zo'n mijlpaal. Wat een vrouw. Wat een stem.'

'Het was verder vooral een moeilijke tijd. Ik kijk met niet zo heel veel plezier terug op mijn thuissituatie. Mijn ouders zagen alles met lede ogen aan. Ik geloof dat ze het ook erg moeilijk te accepteren vonden dat ik iets had wat helemaal van mij was. Een wereld waar zij totaal buiten stonden. Dat ging heel ver. Zelf had ik geen platenspeler. Op die van hen mocht ik mijn platen niet draaien. Toen ik dat toch wilde, met een koptelefoon op, werd die simpelweg verstopt.'

'Overigens is het contact nu, vele jaren later, gelukkig weer een stuk beter. We hebben ons verzoend. Ik geloof dat ze inmiddels wel beseffen hoeveel muziek voor mij betekent. Ik ben ze ook dankbaar dat ze mij op weg naar Dingus nooit daadwerkelijk hebben tegengehouden. Zelfs al wisten ze heel goed wat zich afspeelde in dergelijke jongerencentra. "Als je een jointje rookt, doe het dan voorzichtig," drukte mijn moeder mij ooit op het hart. Dat zegt toch ook wel wat.'

Toch zorgden de spanningen er wel voor dat Walter op achttienjarige leeftijd het ouderlijk huis achter zich liet, waarbij hij van zijn ouders wel plotseling een stereoset cadeau kreeg. Voor op de studentenkamer. Hij verhuisde naar Nijmegen en ging uiteindelijk studeren aan de sociale academie in Arnhem. In zijn werkelijke leven draaide het echter meer dan ooit om de muziek.

'Omdat er thuis zo weinig ruimte was geweest om mijn platen te draaien, had ik er nooit veel gekocht. Dat veranderde toen ik op eigen benen stond. Vanaf dat moment ben ik een echte collectie op gaan bouwen. Aanvankelijk veel hard werk en symfonische rock, later verbreedde dat steeds meer. Ik blow nu al jaren niet meer, maar destijds leefde ik voor de combinatie van een dikke joint en een goede elpee. Hoe vaak ik niet geluisterd heb naar die eerste dubbelelpee van de Golden Earring, terwijl ik in hogere sferen verkeerde. Niet te tellen.'

Platenzaak Kroeze in Nijmegen bezorgde hem een nieuwe eyeopener. Op een goede dag duwde een verkoper – Frank Janssen, weet Walter nog – hem de plaat van het toen nog onbekende bandje Monster Magnet in handen: *Spine Of God*. Daar moest hij maar eens naar luisteren. 'Met je stonede harses.' Want het was een plaat als een psychedelische trip. De Amerikaanse band Monster Magnet maakte stoere rock, boordevol invloeden uit de jaren '60 en '70. De muziek was zwaar, log, bezwerend en mysterieus; een stijl die later tot stoner rock bestempeld zou worden.

De plaat raakte Walter recht in het hart. 'Ik wist niet dat er muziek bestond die zo goed weerspiegelde wie ik was en wat ik voelde. Opnieuw ging er een wereld voor mij open, net als jaren eerder in het jongerencentrum in Venray. Het is een plaat waar ik ook jaren nadien emotioneel van werd, elke keer als ik hem opzette. Hij nam mij mee op een ontdekkingsreis in mijzelf. De muziek was als een luchtbel, met daarin een totaal eigen wereld.'

Wat zijn ouders vreesden, gebeurde inderdaad: Walter ontwikkelde zich niet als een keurig lid van de maatschappij, maar werd deejay in diverse clubs in Nijmegen en Arnhem. Etablissementen van wisselende allure. Hij kocht vrachten platen en raakte betrokken bij het rockblad *Meltdown*, dat later over zou gaan in *Watt*. Walter groeide al snel tot ver over de grens uit tot een algemeen erkend specialist van het stoner genre.

In 1999 gebruikte hij die kennis en zijn internationale contacten om samen met ondermeer *Watt*-journalist Jurgen van den

Brand het Roadburn Festival op te zetten, waar nationale en internationale stoner rock bands optraden. Het evenement vond aanvankelijk meerdere keren per jaar plaats, maar ontpopte zich uiteindelijk tot een jaarlijks fenomeen. De afgelopen jaren traden zwaargewichten aan als Orange Goblin, Grand Magus, Masters Of Reality, Electric Wizard, Fu Manchu en de band waarmee het bij Walter allemaal begonnen was: Monster Magnet.

Stoner rock, die mix van oude en nieuwe stijlen, van decibellen en melodie, fascineert Walter nog steeds. 'Het is een wereld waar nog ruimte is voor het soort idealisme dat je begin jaren '70 nog overal zag. Er worden geen platen gemaakt om louter geld mee te verdienen. Het is muziek om de muziek. De bands hebben werkelijk iets te vertellen. Muziek is een manier om te communiceren. Dat hoor ik terug in de platen, maar dat manifesteert zich vooral tijdens de optredens. De bands kunnen zich uitleven in enorme jamsessies, waarbij er op sommige momenten een bijna telepathisch contact is tussen de bandleden en het publiek. Een trip waar iedereen in meegaat. Zoals, als ik de verhalen mag geloven, dat ook ooit gebeurde bij concerten van The Grateful Dead. Ik kom dat in geen enkel ander genre zo sterk tegen. Het is een muzikale sfeer waarin ik mij volkomen op mijn gemak voel.'

Dat pure idealisme brak hem op toen hij in de jaren '90 ging werken bij een grote Amsterdamse platenzaak. Hij zou de afdeling rock en pop bestieren. Het leek op het oog een ideale betrekking voor een onverbeterlijk muziekdier als Walter. Na een veelbelovende start ging het echter hopeloos mis.

'Ik doe niets liever dan mensen attenderen op muziek die volgens mij gehoord mag worden. Met die missie ben ik aan de slag gegaan, maar daar bleek helemaal geen ruimte voor te zijn. Een hoge weekomzet was het enige waar ze in die winkel belangstelling voor hadden. Mijn ouders hadden mij vaak gewaarschuwd dat ik nog eens zou eindigen als vakkenvuller, alleen dan bij een supermarkt. Dat voelde ik mij nu ook. Letterlijk. Ik deed de hele dag weinig meer dan het volproppen van de cd-vakjes. Muziek is voor mij gevoel en hier draaide alles om geld verdienen. Ik heb lang geprobeerd er mijn draai te vinden, maar uiteindelijk ben ik er juist totaal doorgedraaid. Ik ben door een enorm diep dal gegaan, ik herstel daar nu nog van.'

Walter verdeelt sindsdien zijn tijd over zijn festival, het kopen van platen, het draaien in onder meer het poppodium Ekko in Utrecht en het Popcentrum 013 in Tilburg, en het beheren van de vinylvoorraad in een lokale kringloopwinkel.

Muziek lijkt hem van een glanzende maatschappelijke carrière afgehouden te hebben, al lijkt hij daar allerminst mee te zitten. 'Mijn enorme liefde voor muziek heeft absoluut maatschappelijke consequenties gehad,' beaamt hij volmondig. 'Ik heb mijn studie niet te gelde gemaakt. Terwijl anderen ambitieus waren en hun loopbaan planden, was ik met muziek bezig. Draaide ik in clubs en schreef – gratis – voor allerlei blaadjes. Ik heb op die manier ongetwijfeld kansen laten liggen. Van muziek kun je, weet ik inmiddels, niet tot nauwelijks leven. Toch heb ik er geen spijt van. Waarom ook? Ik had het niet eens anders kunnen doen. In carrière maken ben ik niet zo goed, weet ik nu wel. Ik ben vooral goed in muziek. En muziek geeft mij heel veel terug.'

In die wereld vol muziek is de authentieke elpee nog verre van uitgestorven, meldt Walter enthousiast. Vrijwel elke stoner rock band van naam brengt naast de reguliere cd's dan ook alle albums op vinyl uit. Er wordt speciale aandacht aan deze uitgaven besteed: het zijn vaak gelimiteerde persingen, al dan niet genummerd, op zwaar vinyl, gestoken in weelderige, psychedelisch aandoende hoezen.

'Ik houd veel meer van vinyl dan van cd's,' zegt Walter, enigszins ten overvloede. 'Om een aantal redenen. Ik ervaar het geluid van elpees als aangenamer. Het is warmer en natuurlijker. De hoezen zijn vanzelfsprekend ook veel mooier. Het artwork komt beter tot zijn recht en de informatie erop is beter leesbaar.'

'Daarnaast ben ik gehecht aan het fysieke proces van het platendraaien. Van het album uit de kast trekken, de elpee uit de hoes halen, de naald laten zakken en dan met de hoes in de hand luisteren. Het is een mooi ritueel. Ik beleef muziek op die manier veel intenser dan wanneer ik een cd opzet. Je moet er werkelijk iets voor doen. Het draaien van een cd is achtelozer. Meer vrijblijvend. Ik dwaal dan veel sneller af met mijn gedachten.'

De collectie van Walter is compact. Een snelle schatting komt uit op tussen de 1500 en 1750 elpees. Platen die gedraaid worden op een fraaie set, die onder meer bestaat uit een high end versterker (phono, voor- en eind-) van Marantz. De draaitafel is een Ariston, een Schots kwaliteitsproduct dat het broertje was van de befaamde Linn LP 12. Walter Hoeijmakers erkent dat hij 'audiofiele trekjes' heeft.

'Ik ben nooit bewust gaan verzamelen, in die zin dat ik dat bewust besloten heb. Ik was vooral nieuwsgierig en speurde de hoezen af naar namen. Die zetten mij dan weer op het spoor van andere zangers en bands. Van de hardrock verbreedde dat zich naar blues, singer-songwriters en nog veel meer. Het is een razend interessante ontdekkingsreis. Nog altijd. Ik heb nu van alles in de kast staan. Van Slayer tot Carole King. Ik voel mij omringd door fantastische muziek. Volgens mij is dat het mooie van verzamelen. Wat mooi is heb je in de kast staan, voor wanneer je het maar wilt horen.'

'Ik koop vrijwel uitsluitend op beurzen en in platenzaken. Met internetsites als eBay heb ik niet zoveel. Voor ik mijn geld neertel, wil ik eerst die elpee in mijn handen kunnen hebben. De staat waarin ze verkeren is belangrijk, al ben ik wat dat betreft geen freak. Ik wil gewoon platen die in een goede staat verkeren. Hoe zeldzaam een plaat ook is, ik draai hem wel. Het gaat in de eerste plaats om de muziek. Platen zijn geen postzegels. Daarnaast probeer ik altijd de persingen uit het land van herkomst van de band te pakken te krijgen. Daarmee haal ik meestal het beste geluid in huis.'

'Ik kan enorm toe leven naar een bepaalde aanschaf. Heel lang stond *Paradise Now* van de Nederlandse sixtiesband Groep 1850 hoog op mijn verlanglijstje. Een psychedelisch meesterwerk. Op een bepaald moment had een lokaal winkeltje een goed exemplaar in de aanbieding. De prijs: 75 toenmalige guldens. Dat was destijds heel veel geld voor mij. Ik heb drie weken lang al mijn centen bij elkaar geschraapt. Toen was-ie van mij. Het was een hoogtepunt in mijn leven als verzamelaar.'

'Andere topstukken? Ik ben erg blij met een behoorlijk complete set elpees van de Nederlandse band Cuby + the Blizzards.

De eerste elpee van de Britse bluesband Ten Years After is mij ook heel dierbaar. Mijn kroonjuweel is toch wel een BBC transcriptiondisc – een plaat met concertopnamen die door de BBC naar regionale muziekzenders werd gestuurd – met daarop concertopnamen van de Ierse gitarist Rory Gallagher. Die is echt heel bijzonder en superzeldzaam.'

Peinzend: 'Tja, waarom verzamelt een mens? Compensatie, wordt wel eens gezegd. Dat zou in mijn geval heel goed kunnen. Ik benut nu de vrijheid die ik destijds niet had. Ik heb nu wel een vrij afgewogen collectie. In de loop van de tijd heb ik dan ook het nodige weggedaan. Naast hardrock veel van die verantwoorde jaren '80 gitaarmuziek. Zelfs The Smashing Pumpkins is op die manier de deur uit gegaan.'

'Ik koop nog wel regelmatig gloednieuwe albums. De Nederlandse band Loose stelt nooit teleur en ik koop toch ook altijd weer de nieuwe elpee van de Britse doomband Cathedral. Toch focus ik mij ook heel sterk op het verleden. Muziek uit de jaren '70, en nog ouder. Met name Britse blues heeft mijn hart gestolen: Fleetwood Mac, John Mayall, Ten Years After.'

'Eigenlijk is het heel bijzonder, bedenk ik mij opeens. Wat hier staat is een afspiegeling van de collectie waar ik ooit als vijftienjarige in Dingus op stuitte. Eigenlijk heb ik een groot deel van mijn leven gebruikt om die verzameling weer bij elkaar te krijgen. Helemaal voor mijzelf.'

10 favoriete Lp's.

Jimi Hendrix Experience - Electric Ladyland
Led Zeppelin - Physical Graffiti
Crosby, Stills, Nash & Young - Déjà Vu
Black Sabbath - Black Sabbath
The Beatles - Let It Be
Golden Earring - Live
Nina Hagen Band - Nina Hagen Band
Iron Maiden. Killers
Monster Magnet. Spine of God
Kyuss - Blues For the Red Sun

Doorgeefluik

Miss Djax

Uitgesproken, succesvol en zelfverzekerd – Saskia Slegers (1962), alias Miss Djax, is al jaren een opvallende verschijning in de Nederlandse popscene. Ze ontpopte zich al jong als een veelzijdig muzikaal fenomeen. Ze speelde bas in een meidenband, werkte in een lokale platenzaak en maakte al snel naam als deejay. In 1989 richtte ze haar eigen label Djax op. Het groeide uit tot een conglomeraat van sublabels, waarop hiphop, acidhouse en techno uit binnen- en buitenland werd uitgebracht. Met het contracteren van onder meer Osdorp Posse en Spookrijders stond ze aan de basis van de Nederlandstalige hiphop. Haar label werd diverse keren onderscheiden met prestigieuze awards, terwijl ze zelf uitgroeide tot een internationaal veelgevraagde deejay. Eind 2005 verscheen haar debuutalbum *Raw*, vol compromisloze 'old school' techno.

Saskia Slegers groeide op in een artistiek milieu. Haar vader was de befaamde kunstschilder Jacques Slegers (1936 – 2000). 'Zowel mijn vader als mijn moeder zijn ieder op hun eigen manier enorm belangrijk voor mij geweest,' vertelt Saskia Slegers, in haar kantoor aan huis. Het is een overzichtelijke ruimte, gedomineerd door een bureau, een goedgevulde platenkast en een stoer deejaymeubel. De laatste twee in vuurrood gespoten.

'Mijn vaders motto was dat je altijd jezelf moest ontplooien, zonder daar concessies aan te doen. Je hart volgen, ook al moet je tegen de stroom op roeien. Mijn ouders gingen uit elkaar toen ik tien was. Ik bleef bij mijn moeder wonen. Zij heeft mij voorgehouden om vóór alles onafhankelijk te zijn. We zijn daarnaast heel vrij opgevoed. Dat ik op mijn zestiende uit huis ging was voor mij dan ook volkomen vanzelfsprekend. Ik wilde helemaal zelf mijn leven inrichten.'

Muziek speelde toen al een hoofdrol in haar leven. 'Zoals de meeste kinderen kwam ik via de radio in aanraking met muziek. Radio Veronica. Ik luisterde dag en nacht. Letterlijk. Muziek was liefde op het eerste gezicht. Ik kan mij nog herinneren hoe mijn moeder 's nachts altijd kwam controleren of ik wel sliep. Als ik even de kans zag lag ik namelijk met mijn hoofd onder de dekens, met mijn oor tegen het speakertje.'

'Heel lang koesterde ik de ambitie om zelf ook radiodeejay te worden. Het leek mij te gek om allemaal goede platen op te sporen en die te laten horen aan je publiek. Een doorgeefluik, dat is wat ik graag ben. Nog steeds, als clubdeejay en eigenaar van een label. Ik wil mensen graag laten kennismaken met muziek die het verdient om gehoord te worden.'

'Het duurde niet lang of ik kocht mijn eerste singles. Rond mijn vijftiende kwam ik in clubs waar ik deejays aan het werk zag. Ik wist meteen: dat wil ik ook. Thuis draaide ik op mijn manier al snel warm. Ik had zo'n schattige oranje platenspeler, een zwart geschilderd plafond en zo'n lichtorgel dat reageerde op hoge, midden- en lage tonen. Mijn slaapkamer als een hippe club.' Lachend: 'Mijn moeder vond het vreselijk, die zwarte verf, maar het leed was al geschied. Ik was toen ook al heel ambitieus en droomde ervan om ooit mijn eigen bedrijf te hebben.'

'Ik hield vooral van dansmuziek met veel elektronica. De producties van Giorgio Moroder, die bijvoorbeeld dingen deed voor Donna Summer, zoals *I Feel Love*. Andere highlights waren *Hot Shot* van Karen Young. Echt een eyeopener. Verder natuurlijk *Sex Machine* van James Brown en *Le Freak* van Chic. Die laatste vooral vanwege dat gitaargeluid. Veel van Chic vond ik erg goed, nu ik erover nadenk. Het zijn platen die ik nog jaren gedraaid heb in de clubs waar ik werkte.'

'Eind jaren '70 kwamen vanuit Amerika de maxisingles overwaaien. Dat was meteen mijn format. Ik herinner nog dat ze peperduur waren: 15 gulden. Toch vond ik het heerlijk, die lange versies. Voorheen kocht ik sommige 7"singles al wel eens dubbel, zodat ik zelf een lange versie kon creëren door de instrumentale B-kant erachteraan te draaien. Op mijn zestiende, ik was net het huis uit, ben ik in een club in Eindhoven gaan draaien. Het was een geweldige tijd. Iedere vrijdag- en zaterdagavond fietste ik met mijn zelfgemaakte houten platenkistje onder de snelbinders naar de Vox. Ik kreeg 40 gulden voor een avond draaien, waarbij er wel van uitgegaan werd dat ik hielp met het spoelen van glazen. Dat geld ging natuurlijk op aan nieuwe platen, dus hielp mijn vader mij regelmatig uit de brand door met een tas eten langs te komen.'
'Vrij kort daarna heb ik ook een heel intense new wave-periode gehad. Ik heb zelfs een basgitaar gekocht en ben in een bandje gaan spelen, in de stijl van Joy Division en Bauhaus, van dat soort depri werk. Ian Curtis, de zanger van Joy Division die later zelfmoord pleegde, was mijn held. Het was een wilde tijd. Ik was van alles aan het ontdekken, met alle excessen van dien. Inderdaad, seks, drugs, rock-'n-roll. Veel speed en coke.'

'Ik zag echter heel snel de keerzijde van die manier van leven. Het was best opwindend allemaal, maar veel mensen bleven erin hangen. Wat aanvankelijk leuk leek, werd destructief. Het was een weg die ik absoluut niet in wilde, want ik zat immers vol plannen en ambities. Ik heb mij er vrij snel van losgemaakt. Heel belangrijk in die periode was dat ik – toegegeven: na veel zeuren – aan de slag kon bij de lokale platenzaak Bullit. Het was toen al een winkel met een neus voor goede alternatieve muziek. Alleen de hiphop en dance die in Amerika om zich heen grepen, vonden hun weg nog niet naar de platenbakken. Ik heb dat toen op mij genomen. En al snel bleken er heel veel klanten voor te zijn.'

Saskia Slegers vertelt dat er achter de toonbank van Bullit een wereld voor haar openging. De hiphopscene van zowel de oost- als de westkust van Amerika leverde wekelijks nieuwe pareltjes op. Ze raakte ook op slag verliefd op de elektronische dansmuziek zoals die destijds vooral in Chicago en Detroit gemaakt werd en uitkwam via labels als Trax en Metroplex Resistance. Het was werk dat al snel op haar draaitafels terechtkwam.

'Vanwege mijn werk in die platenzaak kreeg ik regelmatig demo's van allerlei bandjes en deejays. Een keerpunt was het moment dat ik in het voorjaar van 1989 een tape kreeg van de hiphop Eindhovense act 24K. Wat ik hoorde vond ik minstens zo goed als wat er in Amerika gebeurde. Alleen leek daar in Nederland geen enkele belangstelling voor te bestaan. Ik begreep daar niets van. Toen ontstond het idee om dat dan maar zelf te doen. Ik had geen enkele ervaring met het uitbrengen van platen, maar ik heb mijzelf gewoon in het diepe gestort.'

'In de tweede helft van dat jaar is hun debuut opgenomen. In een dag of zes. In januari 1990 was de elpee er. De eerste oplage behelsde duizend stuks. Met een Mercedes van een vriend hebben we de platen rondgebracht bij Nederlandse platenzaken. Binnen een week was alles uitverkocht. Dat was de eerste Nederlandse rapplaat ooit.'

Saskia Slegers vertelt dat ze kort daarna opnieuw een demo in handen kreeg, ditmaal van de lokale producer Stefan Robbers. Hij verraste haar met zijn fantastische, op de Detroit-style geënte sound. Opwindende muziek, waar de Nederlandse platenindustrie opnieuw doof voor leek. Saskia Slegers ontfermde zich ook over dit talent, waarmee de danstak Djax-Up-Beats een feit was.

'Vanaf dat moment ben ik als deejay ook uitsluitend techno en acid gaan draaien. Het ging allemaal heel erg snel. Met de muziek, met mijn labels en met mij als deejay. In 1992 ben ik twee weken naar Chicago en Detroit gegaan, om daar de clubs, artiesten, labels en platenzaken te bezoeken. De scene stond toen in volle bloei en ik ben heel blij dat ik dat met eigen ogen heb gezien. Een van de hoogtepunten was een bezoek aan de platenperserij van het label Trax. Die maxi's werden geperst door een stokoud apparaat, dat zuchtend en steunend zijn werk deed in een vervallen fabriekspand. Een rommeltje was het. Het verbaasde me dan ook niet dat veel van hun releases zo matig klinken. Ik kwam uiteindelijk met kilo's overgewicht aan bagage terug. Allemaal platen en heel veel onuitgebracht nieuw materiaal dat ik zelf op Djax-Up-Beats zou uitbrengen.'

In de jaren '90 ontpopte Saskia Slegers, alias Miss Djax, zich tot een van de smaakmakers van de Nederlandse popmuziek. Als deejay beleefde ze haar doorbraak op het Mayday Festival in Berlijn. Daarna kon ze overal terecht. Haar labels floreerden. En ze bleef trends zetten. In 1991 stuitte ze op het piepjonge Amsterdamse hiphop collectief Osdorp Posse. Het stel bediende zich van de Nederlandse taal. Nu heel normaal, toen nog heel ongebruikelijk.

'Een stel pukkelige jongetjes die verbaal flink om zich heen maaiden. Ik was meteen verkocht,' herinnert Saskia Slegers zich. 'Ik kan me de eerste gesprekken nog herinneren. In Amsterdam. Ik aan het bier. Zij met hun joints.' Door de band te tekenen legde ze de basis voor de nog altijd enorm succesvolle Nederhopscene. 'Iets wat niemand mij meer afpakt en waarop ik enorm trots ben,' zegt ze nu.

Met Osdorp Posse beleefde ze ook haar grootste commerciële triomf. Van *Afslag Osdorp* verkocht ze in 1995 maar liefst 35.000 exemplaren, al kreeg de band ook veel kritiek vanwege het ongezouten taalgebruik. 'Ik heb mij daar nooit iets van aangetrokken. Censuur is uit den boze. Altijd. Ik heb trouwens al mijn acts altijd totale vrijheid gegeven. Overigens is Osdorp Posse de fijnste act waar ik ooit mee heb gewerkt.'

Alles wat ze aanraakte leek in goud te veranderen. Het Duitse blad *Frontpage* riep haar in 1993 uit tot deejay van het jaar. In 1994 debuteerde ze met een 12" onder eigen naam. Ondertussen bleven de awards binnenstromen. Om in te haken op nieuwe muziektrends als bigbeat, drum-'n-bass en triphop stampte ze de sublabels Djax-X-Beats en Djax-Break-Beatz uit de grond.

Ter gelegenheid van het tienjarig bestaan van haar label Djax werd in 2000 het weelderig geïllustreerde boek *Djax Records – Power Of The Underground* gepubliceerd. Wat een feestjaar had moeten worden, werd echter een periode vol drama door het overlijden van haar vader.

'Het was een heel verdrietige tijd,' benadrukt ze. 'Het wegvallen van mijn vader heeft mij heel erg aan het denken gezet. Over mijzelf en over de manier waarop ik met mijn leven bezig was. Ik leefde voor mijn werk en was altijd voor anderen in de weer. Het is geweldig om met allerlei partijen te werken, van bands, kunstenaars tot deejays, maar je kunt dat alleen goed doen als je dag en nacht voor hen klaarstaat. Opeens bekroop mij het gevoel dat ik mij liet leven, in plaats van dat ikzelf leefde. Ik realiseerde mij plotseling dat alles te groot was geworden. Ik wilde terug naar de kern. Terug naar mijzelf.'

Saskia Slegers voegde de daad bij het woord. Het bedrijf werd danig afgeslankt. Ze stopte met het uitbrengen van hiphop en nederhop. 'Ik heb vijf jaar geleden de huur van het kantoor opgezegd. Nu werk ik weer thuis, wat eigenlijk veel lekkerder is. Personeel heb ik sindsdien ook niet meer. Het voelt als een bevrijding. Ik concentreer mij nu vooral op mij eigen loopbaan. Het kwam er voorheen te weinig van om zelf muziek te maken. Nu heb ik daar alle ruimte voor. Onlangs bracht ik met *Raw* mijn debuutalbum uit. Ik treed vaak op, met laptop, om zo mijn eigen muziek te kunnen brengen. Een fantastische ervaring. Ik voel me meer artiest dan ooit.'

'Van Raw is uiteraard ook een vinylversie uitgebracht. Drie schijven, op rood, wit en blauw vinyl. Een prachtig pakket, ook vanwege het ingesloten stripverhaal van de hand van de Amerikaan Alan Oldham, waarvan de tekeningen al zoveel Djax-releases sierden. De cd wordt in licentie door een andere maatschappij uitgebracht, zodat ik mij kan concentreren op het creatieve deel, het maken van muziek. Ik breng op mijn label sowieso geen cd's meer uit. In een tijd van downloaden heeft dat geen enkele zin meer. Van de normale verkoop is op die manier tweederde weggevallen.'

'Ik heb trouwens veel meer met vinyl dan met het fenomeen

cd. Altijd al gehad. Niet alleen omdat ik deejay ben. Die kleine plastic cd-doosjes vind ik niets, en digipacks, die kartonnen verpakkingen, gaan heel snel kapot.'

Saskia Slegers zette met de zelfde voortvarendheid het mes in haar collectie. 'Ik heb de afgelopen jaren veel verkocht. Mijn collectie hiphop bijvoorbeeld. Ik breng het zelf niet meer uit en ik draai het niet meer als deejay, dus had het zijn functie verloren. Allemaal originele maxi's uit Amerika. Achthonderd stuks. Ik heb het verkocht aan iemand die er al heel lang nadrukkelijk belangstelling voor had.'

'Ik heb hetzelfde met de newbeat gedaan. Ik heb alles weer eens gedraaid en kwam tot de conclusie dat het meeste niet overeind bleef. Weg ermee dus. Ik heb zelfs een deel van mijn collectie techno afgestoten. Alles heeft weer even op de draaitafel gelegen. Ongeveer de helft kon weg.'

'Ook dit voelde als een bevrijding. Het scheelde niet alleen veel ruimte; ik heb nu alleen het beste op de plank staan. Van 6500 schijven ben ik teruggegaan naar 3500. Elke greep is nu raak. Platen zijn voor mij vooral gebruiksvoorwerpen. Mijn kast is geen pronkkast, maar meer een gereedschapskist. Wat ik nodig heb, moet er staan. Wat overbodig is, is ballast.'

'Zo ga ik er ook mee om, ook al zal menig verzamelaar er misschien van gruwen. Alles staat in dienst van het draaien. De groeven zitten vol krasjes en vingerafdrukken. De standaardhoezen om de maxi's gooi ik weg en vervang ik door blanco exemplaren. Zonder binnenhoes. Ik noteer met een dikke zwarte stift op het label om welke track het gaat. De letters A, T en H geven aan of het om acid, techno of hard gaat. De hoezen zitten vol gebruikssporen. De onderkanten zijn vaak helemaal weggesleten. Ik vind dat mooi: het is een collectie die leeft en geleefd heeft.'

'Met ander bezit ben ik net zo praktisch. Ik heb ooit een enorme collectie robots uit de jaren '50 en '60 gehad. Op den duur drong het steeds meer tot mij door hoeveel geld die verzameling waard was. Ik begon me daar zorgen over te maken. Van een lust werd het een last. Dus heb ik alles verkocht. Datzelfde gold voor de twee jukeboxen die ik had. Prachtdingen, alleen hadden ze telkens storingen. Een plaat bleef hangen of de naald schoot uit de groef. Weg ermee, want als je er geen plezier aan hebt zijn het uiteindelijk maar twee erg dure schemerlampen.'

Miss Djax heeft, naast muziek, nog een passie die springlevend is: horror. Ze is gek op de klassiekers uit dat genre en verzamelt elpees met de filmmuziek. 'Ik houd heel erg van films als *Hellraiser*, *Evil Dead* en de serie *Nightmare On Elm Street*. De soundtracks scoor ik op beurzen of via eBay. Het zijn vaak best zeldzame elpees, waarvan de prijs makkelijk tot boven 50 euro kan oplopen. Dit is vooral een verzameling waarin het voordeel van vinyl boven de cd naar voren komt. De elpeehoezen zijn stuk voor stuk geweldig! Die hoes van *Evil Dead*, een film van Sam Raimi, is een van mijn favorieten.'

Via diverse kleine onofficiele bedrijfjes in Amerika koopt ze daarnaast gipsen beeldjes van de psychopaten, monsters en zombies die de hoofdrol spelen in dergelijke bloederige epossen. De creaturen dienen eigenhandig in elkaar gezet en beschilderd te worden. Het resultaat van al die nijverheid staat op diverse plaatsen in haar stijlvol ingerichte penthouse uitgestald: wezens met afgehakte hoofden, lichamen in allerlei stadia van ontbinding, seriemoordenaars die op het punt staan hun volgende slachtoffer te maken. Vooral een arme ziel met een open buikwond oogt buitengewoon realistisch. 'Dat zijn de leukste om te beschilderen,' stelt Miss Djax droog vast, terwijl ze als een generaal het slagveld overziet. 'Het is de kunst om het er zo echt mogelijk uit te laten zien.'

Peinzend: 'Ik was nooit zo'n meisje dat van roze hield.'

10 vette discokrakers ☺

James Brown - Sexmachine
Donna Summer - I feel Love
Lyn Collins - think
The Wiz - Brandnew Day
Stretch - why did you do it
Prince - controversy
Fred Wesley & the J.B's - doing' it to death
Karen Young - Hot shot
Wild cherry - play that Funky music
Tom Browne - Funkin' for Jamaica

THE COMPLETE BUDDY HOLLY
CHRISTMAS ROCK

Jan Vollaard

Jan Vollaard (1956) is als freelance journalist verbonden aan het *NRC Handelsblad*. Hij verzorgt daarnaast wekelijks in het VARA *TV-Magazine* de Single Club, waarin lezers vertellen over hun eerste single. Jan Vollaard is verder een hartstochtelijke bespeler van het exotische instrument de theremin. In december 2004 verzorgde hij in een Amsterdamse winkel een marathonsessie kerstplaten draaien. In twaalf uur legde hij ongeveer 240 kerstplaten op de draaitafel.

Jan Vollaard tref ik geheel in stijl aan. Hij is in zijn werkruimte druk bezig de laatste kerstkaarten te frankeren, op de draaitafel ligt een kerstelpee van het Amerikaanse soullabel Motown en in de gang hangt aan een knaapje het vuurrode pak van de kerstman. De boodschap is duidelijk: kom maar op met die kerstdagen!

Hele volksstammen mogen het kerstfeest ervaren als een jaarlijks terugkerend tranendal, Jan Vollaard in het geheel niet. En niet alleen omdat hij dan heel even in de huid (en het pak) van de kerstman kan kruipen. Tijdens de hoogtijdagen kan hij eindelijk schitteren met zijn platencollectie.

Jan Vollaard verzamelt namelijk kerstplaten.

'Ik ben geboren op eerste kerstdag en ik ben daarmee dus een kerstkind,' vertelt Vollaard. 'Het zou dus heel stoer zijn om te kunnen zeggen dat ik daarom kerstplaten verzamel, maar daarmee zou ik de waarheid geweld aandoen. We vierden vroeger bij mij thuis op een tamelijk traditionele manier kerst. We waren Nederlands hervormd, dus gingen we naar de kerk. Thuis werd de plaat van de Leidse Sleuteltjes opgezet. *De Herdertjes Lagen Bij Nachte*, dat repertoire.'

'Het was eigenlijk puur door toeval dat ik, veel later, opnieuw met het kerstrepertoire in aanraking kwam. Dat was eind jaren '70. De punktijd. Ik was een grote fan van de Amerikaanse zangeres Patti Smith. Op haar beurt was zij gek op reggae. Dat ging zo diep dat zij een labeltje was begonnen waarop ze die muziek uitbracht. Ik kocht een van die plaatjes: een single van Tapper Zukie. Op de B-kant stond een kerstliedje: *Archie, The Rednose Reindeer*. Een rendier op Jamaica, ik vond dat wel amusant.'

'In die periode begon mijn smaak zich te verbreden. Ik ging mij steeds meer verdiepen in het verleden van de popmuziek. Zo stuitte ik op Phil Spector en zijn onvolprezen kerstplaat uit 1963. Ik vond dat meteen een bijzonder album, met die schitterende bijdragen van Darlene Love, Bob B. Soxx en een curieuze versie van *Silent Night* door de meester zelf. Niet veel later pikte ik een kerstplaat op van Elvis en voor ik het wist, luisterde ik mijn verjaardag op door kerstplaten te draaien.'

'Het heeft lang gesluimerd, maar een jaar of tien geleden heb ik de knoop echt doorgehakt en ben ik fanatiek gaan verzamelen. Het voordeel van dit genre is dat het doorgaans, uitzonderingen daargelaten, niet veel hoeft te kosten. Ik moet het vooral hebben van rommelmarkten, eurobakken en kringloopwinkels. Op een bepaald moment wisten winkeliers ook dat ik dit verzamel. Ik heb zeker een kwart van mijn collectie gekocht bij Concerto in Amsterdam. Als eerste krijg ik begin december een telefoontje. 'Jan, er staat weer een nieuwe lading kerstplaten in de winkel.' Ik betaal overigens nooit exorbitante bedragen: 15 tot 20 euro, dat is mijn bovengrens. Wil ik meer betalen, dan moet het wel om een heel bijzonder plaatje gaan.'

De kerstcollectie van Jan Vollaard prijkt, in de aanloop naar kerst, prominent in zijn werkruimte. Zo'n tweehonderd elpees, driehonderd singles en een paar honderd cd's. Wie het kerstgenre vooral als een festijn van slechte smaak ziet, wordt daar deels in alle hevigheid in bevestigd. Uit de bak singles komt de rijzige gestalte van Derrick omhoog. Die blijkt, speciaal voor zijn Nederlandse publiek, een kerstplaatje gemaakt te hebben. In een prins Bernhard-achtig Nederlands mijmert hij over eenzame nachten die hij slijt in regenachtige straten. De Gebroeders Brouwer zorgen voor de trompetbegeleiding die een dergelijk relaas verdient.

Jan Vollaard verhaalt ook enthousiast over *De Kerstboom*, het kerstnummer van Johnny Jordaan. 'Het muzikale kleinood gaat over een jongetje dat een kerstboom wil kopen voor zijn arme, zieke moeder, maar daarvoor – je raadt het al – het geld niet heeft. Hij vraagt of hij de verkoper van de kerstbomen mag helpen, zodat hij op die manier de benodigde gulden kan verdienen. Na een avond hard werken krijgt hij inderdaad het geld, maar wanneer hij daarvoor de boom wil kopen, duwt de koopman het knuisje met het muntstuk terug. Hij krijgt de boom en mag de gulden houden. "Een mooiere kerst hadden we nog nooit gehad," besluit het liedje.' Lachend: 'Prachtig, op een heel foute manier. Het is het meest sentimentele kerstliedje dat ik ken. Dus dat zegt wel iets.'

Op zijn minst curieus is *Hij Was Maar Een Neger* van de Zangeres Zonder Naam. De brave vrouw bedoelde het allemaal goed. Het liedje laat horen dat haar sympathie onvoorwaardelijk bij de Nieuwe Nederlander lag. De woorden die zij daarvoor koos zouden in het huidige tijdsgewricht niet bepaald als integratiebevorderend opgevat worden:

> 'Hij was maar 'n neger, zo'n zwarte
> Zoiets haal je niet in huis
> Omdat je het noodlot dan tartte
> Want die zwarten zijn immers niet pluis.'

Uit de wandeling door de collectie van Jan Vollaard blijkt dat vrijwel iedereen die ook maar iets betekende in de wereld van de tv, muziek, film of showbizz zich ooit bezondigde aan een kerstplaat. Dus ook de Amerikaanse zangeres en activiste Anita Bryant, die in de jaren '70 fanatiek ten strijde trok tegen de homo's. Waar – daar is ze weer – de Zangeres Zonder Naam op haar beurt weer fel stelling tegen nam met het liedje *Luister Anita*. Ook aanwezig in de platenbak is de ongeveer 12-jarige Sandra Reemer, die gewapend met vleugelbril en blijde glimlach *Stille Nacht Heilige Nacht* kweelt.

De Duitse schlagergigant Heino is uiteraard ook van de partij, met *Deutsche Weinachten*, ondergebracht in een imposante uitvouwhoes. Net als George Baker, de Nederlandse zangeres Wilma of Bert en Ernie van de kinderserie Sesamstraat. Ook hele hordes rappers schaarden zich de afgelopen jaren onder de kerstboom. Niet zelden met uiterst dubieuze resultaten, zoals Luke Skywalker & 2 Life Crew laat horen op *Christmas at Luke's Sex Shop*.

Van een heel andere orde is het kerstverhaal dat op eerbiedige toon wordt voorgedragen door pater Leopold Verhagen uit Eindhoven, destijds – we spreken jaren '50 en '60 – een veelgehoorde stem op de Nederlandse radio.

Toch hoeft kerst geen orgie te zijn van losspringend tandglazuur, vette knipogen of hemeltergend sentiment. Het feest blijkt in talloze artiesten ook het beste losgemaakt te hebben. Het epos van Phil Spector is daar een overbekend voorbeeld van.

Jan Vollaard laat nog tientallen voorbeelden zien en horen. Zoals een kerstplaat uit de jaren '60 van the Beach Boys. 'Zo goed,' stelt hij vast, 'dat het de recente kerstplaat van Brian Wilson in de schaduw stelt.'

Even mooi zijn kerstliedjes van Stevie Wonder en Emmylou Harris – die laatste is sowieso een favoriete zangeres van Jan Vollaard. Harde rockers blijken hun zachte kanten te hebben, getuige kerstplaten van AC/DC en The Darkness. Ook in Nederland blijkt prachtige kerstmuziek gemaakt te zijn. En dan hebben we het even niet over Lee Towers, het onvermijdelijke BZN of Rob de Nijs. 'Een van de mooiste kerstliedjes ooit is *Christmas Was A Friend Of Mine* uit 1981 van Fay Lovsky. Het is zelfgeschreven, wat het extra knap maakt. De meeste artiesten leunen toch comfortabel op het bekende repertoire. Aan dat enorme oeuvre heeft zij iets heel bijzonders toegevoegd.'

Er wordt nog veel meer moois uit de bakken getrokken. Van *Met Kerst Ben Ik Alleen* van André Hazes, een cover van ABBA's *The Day Before You Came*, tot een spannende kerstsingle van het Amerikaanse duo The White Stripes. Zelfs Jimi Hendrix deed ooit een duit in het zakje. Op een onbewaakt ogenblik sloeg hij een paar kerstakkoorden aan op zijn gitaar. Met zijn handen of tanden, dat leert de geschiedenis ons niet. Een jaar of tien geleden dook het op als promo, naar aanleiding van het uitkomen van een omvangrijke boxset. 'Voor zo'n plaatje moet je dan ook wel enige moeite doen,' knikt Jan Vollaard. 'Want hier jagen natuurlijk ook de Hendrix-adepten op.'

Werkelijk verbluffend is een elpee uit 1968 die hij opzet van de Amerikaanse band Rotary Connection, met in de gelederen Minnie Riperton, die later solo zou gaan. *Peace* heet de plaat. Uit de speakers klinkt een fascinerende mix van soul en psychelelica en – voor kerstbegrippen – opvallend militante teksten.

Gevraagd naar de mooiste kerstplaat ooit weifelt Jan Vollaard even. 'Een van mijn favorieten is *Fairytale Of New York* van The Pogues met Kirsty MacColl. Een prachtig, sfeervol kerstnummer, terwijl er stevig in gevloekt en getierd wordt.'

Jan Vollaard vertelt dat hij nog steeds op zoek is naar nieuwe kerstplaten. Hij werkt niet echt met een zoeklijst. 'Ik laat mij liever verrassen. Het jagen geeft mij dan ook niet de grootste kick. Dat is veel meer het thuiskomen, de plaat opzetten en ontdekken dat het een geweldig liedje is. Zo benader ik ook de rest van de muziek. Ik heb, nog steeds, een enorme honger naar nieuwe, opwindende muziek. Ik ga minstens drie of vier keer per week naar de Melkweg of Paradiso. Nieuwe bandjes kijken. Ik voel mij soms een vampier die zich daar vol zuigt met jeugdige energie. Ik wil per jaar ook zeker tussen de vijf à tien nieuwe opwindende bands ontdekken. Dat houdt me fris en houdt het sentiment op een veilige afstand.'

'Overigens heb ik mijn platen het liefst op vinyl. Zowel singles als elpees. Ik koop veel. Elk jaar probeer ik mijn traditionele top-10 op vinyl te hebben. Steeds meer platenmaatschappijen weten dat daar mijn hart ligt, dus ik krijg ook steeds meer opgestuurd.' Lachend: 'Wanneer een band een elpee of single uitbrengt, krijgt die van mij automatisch bonuspunten.'

Ondanks het ontbreken van een zoeklijst, zijn er nog wel enkele illustere kerstplaten die hij graag aan zijn collectie zou willen toevoegen. Zoals *Merry Christmas I Don't Want To Fight Tonight* van de Amerikaanse punkband Ramones. Of de reeks kerstsingles die The Beatles destijds speciaal maakten voor de leden van de Britse fanclub. 'En er schijnt een plaatje te zijn waarop *Stille Nacht Heilige Nacht* door een kudde schapen bij elkaar geblaat wordt,' grijnst Vollaard. 'Die mag natuurlijk ook niet ontbreken.'

Hij benadrukt de laatste jaren wel iets strenger te letten op de kwaliteit van de kerstplaten. 'Allereerst omdat ik een tikje moe van mijzelf werd. Stond ik hartje zomer, bij dertig graden, op het Waterlooplein weer een stapel kerstplaten af te rekenen. Jan, waar ben je mee bezig, denk ik op zo'n moment. Wat ik nu nog koop moet grappig of gewoon goed zijn. Kerstplaten uit de soul-, funk- of jazzhoek bijvoorbeeld. De echte troep, die saai, slecht of vervelend is laat ik nu staan.'

Jan Vollaard beaamt volmondig dat het resultaat van zijn verzamelwoede aanzienlijk bijdraagt aan de kwaliteit van zijn kerstdagen. Als algemeen erkend specialist heeft hij in de donkere dagen voor kerst zijn handen namelijk vol. 'Met de kerst van 2004 heb ik in de Amsterdamse winkel Mevius & Italiaander op de Overtoom een marathon gehouden. Ik heb twaalf uur lang kerstplaten gedraaid volgens allerlei thema's. Ik begon met religieuze platen, waaronder het verhaal van pater Leopold Verhagen, waar ik klassieke klanken doorheen mixte.'

Lachend: 'De oude dametjes die al vroeg aanwezig waren, waren verrukt. Daarna was het tijd voor de hiphoppers met hun pornoverhalen. Ik heb nog geprobeerd het record te laten registreren bij het *Guinness Book of Records*, maar daar kreeg ik een raar formeel antwoord. Ze hadden al eens een deejayset van 48 uur vastgelegd. Dat ik uitsluitend kerstplaten draaide, maakte kennelijk niet uit. Nou ja, het plezier was er niet minder om. Daar gaat het mij dan ook om.'

'Er is verder altijd wel iets over te schrijven voor de krant. Ik moet ook vaak een top-5 maken voor het een of ander. Ik word in deze periode ook vaak benaderd door radioprogramma's die specials over kerstplaten maken. Ook treed ik altijd wel ergens op. Ik realiseer mij dat veel mensen een hekel hebben aan kerst en alles daaromheen. Ik niet. Kerst is voor mij een bron van grote vreugde, vooral dankzij de combinatie met muziek. Elk jaar, eind november, begint het te kriebelen. Dan komen de platen weer tevoorschijn. Heerlijk!

TOP 10 GEKKE KERSTPLATEN
door Jan Vollaard

1. Kerstmis Alleen - Derrick
2. Archie the Red Nose Reindeer - Tapper Zukie
3. Christmas at Luke's Sex Shop - Luke Skywalker & 2 Live Crew
4. All I Want for Christmas is my Two Front Teeth - Spike Jones
5. Silent Night - Phil Spector & Artists
6. De Kerstboom - Johnny Jordaan
7. Hang Myself From the Tree - The Vandals
8. Santa Claus goes Straight to the Ghetto - Snoop Dogg
9. Hij was maar een Neger - De Zangeres Zonder Naam
10. This Ain't no White Christmas - Rudy Ray Moore

FAITH
B.B.King

TEGENGIF

Johan Derksen

Johan Derksen (1949) werd geboren in Heteren. Hij voetbalde als semiprof onder meer bij Go Ahead Eagles, Cambuur, Veendam, Haarlem en MVV. Als verslaggever was hij verbonden aan de *Noord-Ooster*, de *Winschoter Courant* en het *Nieuwsblad van het Noorden*.

In 1977 stapte hij over naar het tijdschrift *Voetbal International*, waarvan hij sinds 2000 hoofdredacteur is. In de loop van de jaren ontpopte Johan Derksen zich als een scherp commentator van voetballend Nederland, aanvankelijk via de columns in zijn eigen blad, later ook als analyticus in het wekelijkse televisieprogramma *Voetbal Insite*. Johan Derksen ontfermde zich daarnaast enige tijd als manager over zijn muzikale jeugdliefde Cuby + the Blizzards.

Johan Derksen woont met zijn vrouw in een groot appartement in een voormalig kapelletje. Het is een prachtige locatie, in de beschutting van een grote dorpskerk. In de huiskamer heerst een weldadige orde, die nog eens versterkt wordt door de heldere kleuren van het interieur: het rood, geel, zwart en blauw waarmee Gerrit Rietveld ooit wereldfaam verwierf.

Blikvangers zijn kasten gevuld met vele honderden elpees en duizenden cd's. Opvallend is de bijna militaire precisie waarmee de boeken, cd's en elpees in het gelid staan. De boeken reiken met hun rug precies tot de randen van de planken. De recente aanwinsten liggen daar weliswaar horizontaal bovenop, maar zo volmaakt recht, alsof er een waterpas aan te pas is gekomen.

'Mijn leven is nogal chaotisch,' licht Johan Derksen toe. 'Ik heb heel veel verschillende verplichtingen. Elke dag is anders. Er dienen zich voortdurend nieuwe ontwikkelingen aan. Ik kan daarin alleen goed functioneren als alles hier op orde is. Op mijn werk is dat ook zo. Aan het eind van de dag moet mijn bureau leeg zijn, zodat ik die de volgende ochtend ook weer net zo opgeruimd aantref. Weet je wie dat ook heeft? Oud-voetballer Wim Suurbier. Nog zo'n losbol. Maar als je bij hem thuiskwam, lag er geen luciferstokje scheef.'

Trekkend aan zijn sigaar: 'Ik ben volkomen maniakaal. Al mijn cd's staan op alfabetische volgorde en mijn boeken staan inderdaad waterpas. Als ik 's ochtends beneden kom en mijn vrouw heeft de avond daarvoor een plaat niet goed teruggezet, voel ik dat meteen. Iets klopt niet. Het moet gelijk hersteld worden. Eerder heb ik geen rust.'

'Het gaat erg ver. Wanneer de televisiegids bezorgd wordt en er blijkt een scheurtje in de omslag te zitten, gaat die bij het oud papier. Ik ga dan naar de kiosk uit om een nieuw, puntgaaf exemplaar te kopen.' Grijnzend: 'Ik doe dat wel zo dat mijn vrouw dat niet ziet, anders is er meteen heibel in de tent.'

De betreffende eega, die vanaf de bank het gesprek met een half oor volgt, kijkt op en knikt instemmend.

'Ik heb mij ooit laten testen op dwangneuroses,' vervolgt Derksen onverstoorbaar. 'Er bestaan zeven varianten. Bij drie heb je doktersbehandeling nodig. Ik kwam op zes. Veel mensen met dwangneuroses hebben een enorme moeite om geld uit te geven. Het zijn enorme gierigaards. Dat was het enige waarop ik negatief scoorde. Ik heb daar dan ook geen moeite mee. Geld moet rollen, is mijn motto.'

'Het kijken naar de film *As Good As It Gets*, met Jack Nicholson in de hoofdrol als een neurotische schrijver, was dan ook een heel rare ervaring. Ik zat in een bioscoop vol mensen die niet meer bijkwamen. Lachen, gieren, brullen. Wat ik zag vond ik helemaal niet raar of belachelijk. Ik vond het volkomen normaal. Uiterst herkenbaar. Eigenlijk zat ik naar mijzelf te kijken. Ik begreep pas hoe grappig alles was, toen ik ontdekte dat ik kennelijk heel anders in elkaar zat dan andere mensen. Nou ja, ik kan ermee leven. Mijn omgeving ook, voor zover ik kan nagaan. Mijn vrouw vindt mijn tics wel vermakelijk. Een dokter is er nog nooit aan te pas gekomen, want ik geloof niet dat ik gevaarlijk ben.'

Een korte wandeling door de platenkast van Johan Derksen leert dat hij een zwak heeft voor stoere Amerikaanse rock en blues. Verder staat er veel ambachtelijk werk van singer-songwriters. Albums van The Hollies, The Beatles, The Swinging Blue Jeans, Gerry and the Pacemakers en The Searchers verraden daarnaast een grote voorliefde voor beat van Britse snit.

Het is dan altijd leuk om te checken hoe diep die liefde gaat, bijvoorbeeld door de naam van Tony Jackson te laten vallen. De zanger en bassist verliet de Britse beatband The Searchers, juist op het moment dat de een na andere hit gescoord werd. De muzikant zag dat als het uitgelezen moment om onder eigen naam solo te gaan, ongetwijfeld in een vlaag van overmoed.

Van die solocarrière kwam weinig terecht. Ook al bracht hij enkele buitengewoon fraaie singles uit. Waaronder het werkelijk overrompelend goede *Just Like Me*, oorspronkelijk van de Amerikaan Paul Revere. Snerende zang, een pompend ritme en een alles verschroeiende gitaarsolo maken deze cover zelfs tot een van de meest opwindende Britse singles uit de jaren '60. Het pareltje kwam destijds echter alleen uit in Portugal, waarmee elke kans op enig succes bij voorbaat uitgesloten was. Tony Jackson stierf in 2003 als een vergeten en versleten man.

Heeft dit zwaar onderschatte fenomeen desondanks deze collectie bereikt? Johan Derksen is met twee stappen bij de kast. Bingo! Op de plank prijken liefst twee compilaties van The Tony Jackson Group. Uiteraard met daarop het onvolprezen *Just Like Me*.

'Dat is inderdaad een opmerkelijk verhaal,' glimlacht Derksen, omgeven door de onvermijdelijke wolk sigarenrook. 'Tony Jackson had al vrij snel in de gaten dat hij de fout van zijn leven had gemaakt en raakte aan lager wal. Tot afgrijzen van zijn voormalige collega's dook hij op gezette tijden op bij concerten van The Searchers. Steevast stomdronken. Hij deed dan verwoedde pogingen het podium op te komen. Om weer een keertje mee te doen. Gênante toestanden. Je had dat niet verwacht bij zo'n keurig bandje.'

Al bladerend door zijn kast vertelt Johan Derksen verder. Aan bijna elke plaat en elk bandje blijkt een herinnering vast te zitten. Het is opvallend met wat voor een ongebreideld enthousiasme en bijna tastbare warmte Johan Derksen over zijn muziek praat. En hij heeft kennis van zaken, die hij deels put uit zijn imposante verzameling muziekboeken: biografieën, catalogi en encyclopedieën. Al drentelend voor zijn platenkast lijkt hij in niets op de brommerige voetbalanalyticus, die wekelijks bij *Voetbal Insite* wedstrijden genadeloos fileert en spelers afserveert.

Roept de muziek zoiets totaal anders in hem op dan voetbal?

'Oh, absoluut. Voetbal is voor mij werk. Het is mijn vak om daarover mee te praten. Ik verdien daar mijn brood mee. Daar komen geen emoties aan te pas. Nee, ook een wonderschoon doelpunt of spannende wedstrijd maken weinig meer bij mij los. Als ik moet kiezen tussen Ajax–Feyenoord en een goed concert, hoef ik niet lang na te denken. Dat krijg je gewoon nadat je jarenlang elk weekeinde op meerdere schermen vijftien wedstrijden tegelijk volgt, omdat er verwacht wordt dat ik daar na het weekeinde een mening over heb.'

'Ik heb sowieso een toenemende moeite met de voetballerij. Wat er soms aan spreekkoren van de tribunes rolt is ronduit verschrikkelijk. De mentaliteit van de gemiddelde voetballer is er in de loop van de jaren ook niet echt op vooruitgegaan. En dan de agressie. Het is meerdere keren voorgekomen dat ik onder politiebescherming het stadion uitgeleid moest worden, omdat ik kennelijk iets onaardigs over de een of andere club had gezegd. Muzikale vrienden heb ik er dan ook niet. Het is immers een omgeving waar vooral geluisterd wordt naar Marco Borsato en René Froger.'

'Die twee werelden houd ik bewust zoveel mogelijk gescheiden. Tijdens optredens in Paradiso of de Melkweg kom ik trouwens ook nooit trainers, voetballers of collega's tegen. Van mij mag dat dus zo blijven. Muziek is voor mij een tegengif voor alle banaliteit en agressie die ik in de sport tegenkom. Het gebeurt mij meer dan eens dat ik na een wedstrijd stijf van de spanning in mijn auto stap. Ik zet dan een mooie cd op en terwijl ik het stadion nog in mijn achteruitkijkspiegel heb, glijdt alles van mij af. Ik stap een andere, zoveel mooiere wereld binnen. Dat doet muziek met mij en daarom is het voor mij zo ongelofelijk belangrijk.'

Johan Derksen vertelt dat hij voor het eerst getroffen werd door de magie van popmuziek toen hij in 1961 *Temptation* van The Everly Brothers hoorde. Hij woonde destijds nog in de Betuwe. Later zou hij naar Drenthe verhuizen. Zijn vader was politieman en, zoals hij het zelf zegt, elke streep erbij was een nieuwe verhuizing.

'Ik vond het een geweldig nummer,' memoreert Derksen enthousiast. 'Meteen vanaf de eerste keer. En nu nog steeds. Ik was vooral weg van die messcherpe samenzang. Er was in die tijd weinig popmuziek op radio of televisie. We waren overgeleverd aan de smaak van Herman Stok met zijn *Tijd Voor Teenagers* en je had ook *Tussen 10 Plus* en *20 Min*, gepresenteerd door Jos Brink. Twee uurtjes per week, dat was het wel. Het was een tijd dat de toon nog gezet werd door het beschaafde vermaak van Teddy Scholten, Corry Brokken en Willeke Alberti.'

'Toch zette de rock-'n-roll langzaam door. Onder meer met Peter Koelewijn. Achteraf vind ik het moeilijk te begrijpen wat ik daar ooit aan vond, maar het was het enige dat voorhanden was. Verder hadden we natuurlijk ook de Indo-rockbands, maar dat fenomeen stond wat verder van mij af. Veel van die acts traden immers vooral op in Duitsland.'

'Ik kan mij herinneren dat ik mij in die periode, de vroege

jaren '60, vergaapte aan de glossy foto's in een blad met de fraaie naam *Romance*. Daar stonden foto's in van die mooie Amerikaanse jongenssterren: Pat Boone, Bobby Rydell, Fabian, Frankie Avalon en Dion.' Lachend: 'Ideale schoonzonen, waar later van bleek dat ze stuk voor stuk vreselijk aan de drugs waren. Ik vond dat ze er vooral geweldig uitzagen. Die vetkuiven! En ze hadden steevast van die kleurige vesten aan, met zo'n grote letter op de borst. Zo wilde ik er ook wel bij lopen. Toen ik eindelijk hun muziek te horen kreeg, zakten ze natuurlijk vreselijk door de mand. Ze oogden aardig, maar zingen konden ze niet. Met één uitzondering: Dion met zijn Belmonts. Een groot talent, met de grote pech zijn tijd telkens vooruit te zijn. Hem ben ik de rest van mijn leven blijven volgen. In al zijn grillige fases. Of hij nu zwaar aan de troep verslaafd was of zich in de armen van God gestort had. Op den duur kon ik zijn platen alleen nog maar bij evangelische boekhandels krijgen. Moest ik met het tasje van zo'n zaak over straat. Goh, die Derksen heeft ook het licht gezien, zag ik de voorbijgangers denken.'

'Ik heb Dion veel later ooit in Amerika opgezocht, om hem te interviewen voor een muziekblaadje. Hij zat midden in zijn zwaar religieuze fase. Hij trad op in een hotel dat bevolkt werd door van die vrome jongelui. Terwijl ik door het etablissement dwaalde, stuitte ik op ruimten waar je met allerlei problemen terecht kon. Of je nu seksuele problemen had, aan de drugs was of homofiele neigingen had, zo'n televisiedominee met opgeföhnd haar fikste het wel even voor je. Uiteraard met hulp van *the Lord*.'

'Tja, heel Amerikaans natuurlijk. Dion had al heel jong een trits hits gehad en was vanwege dat vroege succes heel erg aan de drank en de dope geraakt. Dan krijg je zoiets. Maar, zoals mijn vriend Harry Muskee van Cuby + the Blizzards me ooit vertelde: "Die jongens komen altijd weer terug." Dat klopte met Dion ook. Hij is inmiddels teruggekeerd op aarde en heeft sindsdien weer een aantal prachtige platen gemaakt.'

'Via Radio Luxemburg, waar wij als jonge tieners massaal op afstemden, kwamen we in aanraking met nog veel meer muziek. Ik kan me het moment nog goed voor de geest halen dat ik voor het eerst Ricky Nelson hoorde. *Travelin' Man*. Prachtig! Wat er uit Engeland kwam kon me ook wel bekoren: Adam Faith, Billy Fury en natuurlijk Cliff and the Shadows.'

'Toch begon het voor mij pas echt toen de Merseybeat arriveerde. The Beatles, natuurlijk. Ik kocht ook zoveel mogelijk van al die andere groepjes uit Liverpool: The Merseybeats, Billy J. Kramer and the Dakotas, Gerry and the Pacemakers en The Fourmost. Ik was mij er niet van bewust dat zich een muzikale revolutie voltrok. Dat besef kwam pas veel later. Wel was ik erg gecharmeerd van het frisse, energieke geluid. Het was volkomen nieuw.'

'Via Liverpool kwam ik in andere steden terecht. Zoals Manchester met Wayne Fontana and the Mindbenders, Herman's Hermits – toegegeven: een lichtgewichtbandje – en The Hollies. Die laatste band vond ik vocaal trouwens sterker dan The Beatles. Die meerstemmige zang is voor mij ongeëvenaard.'

'Het hek was daarmee al snel van de dam. Er leek elke week wel een fantastische band bij te komen: Spencer Davis Group, The Animals, The Artwoods en The Moody Blues met Denny Lane. Een hoogtepunt was Them met Van Morrison. Daarvan wist ik meteen: van hem gaan we de komende veertig jaar nog veel plezier beleven. Wat overigens ook uitgekomen is. Ik mis niets van die man. Geen concert of plaat. Ik heb bovendien een plank vol met onofficiële concertopnamen. Een stuk of honderdvijftig.'

Het was al snel niet alleen de muziek die hem fascineerde, vertelt Johan Derksen. Ook de manier van leven die ermee samenhing. Het lange haar, de hippe kleding en de moderne ideeën. Dat botste met het thuisfront. Hevig.

'Ik was een recalcitrante jongen. In een tijd dat The Rolling Stones als summum van ruigheid golden, liet ik platen in het ouderlijk huis rondslingeren van The Pretty Things. Die waren, niet geheel toevallig, net een beetje wilder. Ook ik wilde lang haar, stoere jeans en bordeelsluipers aan mijn voeten. Dat viel erg slecht in het rechtse en christelijke milieu waarin ik opgroeide. Mijn vader, een politieagent van het oude stempel, vond het allemaal mensonterend. Schandelijk. Het werd mij al snel duidelijk dat ik weg moest. Vluchten. Tegenwoordig kunnen die kids aankloppen bij de een of andere instantie. Als je dat toen deed, kreeg je een draai om je oren, werd je pa gebeld, die je vervolgens mocht komen ophalen.'

'Ik kon aardig voetballen, dus daar zag ik dus wel een ontsnappingsroute. Ik kon terecht bij het voetbalinternaat van de Go Ahead Eagles in Deventer. Op mijn zestiende verliet ik zo het ouderlijk huis. Op weg naar de vrijheid. Tenminste, dat dacht ik. Viel dat even tegen. Het internaat werd geleid door voormalig beroepsmilitairen. Roken en drinken waren uit den boze, net als schaatsen, zwemmen en brommer rijden. En vanaf oktober moest je een lange onderbroek aan. Ik was van de regen in de drup geraakt. Uiteindelijk ben ik overgestapt naar Leeuwarden, waar de teugels minder strak waren. Daar heb ik het wel ingehaald. Rebellie moet er nu eenmaal uit.'

'Ondertussen bleef ik in een razend tempo nieuwe muziek ontdekken. Het grappige is dat ik via een omweg de blues heb ontdekt. Veel Britse beatbands speelden covers van Amerikaanse blueszangers. Liedjes die ze aantroffen op platen die ze kochten van Amerikaanse matrozen die bijvoorbeeld van boord gingen in Liverpool. Ik werd steeds nieuwsgieriger naar de originele uitvoeringen. Op die manier kwam ik terecht bij John Lee Hooker, Muddy Waters en Bobby Bland – een favoriet. Overigens heb ik nooit veel opgehad met die Britse bluesjongens. Eric Clapton heeft mij nooit veel gedaan. Ik had een hekel aan de stem van John Mayall. Nee, blues was voor mij vanaf het begin vooral een Amerikaans fenomeen.'

'Het was een heel bijzondere tijd, die late jaren '60. Ik viel van de ene verbazing in de andere. Ik hoorde bijvoorbeeld *Time Of The Season* van The Zombies en ik kon me niet voorstellen dat er daarna iets kon uitkomen wat nog mooier was. Toch gebeurde dat. Telkens weer. In die tijd diende ook Blood Sweat & Tears zich aan. Met de zanger David Clayton-Thomas; een man die ik ook ben blijven volgen, zowel solo als met zijn band.'

'Ik ben ook vanaf het begin een enorme fan van The Band. Zozeer zelfs dat ik er net zo als die mannen uit wilde zien. Ik heb daar mijn snor en een raar hoedje aan overgehouden. Alleen dat hoedje mag ik van mijn vrouw niet meer op. Alles wat er uit die hoek uitkomt moet ik hebben. Ik ben net zo trouw aan iemand als P.J. Proby en het duo the Righteous Brothers, als aan wat die jongens solo hebben gedaan. De vroeg gestorven Tim Hardin heb ik ook helemaal compleet.'

'Ondertussen bleef mijn smaak zich ontwikkelen. Ik vergelijk het wel eens met sigaren. Ik heb van alles geprobeerd: allerlei dure en goedkope sigaren en alles daartussenin. Ik weet nu dat ik Olifant sigaren het lekkerst vind. Zo ging dat met muziek ook. Ik rook overal aan. Sommige bands vielen af, anderen kwamen erbij. Uiteindelijk weet je wat je mooi vindt.'

In de jaren '70 was Johan Derksen verbonden aan diverse Groningse kranten. Hij interviewde artiesten die in de regio optraden en recenseerde concerten. Zijn liefde voor muziek bezorgde hem ook een baan bij een platenmaatschappij: het inmiddels lang vergeten VIP-label. Dat was geen onverdeeld succes, mijmert Johan Derksen.

'Ik had de ambitie om mooie muziek op de markt te brengen, maar daar kwam helaas weinig van terecht. We scoorden daarentegen met plaatjes waar ik mij diep voor schaamde. Op een dag diende zich een marktkoopman uit 's-Hertogenbosch aan die zich voorzien had van de artiestennaam Mike Vincent. Hij had een tapeje bij zich met een lullig liedje: *Friet met Mayonaise*. Walgelijk vond ik het. De baas van VIP, Hans Kellerman, vond dat we het met het oog op carnaval een kans moesten geven. Hij had gelijk. Het werd een knaller van een hit, maar ik vond het heel akelig om daarmee geassocieerd te worden.'

'We distribueerden het klassieke soul en blueslabel Stax. Daar was veel minder belangstelling voor. In die periode, halverwege de jaren '70, produceerde ik ook een elpee van The Red White and Blues Band. Dat waren Oscar Benton en leden van The Bintangs, die vanwege juridische verwikkelingen onder een schuilnaam meededen. Die plaat deed heel weinig. Ik heb het er niet lang uitgehouden. Commercieel denken is mij vreemd als het om muziek gaat. Ik ben te veel een liefhebber om concessies te doen.'

'Overigens heb ik destijds wel de kans van mijn leven laten liggen. Op een dag werd ik benaderd of wij Herman Brood wilden tekenen. Ik kende hem natuurlijk al uit zijn periode met Cuby + the Blizzards. In die tijd zat Herman in een bandje. Ik hoorde dat hij regelmatig niet kwam opdraven bij optredens en repetities. Een junk, dacht ik. Dat wordt nooit wat met hem, dus bedankte ik voor die eer. Een jaar later was hij het grootste popidool van Nederland. Dat had ik dus niet zo goed voorzien.'

'Ik verzamel nog steeds. Ik koester het beste van mijn collectie vinyl, waaronder bijvoorbeeld Art Gallery van The Artwoods. Een originele Britse persing, mono. Volgens de boeken is die een vermogen waard, maar ik zal hem nooit wegdoen. Of de originele persing van The Beatles in Italy. Ook in mono. Nieuwe muziek arriveert toch vooral op cd's. In dat opzicht ben ik geen purist. Veel van wat ik nu zoek verschijnt simpelweg niet meer op elpee. Ik wil de muziek toch in huis hebben.'

'Ik houd mijn helden uit de jaren '60 bij, maar koop ook veel werk van muzikanten die nog steeds actief zijn. Ik houd erg van Amerikaanse blues, zoals die gemaakt wordt door Tom Principato, Tommy Castro, Jimmy Thackery, Duke Robillard, Mike Morgan en Pat Boyack and the Prowlers. Het is geen muziek die je in normale platenzaken tegenkomt. Er zijn in Nederland een paar specialisten waar ik terecht kan.'

'Verder zit ik in de bevoorrechte positie dat ik dankzij mijn werk veel in het buitenland ben. Ik kom altijd terug met tassen vol cd's. Je kunt me in de platenzaak Amoeba in Los Angeles rustig een week loslaten. Alleen ben ik aan het eind daarvan wel blut. Je komt op de gekste plekken soms de leukste dingen tegen. Zoals in Italië een soloplaat van Ray Sawyer: de zanger van Dr. Hook, met dat ooglapje. Die had hij ooit opgenomen in Scandinavië, toen hij daar om wat voor reden aangespoeld was. Daarnaast heb ik een ongeneeslijk zwak voor een singer-songwriter als Fred Eaglesmith.'

'Of mijn collectie een rode draad heeft? Ik denk het wel. Ik voel mij het best bij zwaarmoedige muziek. Vrolijke deuntjes kan ik niet verdragen. Een opgewekte deun als *Even The Bad Times Are Good* van The Tremeloes vind ik heel erg. Niet te harden. Ik ben altijd op zoek naar eerlijke, ambachtelijke muziek, met teksten die uit het leven gegrepen zijn. Pop voor volwassenen. Verdrietige verhaaltjes, van mensen die een heel leven achter zich hebben en als het even kan veel meegemaakt hebben. Gescheiden-mannen-muziek, noem ik het ook wel eens. Het summum van somberheid, dus een favoriet, is Mickey Newbury. Dood inmiddels. Draai drie platen van hem achter elkaar en je staat op het balkon. Klaar om te springen. Fantastisch!'

Aan het eind van de avond valt mijn oog op een plank in zijn cd-kast, met daarop een hele rij lege cd-doosjes. Heeft Johan Derksen, net als de schrijver dezes, de dwangmatige neiging om elk doosje dat beschadigd is te vervangen? Ook al zijn de vlekjes of barstjes nauwelijks zichtbaar voor het blote oog? De aangesprokene keert zich om. 'Maar vanzelfsprekend,' antwoordt hij met een verbaasde blik in zijn ogen.

Alsof er andere mogelijkheden zouden zijn om met dergelijke imperfecties om te gaan.

① MICKEY NEWBURY
FRISCO MABEL JOY

② JOHNNY KENDALL AND THE HERALDS
ON THE MOVE

③ DION
SIT DOWN OLD FRIEND

④ THE CATE BROTHERS
FIRE ON THE TRACKS

⑤ SCOTT WALKER
STRETCH

(6) DAVID CLAYTON THOMAS
DAVID CLAYTON THOMAS

(7) VAN MORRISON
ASTRAL WEEKS

(8) THE ARTWOODS
ART GALLERY

(9) LEVON HELM
LEVON HELM

(10) JOE SOUTH
MIDNIGHT RAINBOWS

MAIDEN

Eric van den Hurk

Eric van den Hurk (1969) werd geboren in Geldrop, was beroepsmilitair en schrijft sinds het midden van de jaren '90 voor het hardrock en metal magazine *Aardschok*. Sinds enkele jaren is hij daar in vaste dienst.

Eric van den Hurk was een jaar of twaalf, dertien toen zijn aandacht getrokken werd door het shirt dat een vriend van zijn oudere broer aanhad. Een jongen die toevallig ook Eric heette. In grote rode letters met witte randen was een bandnaam geschreven: Iron Maiden. Zijn belangstelling werd echter vooral gewekt door een zombie, die hem vanaf het textiel kwaadaardig aanstaarde: Eddie, de mascotte van de band, zoals hij later te weten zou komen.

'Het was mijn eerste kennismaking met Iron Maiden,' vertelt Eric van den Hurk. 'Ik wist nog niet eens hoe je die bandnaam moest uitspreken. Die jongen heeft mij toen verteld dat Iron Maiden een beroemde hardrockband uit Engeland was.'

Niet veel later bereikte hem het trieste nieuws dat de drager van het shirt zichzelf van het leven had beroofd. Weer een paar maanden later liepen Eric en zijn broer door de stad. Het was kort voor Sinterklaas en ze zouden cadeaus voor elkaar kopen. 'Mijn broer vroeg toen of ik niet iets muzikaals wilde. Een plaat of zo. Ik was gek op muziek, dat wist hij. Alleen zat ik toen nog in mijn Elvis-fase. Mijn vader verzamelt daar alles van.'

Glimlachend: 'Ik heb het verzamelen niet van een vreemde. Opeens schoot mij die band te binnen: Iron Maiden. Was het geen mooie gedachte om iets te kopen van die geheimzinnige groep waar die andere Eric zo gek van geweest was? In een winkel heb ik toen een plaat beluisterd: *Maiden Japan*. Het was een soort mini-elpee uit 1981 met concertopnamen uit Japan. Ik was meteen verkocht. Ongelofelijk, wat was ik onder de indruk. Vooral het drumwerk vond ik prachtig. Nog steeds let ik bij muziek erg op de drum. Ik ben minder gespitst op gitaren. Ik vind het maar ingewikkeld, die zes snaren op zo'n dun plankje.

'Ik heb me achteraf vaak afgevraagd: waarom sloeg de muziek van Iron Maiden zo in als een bom? Ik denk dat het voor een deel door de muzikale overgang kwam. Ik bedoel, van Elvis naar Iron Maiden ga je van de ene planeet naar de andere. Alleen daarom maakte de muziek al zo'n diepe indruk. Had het ook een willekeurige andere band kunnen zijn? Misschien. Later ben ik ook een groot fan van Motörhead geworden. Toch denk ik dat ik meteen in de gaten had dat Iron Maiden iets bijzonders had. Allereerst natuurlijk door de muziek. Ik vind die vaak sfeervoller dan bij andere groepen. Iron Maiden werkt veel met tempowisselingen. Dat vind ik ook te gek. Ik kende bijvoorbeeld wel al AC/DC. Hoe goed die groep ook is, mij was hun sound net iets te simpel.'

'Maar er speelde meer mee. Iron Maiden is een band met een goed doordacht imago. Alleen dat logo al. Het is uit duizenden herkenbaar. Verder speelt Eddie, een soort rottend lijk, een belangrijke rol in alle uitingen van de band. Het wezen zie je terug op de hoezen en komt tot leven tijdens de concerten. Tot op de dag van vandaag, trouwens. Die mascotte heeft een heel bepalende rol gespeeld in de loopbaan van de band. Verder werden heel lang alle hoezen getekend door ene Derek Riggs, die daar telkens weer heel spannende, maar altijd herkenbare kunstwerkjes van maakte.'

'Een paar weken na die bewuste Sinterklaas was ik jarig. Een volgende plaat van Iron Maiden prijkte vanzelfsprekend hoog op mijn verlanglijst. Het werd *The Number Of The Beast*, de elpee die in dat jaar – nog steeds 1982 – was uitgekomen. Die knalde er opnieuw in. Wow, wat een plaat! Tijdens het luisteren viel ik van de ene verbazing in de andere. Dat er zulke muziek bestond!'

'Ik kwam erachter dat er al eerder twee albums waren uitgekomen: het titelloze debuut en *Killers*. Binnen de kortste keren had ik die ook in huis. Niet veel later verscheen een gloednieuw album: *Piece Of Mind*. Weer zo'n topplaat. Alleen al het eerste nummer: *Where Eagles Dare*, met een drumintro waar geen einde aan leek te komen. Prachtig! Toen ik die elpee in handen kreeg, wist ik het: Iron Maiden was mijn band.'

'Vanaf dat moment wilde ik alles weten over mijn helden. Ik begon met het kopen van muziekbladen waarin stukjes over Iron Maiden stonden. Ik wilde alles weten. Ik kocht ook al de eerste singletjes, al ben ik ze pas later echt gaan verzamelen. Aanvankelijk had ik geen idee wat er allemaal al rouleerde. Een voorteken daarvan kreeg ik toen ik bij toeval een Mexicaanse persing van het debuutalbum in handen kreeg. Tot mijn grote verrassing bleek daar een extra nummer op te staan. Heel interessant. Die kocht ik dus. Een vriend bood mij aan mijn oude versie over te nemen, maar dat hoefde voor mij niet. Ik hield ze allebei wel. In diezelfde periode, in 1984, verscheen in het blad *Aardschok* een uitgebreid artikel over Iron Maiden. Onderdeel daarvan was een enorme discografie. Ik keek mijn ogen uit. Er bleken allerlei items te bestaan waarvan ik daarvóór het bestaan niet wist. Zoals singles op rood vinyl, shaped- en picture discs. Tja, toen ik dat allemaal onder ogen kreeg, was het hek van de dam. Ik ben zoveel mogelijk gaan kopen, onder meer bij Bullet, een platenzaak in Eindhoven. De singles bleken bovendien extra interessant vanwege de B-kanten, waar vaak covers op stonden die je nergens anders kon vinden.'

Aanvankelijk schafte Van den Hurk vooral de reguliere releases aan. Toch kreeg zijn verzamelwoede steeds meer de overhand. Hij werd daartoe ook geprikkeld door EMI, de platenmaatschappij van Iron Maiden, die singles en elpees in alle geuren en kleuren uitbracht.

'Ik ging echt overstag in 1986, toen de single *Stranger In A Strange Land* uitkwam. Die single verscheen in verschillende gedaantes: een gewone Nederlandse persing, de Britse posterhoes, een picture disc, ga zo maar door. Ik ben toen naar de winkel gegaan en moest alle versies hebben. Als ik een moment moet markeren dat ik echt een verzamelaar ben geworden, dan is dat het wel.'

Over de vraag of hij zich nooit ergerde aan het beleid van EMI moet hij even nadenken. Melkt die platenmaatschappij de loyaliteit van de fanschare niet tot de laatste druppel uit, door de markt vol te storten met singles in alle kleuren en vormen?

'Ik vind heel soms dat ze wel wat ver gaan. Voor mij is het belangrijkste dat het er goed uitziet. Als je wat uitbrengt, maak er dan ook iets heel moois van. Dus niet weer het zoveelste singletje op rood vinyl, of opnieuw een hoes die je kunt openvouwen tot poster. Zolang wij als verzamelaars af en toe aangenaam verrast worden, blijft het verzamelen ook leuk. Over het algemeen kan ik er wel mee leven. Juist omdat er zoveel verschenen is, blijft Iron Maiden een ideale band om te verzamelen. Je bent er nooit klaar mee.'

'Inmiddels is het zo ver dat ik alle verschillende persingen van alle singles, ep's, cd's en elpees wil hebben. In Amerika zijn de albums van Iron Maiden aanvankelijk uitgekomen via het label Harvest. Later stapte de groep over naar Capitol, dat ook het oude werk opnieuw uitbracht. Dat moet ik dan ook weer hebben. Hoeveel versies ik heb van *The Number Of The Beast*? Alleen op elpee al twintig of dertig. Dan nog een hele zwik op cd. Datzelfde geldt voor platen als *Killers*, *Piece Of Mind* en *Powerslave*.

'Je doet al verzamelend soms heel leuke ontdekkingen. Het tweede Iron Maiden-album, *Killers*, verscheen alleen in Australië met als extra nummer de singletrack *Women In Uniform*. Dat is een cover van Skyhooks, een Australische groep, waarmee de beslissing van de lokale vestiging van EMI weer heel logisch is. Ik heb inmiddels persingen uit alle windstreken: Zuid-Amerika, Azië, Rusland, ja zelfs in India blijkt de band fans te hebben.'

Eric van den Hurk bewaart en koestert zijn immense collectie in een speciale kamer in het nieuwbouwhuis waar hij met vrouw en kind woont. In een groot stalen rek staan alle cd's, elpees, maxi's en singles heel ordelijk opgesteld. De titels keurig bij elkaar, in de meest exotische uitvoeringen. Blikvangers zijn de boxen die de afgelopen decennia het licht zagen. Zoals het loopbaanoverzicht *Best Of The Beast*. Of een kunststof hoofd van mascotte Eddie, met daarin de tot dan toe verschenen cd's.

Met veel liefde laat Van den Hurk de topstukken door zijn handen gaan. Zoals een alleen in Griekenland verschenen box met maxisingles, een testpersing op twee eenzijdige plakken vinyl van *Maiden Japan*, een acetaat (vroege proefpersing) van *The Evil That Men Do* en de single *The Soundhouse Tapes* uit 1979, waarmee het voor de band allemaal begon. En verder, veel Japanse persingen met allerlei extra's. 'Ik verzamel zowel de cd's als elpees. Die laatste winnen het toch altijd als het gaat om mooie items. Niet alleen klinkt vinyl veel mooier, de ontwerpen voor de hoes komen veel beter tot hun recht. Een cd is misschien handiger, als verzamelaarsobject doet het mij veel minder.'

Zoals elke verzamelaar heeft ook Eric van den Hurk een plaat waarbij zijn hart even oversloeg toen hij die eindelijk in zijn hand kon houden. 'Ik wist van het bestaan van een versie van *Killers*, geperst in Tsjechië, in meerkleurig vinyl. Alleen lukte het mij niet daar mijn hand op te leggen. Op een bepaald moment werd die mij toch aangeboden. We zouden elkaar treffen op de platenbeurs in Utrecht. Toen ik die schijf uit de hoes trok en ik oog in oog met die kleurenpracht stond, kreeg ik daar spontaan kippenvel van. Het is een van mijn dierbaarste objecten.'

Hij vertelt dat hij veel van Iron Maiden verzamelt, maar wel scherpe grenzen trekt. Hij is gestopt met bootlegs – illegale platen. Deels omdat de band daar niets wijzer van wordt, maar ook omdat vooral de laatste jaren de markt overvoerd wordt, vooral vanuit het Oostblok. Hij koopt wel alle soloplaten van de huidige leden. Hij laat de albums van Paul Di'Anno, zanger van het eerste uur, echter consequent liggen.

Het speuren en verzamelen houdt hem vrijwel dagelijks bezig. De ene dag intensiever dan de andere, dat wel. 'Ik hoef soms alleen maar even deze kamer in te lopen en mijn ogen te laten glijden over mijn collectie. Zo'n moment is genoeg. Ik kan daarna verder met wat ik van plan was. Ik check ook bijna elke dag wel wat er op de veilingsite eBay gebeurt. Inderdaad, daar koop ik nu het meest. Het verzamelen heeft daarmee wel iets van zijn romantiek verloren: je klikt het item aan, betaalt elektronisch en een paar weken later staat de postbode op de stoep. Verder scoor ik nog regelmatig mooie dingen op platenbeurzen. Gewone platenzaken zijn voor mij niet interessant meer, daarvoor is het te exotisch wat ik nu nog zoek.'

'Wat ik nog zoek? Genoeg. Ik verzamel testpersingen. Wittelabel-promo's uit Japan. Ik heb ze bijna allemaal. Op één na. *Two Minutes To Midnight* ontbreekt nog. Onlangs kwam die langs op eBay. De prijs: 2500 dollar. Dat laat ik dan aan mij voorbijgaan. Ik bedoel: een stukje plastic van 7" en een stukje papier zijn mij zo'n bedrag niet waard. Voor een dergelijke hoeveelheid geld kan ik zoveel mooie andere dingen van Maiden kopen. Ik trek de grens doorgaans bij 500 euro per item. Als ik het echt graag wil hebben, wil ik daar nog wel even overheen, maar het houdt snel op. Ik ken mensen die zoveel kopen, dat ze andere platen moeten verkopen om het te bekostigen. Dat vind ik zinloos. En ik heb het er ook niet voor over om droog brood te eten omdat ik een bepaalde plaat per se in de kast wil hebben. Het is een hobby. Het moet geen straf worden. En compleet zal ik het toch nooit krijgen. Dat geeft ook niet. Er moet iets te wensen overblijven.

'Ik zoek verder nog *The Trooper* op 12", zoals die als promo alleen in Canada is uitgekomen. In Tsjechië zijn de afgelopen jaren alle oude platen van Iron Maiden in licentie opnieuw uitgebracht, in allerlei kleuren vinyl. Het debuut in een kleur of vijf, *Killers* in acht. Ik heb ze allemaal. Op één na: de roze versie van *Killers*. Er staat er een in Japan. En ik ken iemand in Frankrijk die er een heeft. Ze willen hem best ruilen, maar dan voor iets dat ik weer niet kwijt wil. Tja, dan houdt het op. Tot de plaat alsnog ergens opduikt.'

Iron Maiden kondigde onlangs aan minder te willen optreden. Zou daarmee het einde van de band ingeluid worden? Eric van den Hurk vermoedt dat het zo'n vaart niet zal lopen. 'De drummer is al over de vijftig, de rest zit daartegenaan. De jaren gaan dus tellen. Ik denk dat ze zeker nog wel een paar mooie platen in zich hebben. Ik blijf het in elk geval verzamelen. Een echte dip heb ik wat dat betreft nooit gehad. Er is wel eens een tijd geweest dat ik op beurzen en in winkels weinig nieuws tegenkwam. Niets is erger dan een hele dag op een beurs rondlopen en huiswaarts te keren zonder iets te kunnen kopen. Dat waren de momenten dat ik dacht: Ik neem er een band bij. Dankzij eBay heb ik dat soort momenten zelden meer. Sterker nog, als er weer een cd aankomt, ben ik nog steeds net zo nieuwsgierig als vroeger.'

Eric van den Hurk schrijft inmiddels voor het blad dat hem ooit, in 1984, onthulde hoe groot de catalogus van Iron Maiden was. Voordat het zover was, maakte hij dankzij datzelfde *Aardschok* ook persoonlijk kennis met zijn helden.
'Begin jaren '90 kende ik al een aantal mensen dat voor *Aardschok* schreef. In 1992 hoorde ik dat een van hen Steve Harris, de bassist en bandleider, in Amsterdam zou interviewen. Ik heb meteen gevraagd of ik een keertje mee kon. Mijn eerste indruk? Dat hij zo klein was. Net als alle Britse muzikanten die op het podium gigantisch lijken. En aardig. Vreselijk aardig. Ik heb mij vooral afzijdig gehouden. Hij had wel snel in de gaten dat de liefde voor

zijn band bij mij heel diep zat. Op een gegeven moment vertelde hij dat hij een bepaald nummer nog nooit live had gespeeld. Ik zei: "Jawel hoor, tijdens de tournee voor *Piece Of Mind*." Hij veronderstelde toen dat het hoogstens de helft van de tournee was. Ik kon hem ook daar corrigeren. Ik geloof wel dat hij dat geestig vond.'

'Het contact is later veel intensiever geworden. Ik ging steeds naar meer concerten, heb alle bandleden inmiddels diverse keren geïnterviewd en kom zelfs bij Steve Harris over de vloer. Iron Maiden is een band die enorm dicht bij de fans staat. Het klinkt als een cliché, maar de bandleden zijn wat dat betreft heel gewoon gebleven.'

'De band heeft medio jaren '90 in artistiek opzicht een moeilijke tijd gehad. De platen werden minder. Zanger Bruce Dickinson maakte plaats voor een ander. Hij is trouwens weer terug. Toch is dat juist een periode waar ik met veel plezier op terugkijk. Ik stond overal met mijn neus bovenop, zag enorm veel concerten en had een perfect contact met die jongens. Het heeft mij in elk geval moeiteloos door die moeilijke fase heen gesleurd.'

'Ze zeggen wel eens dat je je helden beter nooit kunt ontmoeten. Ook ik was de eerste keer wel wat afwachtend. Stel dat het een vreselijke eikel zou zijn? Het tegendeel bleek waar. Steve Harris was niet alleen enorm sympathiek, hij leek bij onze eerste ontmoeting nog zenuwachtiger dan ik. Ik ben in elk geval blij dat ik mijn held wel heb leren kennen.'

Iron Maiden Top 10
Eric van den Hurk

1: 12" 'Maiden Japan' (Holland)
2: 2x12" 'Maiden Japan' (UK, double single sided test pressing)
3: 12" 'The Evil That Men Do' (UK, acetate)
4: 7" 'The Soundhouse Tapes' (UK)
5: LP 'Killers' (Czechoslovakia, black multicoloured vinyl, test pressing)
6: 4LP 'Best Of The Beast' (UK, box set)
7: LP+7" 'Somewhere In Time' (Japan, promo)
8: MLP 'Stranger In A Strange Land' (Japan, etched vinyl, promo)
9: LP 'Seventh Son Of A Seventh Son' (Italy, picture disc)
10: 5x12" 'Maiden Mania 80-87' (Greece, box set)

Soul

Deejay Git Hyper

Erwin Zimmerman (1971), alias deejay Git Hyper, maakte deel uit van bands als Mega Dope, Def Force, SFeQ en Zuco 103. Hij werkte daarnaast onder meer met de rapper Def Rhymz. In 1997 verscheen zijn eerste soloplaat. Git Hyper schreef recensies in diverse bladen, had een eigen radioprogramma en was verschillende keren op televisie te zien, onder meer bij *Laat de Leeuw* en *Reiziger in Muziek*. Hij is verder de vaste deejay van de Comedy Factory en maakt muziek voor reclames en diverse televisieprogramma's. Hij is mede-eigenaar van de Rotterdamse platenzaak Demon Fuzz.

Erwin Zimmerman is samen met jeugdvriend Michael Engelaan eigenaar van de Rotterdamse platenzaak Demon Fuzz, die tot ver buiten de regio klanten trekt voor de jazz, hiphop, soul, funk, fusion en soundtracks waarin de winkel is gespecialiseerd. Hij krijgt daarmee heel wat verzamelaars tegenover zich. Opmerkelijke types soms. Zoals een jongen die alle exemplaren van *Thriller* van Michael Jackson opkoopt. 'Mijn collega belt hem regelmatig. "We hebben er weer honderd." Die komt hij dan ophalen. Dozen vol. Heel bizar. Er is ook iemand die alleen maar platen wil waar vliegtuigen op de hoes staan. Geen militaire, of vrachtvliegtuigen, maar passagiersvliegtuigen. Die lijst hij in en hangt hij op.'

Onder een kleine maar fanatieke groep verzamelaars zijn hoezen met dames in diverse stadia van ontkleding bijzonder gewild. 'Al verkopen we die vooral via het internet. Geloof het of niet, veel aan een Amerikaanse gynaecoloog. Onlangs kregen we een plaat binnen, waarvan de foto een tikje onduidelijk was. Ik heb een tijdlang met mijn collega Michael staan discussiëren. Was dit nou een subtiel gefotografeerde bilspleet, of was het iets totaal anders? Wellicht een bloem of zo. Via eBay was de elpee zo weg. Inderdaad, naar diezelfde Amerikaan.'

Wanneer Erwin Zimmerman over zijn eigen muzikale liefdes te spreken komt, maakt hij eerst enkele subtiele omtrekkende bewegingen. Hij legt uit dat veel mensen die in een loop van de jaren een verfijnde smaak ontwikkelen, ontkennen dat ze vroeger ook naar heel andere – minder verheven – muziek luisterden. 'Denk je echt dat iemand die zich op zijn liefde voor avant-garde laat voorstaan, daar ook al gek op was toen hij veertien was? Zulke mensen ontkennen altijd dat ze zelf ooit bijvoorbeeld naar ABBA luisterden.'

Dan komt het hoge woord eruit. Erwin Zimmerman, die als deejay Git Hyper naam maakte als draaier van funky jazz – of zo u wilt: jazzy funk – begon zijn muzikale speurtocht in het gezelschap van de Britse rockband Queen. Hij was er als prille tiener gek van. Alle platen had hij in zijn kast, zelfs het pompeuze werk dat in de eerste helft van de jaren '80 verscheen. Hij kocht destijds ook de soloplaat van zanger Freddie Mercury. En vond 'm mooi.

'Onlangs zette ik die elpee weer eens op en toen viel me op dat die niet overeind bleef. Dat geldt trouwens wel voor het oude werk van Queen. Van *Queen I* tot *News Of The World* is eigenlijk alles goed. Ik moet wel bekennen dat ik het lang verdrongen heb. In de wereld van de hiphop, waar ik later in terechtkwam, kon je daar niet mee aankomen. Je werd dan echt uitgelachen. Nu kan me dat niet meer schelen. Er kan trouwens veel meer. Ik spreek steeds vaker collega's en medeverzamelaars die met dergelijke "jeugdzonden" op de proppen komen.'

'Overigens ben ik nooit zo ver gegaan dat ik die oude platen van Queen heb weggedaan. Ze staan er nog allemaal. Ik heb onlangs zelfs in Japanse heruitgaven op cd hun beste albums gekocht. Die klinken werkelijk fenomenaal.'

Erwin Zimmerman vertelt dat hij zijn prille liefde voor muziek deelde met zijn broer. Ze luisterden naar pop en rock. Via zijn broer leerde hij bijvoorbeeld Pink Floyd kennen. Dat zette hem weer op het spoor van de curieuze soloplaten van de mentaal ontspoorde oprichter Syd Barrett.

'In 1986 kwam een elpee uit die me meteen mijn oren deed spitsen: *License To Ill* van The Beastie Boys. Die plaat met de hit *Fight For Your Right*. Het was dan wel hiphop, maar wel met veel rock erin verwerkt. Dus dat kon. Dat vond mijn broer ook. Ik moest wel plechtig beloven dat het daarbij zou blijven. We hielden immers van rock en pop. Niet veel later kwam *Raising Hell* van Run DMC uit. Weer zo'n weergaloze plaat. Opnieuw een mix van rock en hiphop, onder meer in de hit *Walk This Way*. Ik ging weer overstag. Opnieuw beloofde ik mijn broer dat hiermee mijn honger gestild was. Hierna zou ik niet nog zoiets kopen. Kort daarna zag ik in een Rotterdamse platenzaak toch een album van T La Rock liggen. Ik luisteren. Die moest mee. Ditmaal was het wel pure hiphop, maar met zulke harde beats, dat het mij aan rock deed denken. Ik zie mij nog staan met de koptelefoon op. Ik was er meteen weg van. Het viel toen ook niet meer te ontkennen: dit was shit die ik verder wilde ontdekken. Ik had trouwens niet zoveel met de boodschap van de meeste hiphoppers. Ik woonde niet in een getto en ik werd niet gediscrimineerd. Ik had dus niet het gevoel dat het over mij ging. Het ging mij vooral om de beats, de samples en het gevoel. Op teksten ben ik mij pas gaan fixeren toen ik de soul ontdekte.'

Veel hiphop was in die prille jaren niet te krijgen, vertelt Erwin Zimmerman. In de lokale platenzaak was een bakje met twintig albums, meer niet. Bovendien was zijn budget te beperkt om regelmatig nieuw werk aan te schaffen. De Centrale Discotheek in Rotterdam bood uitkomst. Het was ook daar dat hij - wroetend in het vinyl - Michael tegen kwam, waarmee hij bevriend raakte, later een radioprogramma maakte, en uiteindelijk de platenwinkel Demon Fuzz opzette.

'Het waren spannende tijden. Elke plaat was een nieuwe ontdekking. Ik probeerde ook alles te weten te komen over oudere hiphop, zoals die gemaakt werd door onder meer Grandmaster Flash en Public Enemy. We zetten alles op cassettes, die we eindeloos draaiden. Op een dag stuitte ik op het nummer *Peter Piper* van Run DMC. Michael vertelde dat daar een sample in zat van een nummer van Bob James. Ik ging meteen op zoek naar die plaat. Inderdaad bleek een fragment van een nummer "geloopt" te zijn: het werd eindeloos herhaald in dat nummer van Run DMC.'

'Ik beschouwde dat album van Bob James als pure jazz. Pas later begreep ik dat hij vaak een midden zoekt tussen jazz, funk en pop. Het pakte mij meteen. Het was een titel op het label CTI, waarop nog meer van dat soort artiesten bleken te zitten. Ik ben daar meteen achteraan gegaan en ontdekte de prachtigste platen.

'Het ging vanaf dat moment heel snel. Ik speurde de platenhoezen af naar namen. Zo ontdekte ik bijvoorbeeld dat de drummer op een jazzplaat ook meedeed op een album van de Amerikaanse band Steely Dan. Door het spoor van al dergelijke muzikanten te volgen kwam ik bij telkens nieuwe elpees en artiesten terecht. Ik die periode kocht ik ook zo'n dik boek: *The New Rock Record* van Terry Hounsome, met achterin een immense lijst met muzikanten en verwijzingen op welke platen die allemaal meegespeeld hadden. Heel lang fungeerde dat als mijn muzikale spoorboekje.'

'Mijn smaak verbreedde zich steeds meer. Het grappige is dat hiphop gebaseerd is op funk en soul. Ik maakte die reis in omgekeerde richting. Hiphop was voor mij het startpunt. Vandaaruit ontdekte ik de funk, jazz en soul.'

Erwin Zimmerman vertelt dat het niet lang duurde of hij ging ook zelf, op heel primitieve manier, met muziek aan de gang. De locatie: zijn slaapkamer. De apparatuur: twee cassetterecorders, een low budget mengpaneel en de draaitafel van zijn vader.

'Toen ik al die platen hoorde, dacht ik: volgens mij kan ik dit ook. Ik ging mijn eigen loops maken door telkens hetzelfde fragment van een plaat op een cassette op te nemen. Daar mixte ik dan weer muziek van een andere plaat doorheen. Je kreeg zo kopieën van kopieën, waarbij telkens het geluid wat minder werd, maar kennelijk klonk het goed genoeg.'

'Eind 1988 liep ik rapper Def Rhymz tegen het lijf. Voor hem ben ik muziek gaan maken, en we traden ook samen op. In het begin in de Randstad, later in heel Nederland. Ik kreeg vaak complimenten voor de muziek en ik kreeg daarom regelmatig vragen van anderen of ik ook wat voor hen wilde maken. Als ze bij mij thuis kwamen, was er altijd die verrassing. Had ik die beats met die simpele spullen gemaakt? Pas later ben ik professionele spullen gaan kopen: een sampler, goede draaitafels, een mixer en een drumcomputer.'

'Ik kijk erop terug als een opwindende periode. Alles stond nog in de kinderschoenen. Iedereen kende elkaar. Ik heb gewerkt met de jongens die later Postmen zijn begonnen, maar toen nog Secret Recipe heetten. Het is de basis geworden van wat ik later ben gaan doen als deejay, muzikant en eigenaar van een winkel. Ik ben lid geworden van de band SFeQ, waarmee ik tot in Finland en Amerika opgetreden heb en vijf cd's maakte. Daarna ben ik overgestapt op Zuco 103, waarmee ik in Canada gespeeld heb. In Italië waren we het voorprogramma van Moby. Als deejay heb ik gespeeld met het Metropool Orkest en heb ik in talloze televisieprogramma's gestaan.'

'Ik ben daar trots op. Als je me toen ik in 1987 rommelde met mijn cassetterecorders had verteld dat het hier allemaal toe zou leiden, had ik dat nooit geloofd. Toch is het zo. Dankzij de hiphop, dankzij die eerste loopjes, heb ik dit allemaal meegemaakt.'

In de ruimte waar zijn apparatuur staat, bevindt zich ook zijn platencollectie: een zijkamer in een modern ingericht appartement. Twee grote stalen kasten vol vinyl. Veel funky jazz (of omgekeerd), soul, hiphop en – op een onderste plank – wat rock uit zijn prille jaren. Ongeveer zesduizend stuks. 'Een mooie, overzichtelijke collectie,' meldt hij zelf, terwijl hij zijn handen over de ruggen laat glijden. 'Ik lees wel eens over mensen met 30.000 platen. Daar kun je toch nooit meer naar luisteren?'

'Ik ben gek op vinyl. Niet alleen omdat ik deejay ben. Ik vind het in principe een superieur medium, maar het is geen principekwestie. Oude muziek klinkt vrijwel altijd het best op de oorspronkelijke elpee. Bij veel nieuwe titels heb ik het gevoel dat de elpee maar een soort bijproduct is, dat zeker niet beter en soms zelfs minder klinkt dan de cd. Dan bedank ik ook voor de eer.'

'Voor mijn muzikale zijstapjes grijp ik ook vaak naar de cd. Onlangs hadden we een originele elpee van de Britse folkzanger Nick Drake in de winkel. Prachtige muziek, mooi geluid. Die plaat is voor veel geld weggegaan. Ik heb voor een tientje de cd gekocht. Daar ben ik dan ook heel blij mee. Ik ben in dat opzicht geen vinylgelovige. Ik krijg die wel eens in de winkel. Iemand zoekt dan bijvoorbeeld een plaat van Marvin Gaye. Ik vertel dat we die net even niet hebben, maar dat er wel een prachtige heruitgave op cd is: twee schijfjes, geremasterd, met een cd vol nooit eerder uitgebracht materiaal. Zo'n klant hoeft die dan niet. Omdat het een cd is. Hij zou diezelfde avond nog naar dat extra materiaal kunnen luisteren, maar kan zich daar niet overheen zetten. Waar gaat dat over? Het is een snobisme dat ik niet begrijp.'

'Je ziet hetzelfde met persingen. Het komt regelmatig voor dat iemand komt vragen om een bepaalde plaat. Die hebben we dan, in een Engelse uitvoering. Blijkt dat zo'n jongen – het zijn meestal mannen – uit principe alleen Amerikaanse persingen in huis wil hebben. Die ontzegt zichzelf dus de muziek om een reden die ik niet kan volgen. Amerikaanse persingen klinken helemaal niet per definitie beter dan Europese. En trouwens, het moet om de muziek gaan.'

'Er lopen nogal wat postzegelverzamelaars rond. Mensen die de platen verzamelen vanwege de hoes, de waarde, of de status.

Niet vanwege de muziek. Ik ben ooit in New York bij iemand geweest. Die had allerlei gesealde platen; nog in het plastic. Zo iemand ontzegt zichzelf zoveel prachtige muziek door al die platen nooit te draaien. Ik kan daar niet bij. Als het goede muziek is, is het goed. Ongeacht het vinyl waarin het geperst is.'

'Ik koop nog regelmatig platen, zij het met mate. Vooral als je een winkel hebt is de verleiding groot om alles mee naar huis te slepen. Vandaar dat ik met mijn compagnon een afspraak heb gemaakt: ik betaal de prijs die een klant anders ook zou betalen. Zo houden we het bedrijf gezond. Ik heb op die manier ook een rem staan op mijn kooplust.'

'Verder ben ook ik veel te vinden op eBay, al blijft het een raar fenomeen. Een plaat kan de ene week 200 dollar opbrengen, de volgende een tiende daarvan. Er is geen peil op te trekken. Het is geweldig dat je via internet zoveel te pakken kunt krijgen, maar het heeft het verzamelen ook van veel charme beroofd. Vroeger, voor de introductie van internet, hing alles af van je contacten. Je communiceerde via briefjes en faxen met bekenden in Amerika, Engeland en Zweden. Betalen was ingewikkeld en na weken kwam het pakketje eindelijk binnen. Spannende weken waren dat.'

'Nu gaat het niet meer om wie de beste contacten heeft, maar het meeste geld. Als je maar genoeg poen hebt, kun je alles kopen. Het verzamelen krijgt daarmee iets achteloos. Browsen, klikken, betalen; het vergt een paar minuten, onderuitgezakt achter je computer. Geeuw. Een weekje later staat de postbode voor de deur.'

'Sinds eBay is de waarde van platen zo'n issue geworden. Vroeger had je ook zeldzame platen, maar die waren gewild vanwege de muziek. Dat ze schaars waren, droeg hoogstens bij aan de exclusiviteit. Je had iets bijzonders in huis. Als ik nu iemand hoor praten over een zeldzaam album, krijg ik meteen ongevraagd de veronderstelde waarde erbij geleverd. Nogmaals: terwijl het toch om de muziek zou moeten gaan.'

'Zelf geef ik maximaal 150 euro uit aan een plaat. Het gaat dan meestal om bijzondere jazz of funkelpees die nog nooit opnieuw zijn verschenen. Er staat nog een aantal items op mijn lijstje, zoals

A Man For All Reasons van jazzpianist Hilton Felton. Ik ben daar desperaat naar op zoek. Op de elpee van 2 Live Crew staat een remix van het nummer *Beat Box*. Er schijnt een maxisingle te zijn met daarop de normale versie. Daar zou ik ook wel 150 euro voor over hebben. Het zijn echter uitzonderingen. Veel elpees komen ook weer opnieuw op vinyl uit. In veel gevallen ben ik daar ook tevreden mee. Het origineel kom ik altijd nog wel een keertje tegen.'

'Ik verzamel daarnaast dingen waarop ik zelf heb meegedaan. Onlangs kreeg ik een tape in handen van *Big Girl* van Candy Dulfer, waarop ik als deejay te horen ben. Een illegale cassette uit Rusland. Niemand die daar ooit geld voor gezien heeft. Toch doet me dat enorm veel: ik heb toch maar ergens in Rusland in de winkel gelegen. En dat afgezien van de persingen uit Amerika en Japan die ik al bezit. De geldelijke waarde is niet hoog, maar de emotionele des te meer. Zo verzamel ik ook als het om andere muziek gaat. De muziek, het gevoel, en de emotie staan centraal. Niet wat iets waard is.'

Gevraagd naar zijn muzikale helden noemt Erwin Zimmerman de namen van twee soulgiganten: Bill Withers en Marvin Gaye. De eerste had ooit een hit met *Ain't No Sunshine*, maar Erwin benadrukt dat Withers veel meer was dan een *one hit wonder*. 'Ik ben met soul erg gespitst op teksten. Om die reden houd ik niet van dameskoortjes. Als een zanger zijn hart lucht over wat de vrouwen hem hebben aangedaan en die woorden worden herhaald door een damestrio, dan klopt dat plaatje niet. Hoe kunnen die meiden zijn woorden herhalen?'

'Bill Withers was niet alleen een heel goede zanger, hij schreef ook ijzersterke teksten. *Ain't No Sunshine* is daar een goed voorbeeld van. Onlangs zag ik een documentaire waarin hij uitlegde hoe dat nummer tot stand was gekomen. Het viel hem op dat zangeressen op een heel andere manier over liefdesverdriet zongen dan zangers. De dames bekennen doorgaans eerlijk zich rot te voelen en hun geliefde te missen. De kerels hielden zich groot. 'Ik ben blij dat ik van dat wijf af ben.' Die toon. Met *Ain't No Sunshine* wilde Withers verwoorden dat ook mannen kapot kunnen gaan van eenzaamheid. Het is een revolutionair, maar vooral erg emotioneel nummer. De rest van zijn werk is minstens zo mooi.

'Een andere held is Marvin Gaye. Natuurlijk, zijn algemeen erkende meesterwerken *What's Going On* en *Let's Get It On* zijn erg mooi, maar mijn favoriet is *Here, My Dear* uit 1978. Hij had kort daarvoor de scheidingspapieren van zijn vrouw gekregen, de dochter van Motown-baas Berry Gordy. Onderdeel van de regeling was dat zij een percentage van de opbrengst van zijn eerstvolgende album zou krijgen.'

'Volgens de overlevering overwoog Marvin Gaye even om een ondermaats album af te leveren, maar bedacht zich tijdig. In plaats daarvan maakte hij dit epische meesterwerk, waarin hij haarfijn uitlegt hoe liefde ontstaat en vooral: hoe die liefde langzaam maar zeker kapotgaat. *When Did You Stop Loving Me, When Did I Stop Loving You* is het sleutelnummer van *Here, My Dear*. Alles wat hij bezingt kan ik meevoelen. Ik heb iets soortgelijks doorgemaakt. De enige uitzondering is dat hij bezingt hoe hij ooit in opdracht van zijn vrouw is gearresteerd. Dat is mij nooit overkomen. Ik kan nauwelijks onder woorden brengen hoeveel deze plaat voor mij betekent.'

'Er is al een tijdje sprake van een heruitgave op cd, met daarop allerlei extra tracks. Ik vraag mij af of die er ooit gaat komen. Marvin Gaye deed op de oorspronkelijke versie al een aardig boekje open over zijn huwelijk. Ik vrees dat hij op allerlei onuitgebrachte stukken nog een stap verder ging. Marvin is al jaren dood. Ik denk niet dat zijn ex-vrouw zit te wachten op nog meer vuile was die buiten gehangen wordt. Nou ja. De dubbelelpee kan ons niet meer afgenomen worden.'

Aan het eind van het gesprek haalt Erwin Zimmerman zijn top-10 tevoorschijn. Vlak voor hij het uit handen geeft, laat hij zijn ogen nog even over het lijstje glijden. Zijn ogen worden plotseling groot. 'Ik zie nu pas dat ik uitgerekend een van mijn belangrijkste platen vergeten ben,' meldt hij, met oprechte verbazing in zijn stem. '*Here, My Dear* staat er niet bij!' Hij zoekt een pen op en maakt van zijn top-10 resoluut een top-11.

Marvin Gaye mag inderdaad niet ontbreken.

JIP Rotterdam
Mathenesserlaan 173
3014 HA Rotterdam
010 - 436 25 44
www.jip.org/rotterdam
rotterdam@jip.org

BELANGRIJKE PLATEN: "DJ GIT HYPER"

1- SATURDAY NIGHT SPECIAL - LYMAN WOODARD ORGANIZATION
2- THE ALBUM - SCHOOLLY D
3- VELVET UNDERGROUND & NICO - VELVET UNDERGROUND
4- 2 LIVE IS WHAT WE ARE - 2 LIVE CREW
5- DOUBLE FUN - ROBERT PALMER
6- OUT TO LUNCH / OUTWARD BOUND - ERIC DOLPHY
7- COURT'S IN SESSION - KAOS
8- A NIGHT AT THE OPERA - QUEEN
9- THE MADCAP LAUGHS - SYD BARRETT
10- 'JUSTMENTS - BILL WITHERS
11- HERE MY DEAR - MARVIN GAYE

EN NATUURLIJK IS ER NOG VEEL EN VEEL MEER !!!

Jongeren Informatie Punt Rotterdam, informatie en advies voor jongeren

los imPala

Grenzeloos

Marthy Coumans

Marthy Coumans (1960) werkt als leerkracht met jongeren met psychische problemen. Hij was jarenlang gitarist van The Four One & Only's, een band waarvan het geluid ooit omschreven werd als 'trashy psychedelische wave'. Via zijn eigen labels brengt hij regelmatig singles, elpees en compilaties uit met exotische muziek uit de jaren '60 en '70, afkomstig uit zowel Nederland als het verre buitenland.

Er zijn mensen waar je maar een ouderwets kwartje in hoeft te gooien en ze houden niet meer op met praten. Marthy Coumans is daarvan de overtreffende trap. Je hoeft, bij wijze van spreken, maar te suggereren dat je ergens onder in je broekzak een dergelijk muntje hebt rondslingeren en er komt een niet te stuiten woordenstroom op gang.

Het is onversneden enthousiasme. Marthy Coumans ademt en leeft de muziek waarmee hij dag en nacht bezig lijkt te zijn: als verzamelaar en als deeltijd platenbaas van het kwaliteitslabel Grey Past Records. Gezeten aan de eetkamertafel vliegen de verhalen me om de oren. Ze zijn allemaal even boeiend. Of het nu gaat om een herontdekte sixtiesband uit Dordrecht, een beatgroep uit Libanon of lieftallige Franse zangeresjes, zijn bevlogenheid is even groot.

'Als het raar is kan ik het niet laten liggen,' ratelt hij voort. 'Onlangs kwam ik een plaat tegen van het kinderkoor De Vinkeveense Plassertjes. Je gelooft je ogen niet als je zo'n single in een bak ziet staan. Met zo'n naam kom je tegenwoordig niet meer weg. Ook erg leuk: een dubbelelpee met een naaicursus door een stel oude dames. Ik heb ook platen uit de jaren '50 die je onder hypnose zouden moeten brengen.'

Hij illustreert zijn relaas door het een na andere plaatje op het authentieke plastic platenspelertje te leggen dat tussen ons in staat. Het geluid uit de enkele speaker is schril maar charmant. Ook in dat opzicht herleven vervlogen tijden.

Hij laat van elke single vaak maar anderhalve minuut horen. Het gaat om een indruk. Even een snelle kick. Op naar het volgende plaatje, waar ook alweer zo'n goed verhaal aan vastzit. Want, benadrukt hij diverse keren, een goed verhaal is de helft van het plezier dat je aan een liedje kunt beleven.

Hij draait ook zijn eigen debuut uit 1986: *Completely Nude Between Forget-me-nots* van zijn band The Four One & Only's. 'Je eigen plaatje in handen houden is beter dan tien keer neuken met de mooiste vrouw ter wereld,' meldt hij en hij lijkt het nog te menen ook.

Eerst maar even over die grammofoon, een type dat in een ver verleden dienst deed op meisjeskamers. Is dat niet slecht voor al die collectors items die erop terechtkomen? Hij maakte een afwerend gebaar. 'Jij en ik slijten toch ook. Zo zit het leven nu eenmaal in elkaar. Daar heb je toch ook geen problemen mee? Nou dan!'

Marthy Coumans zegt te zweren bij chaos. De ruimte waar zijn collectie is opgeslagen, waar ook zijn bureau staat, getuigt daarvan. Overal elpees, singles en cd's. Stapels, rijtjes en doosjes. Verder her en der tijdschriften, boeken en grammofoons. Zelfs de platenkast, die hij door een kunstenaar heeft laten timmeren, weerspiegelt zijn voorkeur voor chaos. In de prachtige creatie lijken grote en kleine vakken, voor respectievelijk singles en elpees elkaar volkomen willekeurig af te wisselen. Toch zit er een systeem in. Op deze manier kan hij singles, elpees en cd's per land bij elkaar opbergen. Muren vol platen, als een gigantische muzikale landkaart.

De collectie is imposant. Honderden cd's, duizenden platen en nog veel meer singles. Opvallend is het zo goed als ontbreken van grote namen. Geen dikke rijen van The Beatles of de Stones, maar stapels singles uit Zuid-Amerika, Azië, Oost-Europa en andere windstreken die toch niet bekendstaan als vruchtbare gronden voor popmuziek.

Hij laat een proefdruk zien van de hoes van de elpee van de Dortse beatband The Heatwave. Jaren speuren en zeuren worden eindelijk bekroond met een tastbaar resultaat: *Honeymelon Teapot*, gevuld met nooit eerder verschenen studio-opnamen uit 1968. Binnenkort komt-ie uit.

'Ik werkte in 2001 met geluidsarchivaris Ron de Bruijn aan een heruitgave van een elpee van de Bredase band Surprieze. Ron liet mij bij die gelegenheid ruwe opnamen horen van het bandje The Heatwave. De muziek klonk veelbelovend, maar vanwege de matige geluidskwaliteit kon ik er niets mee. We ontdekten via een krantenbericht uit 1968 dat de band ook professionele opnamen had gemaakt met Fred Haayen, destijds manager en producer van de Golden Earrings, in de befaamde GTB studio in Den Haag.'

Coumans bewandelde aanvankelijk de koninklijke weg en nam contact op met Fred Haayen. Het leverde ondanks talloze telefoontjes uiteindelijk niets op. 'Het heeft mij anderhalf jaar gekost. Heel frustrerend. Via diezelfde Ron de Bruijn kwamen we terecht bij ene Jef Schippers, een Dortenaar op leeftijd met een enorm geluidsarchief. Hij trok twee gele dozen van de plank. De originele banden! Dat zijn de momenten waarvoor je het doet. De opnamen waren gedoemd voor altijd onuitgebracht te blijven. Nu kan een heel nieuw publiek er toch kennis van nemen. En voor de oorspronkelijke band is het natuurlijk ook te gek!'

Met diezelfde toewijding bracht hij al eerder ep's en mini's uit van vrijwel vergeten bands als NV Groep 65 en Delvins, hij legde menig bijzonder Nederlandstalig beatplaatje bloot met de serie Beat Het. Daarnaast stelde hij compilaties samen rond uiterst originele thema's: Aziatische beatacts (Seam Kodok), Turkse exotica (Turkish Delights), bands die in een fonetisch soort Engels zingen (Lucy In The Sky With Nazi's) en obscure groepen die zo'n puinhoop maken van een Beatles-nummer, dat er eigenlijk niets anders dan diepe haat aan ten grondslag kan liggen (I Hate The Beatles).

Geestig genoeg begon de muzikale wereldreis van Marthy Coumans juist met die Fab Four. Zijn vader was beroepsmilitair en in Duitsland gelegerd. 'We zijn daarnaartoe verhuisd toen ik een jaar of zeven was. In die periode daarna werd door de Nord Deutsche Rundfunk het popprogramma Beat Club herhaald. Alle hippe bands uit de jaren '60 trokken voorbij, zoals The Troggs, The Kinks, The Beatles, Dave Dee, Dozy, Beaky, Mick & Tich. Elke dag precies om vijf uur zat ik aan de buis gekluisterd. Van mijn vader kreeg ik een plaat van The Beatles. Het was mijn eerste: *The Beatles Beat*, die met die rood-en-paarse hoes.'

'Ik was meteen helemaal kapot van muziek. Het deed me meer dan film of boeken. Nog steeds trouwens. Muziek raakt me zoals niets anders dat kan. Ik wilde natuurlijk meteen zoveel mogelijk muziek om mij heen, maar daarvoor ontbrak mij het geld.' Lachend: 'Ik kan mij herinneren dat ik ooit bij een postorderbedrijf stiekem voor honderden guldens platen heb besteld. Werden mijn ouders opgebeld of dit echt de bedoeling was. Niet natuurlijk, want ik had daar het geld niet voor. Ze hebben alles terug laten sturen en waren vreselijk boos op mij.'

'Rond mijn veertiende kreeg ik allerlei baantjes en kon ik echt gaan verzamelen. Ik ruilde ook veel. Ik kan mij herinneren met een vriendje ooit mijn *Lady Madonna* van The Beatles geruild te hebben voor *Sugar Sugar* van The Archies. Ik vond dat gewoon een veel beter liedje. Verder kocht ik de compilaties van Beat Club en elpees van The Troggs, Zen en The Move. Ik liep toen al een beetje uit de pas met leeftijdgenoten. Mijn platen had ik altijd bij me. Ik verpestte menig schoolfeestje door tussen Santana en Fleetwood Mac door mijn eigen plaatjes te pushen. Wat mijn toch al bescheiden populariteit – de meisjes vonden mij doorgaans een beetje raar – verder ernstig afbreuk deed.'

Eind jaren '70 ging het hard met de muziek, vertelt Marthy Coumans. Punk diende zich aan. Hij zag The Sex Pistols bij het Disco Circus(!) van deejay Ferry Maat. *Anarchy In The Uk*. De compilatie *Geef Voor New Wave* werd aangeschaft, met nog meer kakelverse punk. 'Die stroming viel toen al uiteen,' vervolgt Marty Coumans. 'Je had bands die vooral ragden. En je had groepen die mooie liedjes hadden. Zoals The Adverts met Gary Gilmores *Eyes* en Generation X met *Your Generation* – een antwoord op *My Generation* van The Who.'

'Mijn ogen gingen verder open door het radioprogramma *Beton* van Alfred Lagarde. Hij had destijds, eind jaren '70, een hardrockshow op de VARA radio. Hij draaide in elke uitzending een oude garageklassieker. Zo hoorde ik ooit *I Had Too Much To Dream (Last Night)* van The Electric Prunes. Heel heftig vond ik dat. Het was aan de ene kant heel psychedelisch, met allerlei geluidjes. Toch zag ik ook verwantschap met de punk die toen rondwaarde. Het duurde niet lang of ik had de dubbelelpee *Nuggets* te pakken, een compilatie met tientallen garagenummers, waaronder die van The Electric Prunes.'

'Begin jaren '80 ging ik zelf het leger in: Korps Mariniers, zeventien maanden lang. Ik had geen volwassen wereldbeeld, waarschijnlijk veroorzaakt door de vele verhuizingen in mijn jeugd. Het leverde een heftige tijd op, waarin ik veel in te halen bleek te hebben. Toch heb ik het er qua rangen ver geschopt: pelotonscommandant. Verder verdiende het goed. Geld dat ging zitten in nog meer platen. Ik moest het in die tijd vooral van mijn eigen muziek hebben. Mariniers mogen ruwe bonken lijken, ze hebben allemaal een walgelijke smaak. Ze houden van die gladde soul.'

'Na die periode in het leger besloot ik dat ik zelf wel eens een plaat wilde maken. Het meest logische was om zelf een band op te richten. Dat werd The Four One & Only's. De rest van de band ontwikkelde zich tot heel behoorlijke muzikanten, maar mijn talent is altijd erg bescheiden gebleven. Ik zong, schreef de liedjes en teksten en speelde gitaar. We brachten wat singles uit die opvallend goed ontvangen werden. De eerste stond bij mij in het studentenhuis non-stop op. Mijn medebewoners werden er stapelgek van. De VPRO draaide ons regelmatig en John Peel had ons ook al snel in de gaten.'

'Het bezig zijn met die band heeft mijn opvattingen over muziek enorm beïnvloed. Ik kon muzikaal weinig en grammaticaal rammelden mijn Engelstalige teksten aan alle kanten. We traden ooit op met de Amerikaanse band Camper van Beethoven. Een van de leden kwam heel vriendelijk vragen in wat voor taal wij zongen.' Schaterlachend: 'Ehm, Engels dus. Het maakte mij niet uit. Steeds meer begon ik mij te realiseren dat niet de virtuositeit allesbepalend was, maar de bedoeling waarmee een bepaald liedje gemaakt wordt. Een bijzonder verhaal kan een single extra bijzonder maken.'

'Ik ontwikkelde gaandeweg het singles verzamelen nog een theorie. In de jaren '60 was de invloed van The Beatles overal merkbaar. Nu heb ik op zich niets tegen die band, maar het viel mij op dat talloze bands elders in hun slaafse pogingen om de band te imiteren veel van hun oorspronkelijkheid opofferden, bijvoorbeeld voor steenkolenengels. Er woedde in de popmuziek een soort taalstrijd, want er waren ook bands die halsstarrig vasthielden aan hun eigen taal en cultuur. Zou het niet aardig zijn om op zoek te gaan naar bands in die laatste categorie?'

'Ik richtte mij eerst op de Nederlandstalige popscene van de jaren '60 en kwam al snel prachtige plaatjes tegen: De Maskers, Het, of Eurfians met *Opa's Beat*, Ronnie & the Ronnies, The Fallouts met *Hartstikke Dood* en *De Vlieg*. Het viel mij op dat deze groepen vaak oorspronkelijker klonken dan bands die zich heel erg op buitenlandse voorbeelden richtten, zowel in de vaak ontregelende teksten als in de speelse arrangementen. Ze leken zich een veel grotere vrijheid te permitteren. Uit die collectie is later de driedelige verzamelserie *Beat Het* ontstaan.'

The Four One & Only's hield na handenvol singles en een drietal albums op te bestaan. Coumans wierp zich enige tijd op als producer, maar zag uiteindelijk in dat daar zijn toekomst niet lag. Het werden weer de elpees en vooral de singles. Zijn verzameling groeide gestaag en zijn horizon werd alsmaar breder. Mede dankzij zijn jongere broer, die ook verzamelt.

'Hij was eens op vakantie in Turkije en kwam terug met drie singles van een band met de naam The Cedars. Hij gaf mij een van die singles. De groep bleek in 1969 in Turkije een gigantische hit gehad te hebben met het nummer *Hide If You Want To Hide*. Een fantastisch nummer! Mijn hart sloeg over. Een keiharde beat, een goede melodie en spannende Arabische arrangementen. Ik had nog nooit zoiets gehoord en wilde er meteen alles van weten. Dat viel nog niet mee. Ik plaatste overal oproepen, struinde het internet af – geen resultaat.'

'Dankzij een Engelse ep die ik voor een krankzinnig bedrag aanschafte kwam ik erachter dat het een band uit Libanon moest zijn. Stukje bij beetje kwam ik meer over The Cedars te weten. Bij elkaar twee singels en een ep waren in Engeland op Decca uitgekomen. Uiteindelijk kwam ik via een handelaar in Beiroet op het spoor van een van de bandleden: Raymond Azoury. Ik wilde heel graag alles van The Cedars uitbrengen en het leek mij handiger om dat direct via de muzikanten te regelen dan via Universal, waar toch niemand zich de band meer herinnert.'

'Ik dus naar Libanon. Uren heb ik met Raymond Azoury onderhandeld. Ik tegenover hem, hij werd geflankeerd door zijn drie zonen. Hij wilde 50.000 dollar hebben en geen cent minder. Ik heb hem in alle toonaarden geprobeerd uit te leggen dat dit niet realistisch was. Niemand zou dat ooit nog terugverdienen met een compilatie.' Lacht: 'Hij was echter onvermurwbaar. Later is een deal met een Amerikaans labeltje daar ook op stukgelopen.'

'Toch was de trip meer dan de moeite waard. Omdat ik een van de leden van The Cedars gesproken heb en veel singles heb kunnen kopen. Een stuk of tachtig. Vooral Libanese persingen van westerse bands. Veel heb ik verkocht, waarmee ik mijn reiskosten er grotendeels weer uit had. En ik heb, waarschijnlijk als enige westerling, die onuitgebrachte nummers gehoord. Een daarvan leek wel wat op een nummer van The Move.'

'Sindsdien heb ik talloze reizen gemaakt naar allerlei ver afgelegen landen. Telkens op zoek naar singles. Ik voel mij soms een muzikale ontdekkingsreiziger. Binnenkort ga ik met een Turkse vriend naar Trinidad, op zoek naar pop met Hindoe-invloeden. Waarom ik nog altijd jaag op dergelijke exotische pareltjes? Goede vraag. Ik heb een uitgesproken hekel aan voorspelbare muziek. Ik zie er de lol niet van in om talloze versies van dezelfde popklassieker in huis te halen. Ik kick vooral op muziek waar gebroken wordt met de regels.'

Hij duikt in zijn collectie en komt terug met een single van het Spaanse Los Archiduques. Het nummer: *Lamento De Gaitas*. Het gillende intro lijkt ontlokt te worden aan een doedelzak. De zang is redelijk beheerst, maar alle beschaving wordt effectief aan flarden gereten wanneer de gitarist binnen komt vallen. Een doedelzak, fuzzgitaar, Arabische melodieën en een Spaanse tekst – een betere illustratie voor zijn betoog had Marthy Coumans niet uit de kast kunnen trekken.

Breed lachend: 'Van zo'n liedje klopt helemaal niets, maar dat maakt het juist zo bijzonder! Ook altijd heerlijk: Frans popliedje met een hele felle beat.' Opnieuw komt een single op de pick-up te liggen. De Française Delphine die, begeleid door de Amerikaanse garageband We The People, de song *La Ferméture-éclair* galmt.

Marthy Coumans is intussen alweer een continent verder: 'Al even favoriet: de cocktail van psychedelica en latin van Os Mutantes uit Brazilië. Alles wat dwars of raar is trekt mijn aandacht. Wat te veel vastzit aan regels vind ik niet interessant. Om die reden heb ik niets met blues. Te voorspelbaar. Het is bovendien muziek die voortkomt uit lijden, maar doorgaans gespeeld wordt door weldoorvoede mannen. Zielig. Ga dan Frans Bauer zingen, al is dat ook heel erge muziek.'

'Vanwege de voorspelbaarheid heb ik evenmin veel met rock-

’n-roll. Wanneer ik echter een single op zie duiken van een surfband uit Dagestan, dan begin ik te watertanden. Momenteel ben ik druk doende een compilatie samen te stellen met allemaal bands uit de voormalige Sovjet-Unie. Een boeiende onderneming. Het valt mij op dat Russische bands niet uitblinken in goede melodieën, maar dat ruimschoots compenseren met spannende arrangementen. Het is alleen zoeken, zoeken en nog eens zoeken. Veel bands uit deze contreien hebben last van het songfestivalvirus: veel slappe nummers op de hele elpee, vaak maar met één knallende uitzondering. Dat liedje moet je dus te pakken zien te krijgen.’

‘Ik heb ook geprobeerd van Chinese muziek te gaan houden, maar die missie is mislukt. Ik heb ooit vijftig of zestig platen gekocht en die allemaal achter elkaar gedraaid. Als ik er nu nog iets van terughoor krijg ik uitslag. Er zat iets in de melodie en in het geluid waarmee ik helemaal niets kon.’

‘Waar ik vooral van houd? Lieve liedjes. Onschuldige Franse zangeresjes. Of de melodieuze pop van Left Banke en The Honeybus. *Pretty Ballerina* van Left Bank vind ik hartverscheurend mooi. De breekbaarheid van dat liedje ontroert mij diep. Zelfs in het geval van The Strokes, toch een ruige band, zwicht ik voor het meest melancholieke nummer: *The End Has No End*. Tja, dankzij dit gesprek moet ik het maar onder ogen zien: ik dacht altijd dat ik een echte rocker was, maar ik ben gewoon een softie.’

Coumans komt soms nog wat tegen in winkels, regelmatig op platenbeurzen, en verder moet hij het vooral van eBay hebben. ‘Er is in de afgelopen decennia overal goede muziek gemaakt. In Hongarije, Peru en zelfs Iran. Streng Islamitische landen hebben ooit een periode van vrijheid gekend, waarin allerlei beatbandjes hun kans schoon zagen. Voorheen was het echter heel erg lastig om aan hun platen te komen. Dankzij internet, en dan vooral eBay, is de wereld heel klein geworden.’

‘Het is bovendien zo dat ik van alles wil hebben dat van ver komt. In het buitenland zoekt men soms platen die in Nederland nog redelijk te vinden zijn. Door zowel te kopen als te verkopen kan ik alles redelijk bekostigen. Toen die digitale deuren opengingen heb ik op die manier in vijf, zes jaar tijd duizenden singles en elpees gekocht. Ik kom ook nog altijd graag op platenbeurzen. In Nederland, maar bijvoorbeeld ook in Frankrijk, Duitsland of België. Ik heb altijd een draagbare pick-up bij me, om het vinyl te kunnen beluisteren.'

'Waar mijn grenzen liggen? Die zijn vrij ruim. Er wordt de laatste jaren intensief gejaagd op exotische platen. Als ik iets echt graag wil hebben, ben ik best bereid 400 tot 500 dollar te betalen. Voor een single, ja. Vaak probeer ik het handig te doen. Ik heb het plaatje al, maar in een mindere staat. Die verkoop ik dan weer, zodat ik die opbrengst weer van de kosten kan aftrekken.' Lachend: 'Het is een business van sjacheren.'

Op de vraag of zijn verzamelende broer hem vaak vergezelt tijdens de strooptochten valt het, voor het eerst, even stil. 'Heel soms, maar niet vaak.' Met een ietwat gegeneerd lachje: 'Zeker niet naar het buitenland. Ik heb een auto. Hij niet. Moet hij zijn rijbewijs maar halen. We hebben een enigszins overlappende smaak. Dus als hij wel eens meeging, werd ik daar helemaal nerveus van. Waar staat hij nou weer in te zoeken? Ik ga niet voor de gezelligheid naar beurzen, maar om te scoren. Als je naar zo'n kleine beurs gaat, met tweehonderd meter vinyl, is de spoeling dun. Dan is het: wie het eerst bij de beste doos met platen is. Ik wil dan zo weinig mogelijk concurrentie.'

'Ik sta wel eens in een bakje te bladeren, is het precies de verkeerde. Staat er naast je een Belg het ene na het andere pareltje uit zijn bak te vissen. Vreselijk is dat, maar ik kan ermee leven. Van m'n broer kan ik het gewoon niet hebben. Ik heb wel eens een single gekocht die ik al had en hij nog zocht. Hij wilde die wel ruilen, maar ik vond het plaatje dat hij opstuurde niet interessant genoeg. Ik heb hem bijna gesmeekt om een leuker plaatje in de strijd te gooien. Tevergeefs. Dus heb ik die dubbele single verkocht. Voor veel geld. Hij nam mij dat enorm kwalijk. Tja, het is een egocentrische business.' Relativerend: 'Overigens, buiten het verzamelen gaan we gewoon met elkaar om, hoor. We zien elkaar op verjaardagen.'

Marthy Coumans vertelt in het staartje van het gesprek dat zijn – letterlijk – grenzeloze bevlogenheid ooit voor nog veel grotere familiaire spanningen zorgden, maar dan in zijn eigen gezin. 'In 2000 liep alles opeens vast. Het verzamelen was een steeds groter deel van mijn leven gaan uitmaken. Ik kocht en verkocht, en was daar dag en nacht mee bezig. Ook op andere vlakken liep het niet meer. Mijn vrouw kreeg er steeds meer genoeg van. Woede, irritatie. Achteraf gezien snap ik dat ook wel. Ik liep regelmatig de deur uit met de mededeling dat er ergens een beurs was. Kwam ik aan het eind van de dag pas weer boven water. Niet zelden met een fikse kater.'

'Op een bepaald moment vertelde ze me dat ze een kamer had gevonden. Drie maanden is ze weggeweest. Doordeweeks zorgde ik voor onze twee dochters. Zij had ze in het weekeinde. Ik ging dan op stap met vrienden. Zuipen. En thuis veel platen draaien. Keihard. Tegelijkertijd vroeg ik mij wel af hoe het zover had kunnen komen. Waarom speelde muziek zo'n allesoverheersende rol in mijn leven? Ik zag oorzaken in mijn jeugd. Vanwege het werk van mijn vader verhuisden we vaak, wat het opbouwen en onderhouden van contacten moeilijk maakte. Ik was dus vaak eenzaam. Muziek kon dus zo enorm groot worden. Ik herken dat overigens ook bij andere verzamelaars. Er lopen in deze wereld niet voor niets veel vrijgezellen rond. Er zijn heel wat relaties stukgelopen op ongetemde verzamelwoede.'

'Aanvankelijk wilde mijn vrouw echt scheiden, maar later kwam ze daarop terug. Ik wilde dat ook niet. Ik hield van haar en van mijn kinderen. Ook vond ik dat ik ruimte moest maken voor een leven naast de muziek. We zijn drie jaar in relatietherapie geweest. Dat heeft enorm geholpen, al duurde het al met al vijf jaar voor de boel weer echt op orde was.'

'Ik loop nu niet meer zomaar de deur uit, maar plan alles keurig. Wanneer ik naar een beurs wil, check ik of het wel uitkomt en noteer ik het vervolgens op een kalender. Ik probeer het ook te combineren. Als er in België een belangrijke beurs is, huur ik soms een caravan voor het hele gezin. Ik ga dan eerst 's ochtends naar de beurs; de rest van het weekeinde doen we als gezin leuke dingen.'

'In de praktijk is er niet zoveel veranderd. Ik ga misschien nog net zo vaak als voorheen op pad. Alleen laat ik door het goed te regelen merken dat mijn vrouw en kinderen belangrijk voor mij zijn. Ik denk om ze en houd rekening met ze. Dat scheelt alles, weet ik nu.'

De Tien van Marthy.

(Het hadden er wel zoo kunnen zijn!).

1. Monks. 1966 (LP). Black Monk Time - Avant gardistische over the top duistere freakbeat. ("I hate you with a passion baby").

2. Strokes, 2005 (45) The end has no end. (Raakte mijn diepste ziel direct. Kippevel!).

3. Television Personalities - And don't the kids just like it? 1980 (LP) Jarenlang compleet grijs gedraaid. (2e LP ook).

4. Camper van Beethoven Telephone free landslide victory 1985? (LP) Sloeg in als een bom!

5. Os Mutantes - (LP) 1e 2 LP's. 1968/1969. Braziliaanse avant-gardistische psychedelische samba's. Ongelooflijk!

6. Generation X - (LP) 1e LP. 1977 Jarenlang kapot gedraaid! (Trying to forget your generation!).

7. Left Banke - (LP) 1e LP. Ongelooflijke teen barokke pop. "Pretty ballerina". Knop in de keel!

8. Franse 60's meisjes (EP) Clothilde en Christine Pilzer. 66/67. Begeleid door de crème de la crème van de Franse hippe sessiemuzikanten en arrangeurs Fantastisch!

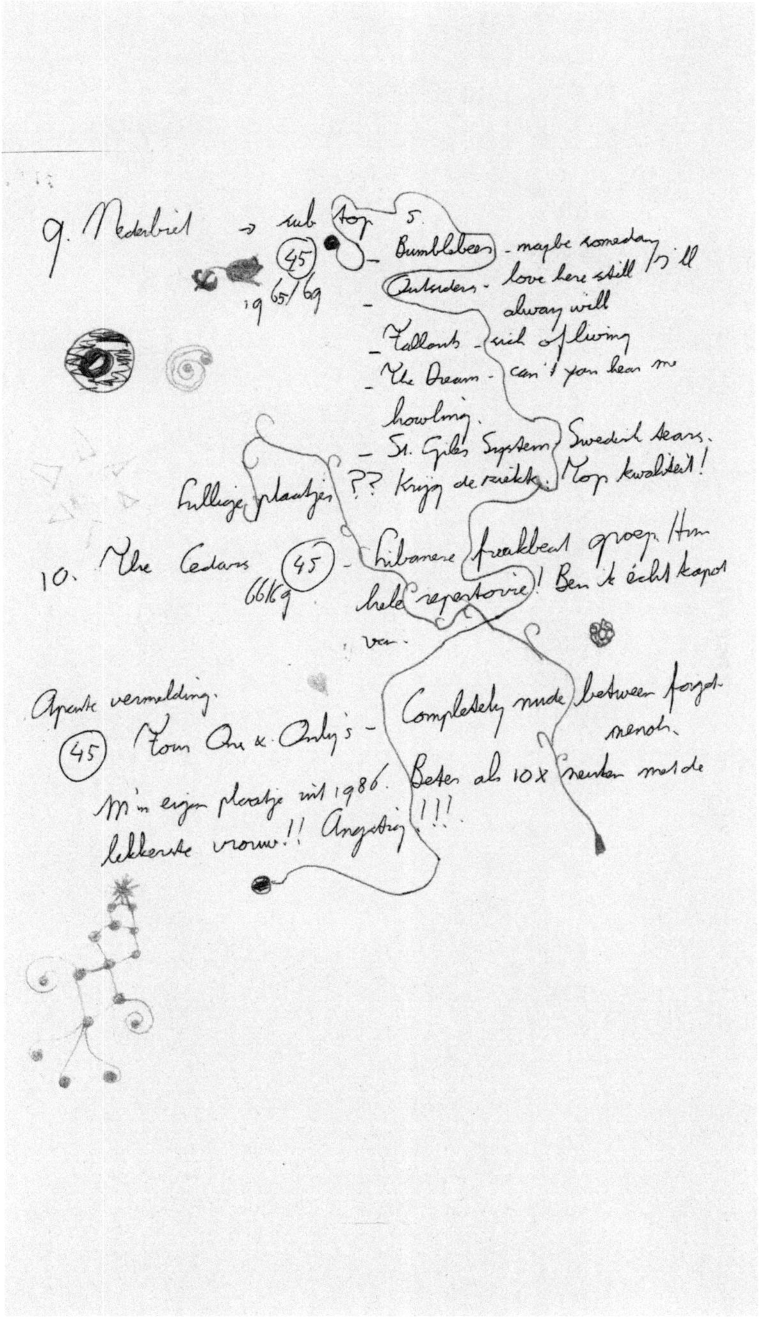

9. Nederbiet → sub top 5.

(45) 19 65/69

- Bumblebees - maybe someday I'll
- Outsiders - love here still always will
- Fallouts - sick of living
- The Dream - can't you hear me howling.
- St. Giles System. Swedish tears.

Lullige plaatjes ?? Krijg de ziekte. Top kwaliteit!

10. The Cedars (45) 66/69 - Libanese freakbeat groep. Hun hele repertoire! Ben ik écht kapot van.

Aparte vermelding:

(45) Tom On & Only's - Completely nude between forget-menots.

M'n eigen plaatje uit 1986. Beter als 10x neuken met de lekkerste vrouw!! Angstig!!!

ANVIL
HARD 'N' HEAVY
METALLICA
MASTER OF PUPPETS
LOVE
BITES
(EDIT)

Metal Mike van Rijswijk

Metal Mike van Rijswijk (1957) richtte in 1980 het hardrockmagazine *Aardschok* op, dat al snel als motto omarmt: 'Disco is shit, in heavy metal zit pit!' *Aardschok* groeide van een onregelmatig verschijnend stencil uit tot een professioneel maandblad, met een grote status in de wereld van de hardrock en heavy metal. Metal Mike is daarnaast initiator van muziekevenementen als de Aardschokdag en de Metal Bash talentenjacht. Hij is verder samensteller en presentator van het programma *Aardschok* bij de alternatieve radiozender Kink FM.

Gevoelige zielen die hun vinyl slechts met vilten handschoenen beroeren, de platenhoezen in beschermend plastic verpakken en de collectie in een ruimte met klimaatregeling opslaan, kunnen ten behoeve van hun gemoedsrust misschien beter doorbladeren naar het volgende hoofdstuk.

Mike van Rijswijk, Metal Mike voor de internationale hardrockwereld, heeft in een kleine dertig jaar een gigantische verzameling *picture discs* (platen met een ingeperste afbeelding), *shaped discs* (elpees en singles in allerlei exotische vormen) en gekleurd vinyl opgebouwd. Hij schat de omvang zelf op zo'n 2500 stuks.

Het is een collectie die, bij wijze van spreken, thuis zou horen in een veilige kluis met dikke stalen wanden. De topstukken hangen echter open en bloot aan de gegranolde(!) muren van het pand waar de redactie van het Nederlandse hardrockblad *Aardschok* gevestigd is. Onbeschermd en aan een simpel spijkertje. Al het moois is daardoor een willoze prooi van stof, zonlicht, mensenhanden en andere natuurlijke vijanden van vinyl.

Toch klinkt de verklaring van Metal Mike voor deze manier van exposeren niet zo heel onlogisch. 'Net als de meeste mensen had ik alles vroeger keurig op een plank staan: dik ingepakt in plastic beschermhoezen. De platen kwamen zelden uit de kast, dus had ik er in wezen helemaal geen plezier van. Ik wist dat ik ze had en dat was het dan. Picture discs zijn een soort foto's. En foto's moet je bekijken. Nu geniet ik er dus wel van, elke dag dat ik hier over de drempel stap. Ik realiseer mij dat ze soms verkleuren of kromtrekken. Er blijft af en toe ook wel eens iemand met z'n jas achter hangen, zodat zo'n picture disc naar beneden kukelt. Stuk eruit! Ik baal daar wel even flink van, maar ik ga dan gewoon op zoek naar een vervangend exemplaar of ik hang er een andere voor in de plaats. Ik heb nog stapels liggen waarvoor ik geen ruimte op de muur heb.'

De collectie hangt thematisch in het tot kantoor getransformeerde rijtjeshuis. In de hal is een damesmuur, die vol hangt met picture discs van meidenbands. Verder veel schaars geklede dames, die in de strijd geworpen werden door mannelijke hardrockbands. Topstuk is een maxisingle van de illustere Amerikaanse gitarist Kevin

Wet. In muzikaal opzicht ontsteeg hij de middelmaat niet, maar hij compenseerde dat ruimschoots door de plakken vinyl op te sieren met blote dames in allerlei suggestieve poses. Zijn vriendinnen, hield hij destijds – halverwege de jaren '80 – bij hoog en bij laag vol.

In de dameshoek hebben ook de schilderachtige schijven van Mötley Crüe en Marilyn Manson hun plekje gevonden. Een andere muur hangt helemaal vol met picture discs en gekleurd vinyl van een van Mikes favoriete bands: Metallica. Heel erg mooi is een gifgroen exemplaar van de maxisingle *Fade To Black* op het Elektralabel, dat in deze vorm in Amerika alleen als promo is verschenen. Het origineel, dat op eBay gemiddeld 300 dollar 'doet', hangt keurig boven een redelijk nagemaakte bootleg.

Aan de muur bij de trap naar boven hangt nog veel meer moois: Rush, Scorpions, Warrior. Veel Britse en Amerikaanse hardrock en metal. Maar ook een new wave band als The Stranglers ontbreekt niet. Zonder twijfel het meest kostbare item is de 7"-single van de Amerikaanse band Avatar.

De band zou zich kort na het uitkomen van het plaatje omdopen tot Savatage en uitgroeien tot een topband in het genre. De normale zwarte editie is al honderden euro's waard. De goudkleurige versie een veelvoud daarvan. De enige keer dat het op eBay opdook, in oktober 2004, verruilde het voor ruim 1500 dollar van eigenaar. Toch weerhield dat Mike er niet van ook deze kostbaarheid een plekje aan de muur te gunnen. 'Er zijn er volgens mij 25 van gemaakt,' weet hij. 'De jongens van de band hebben hem zelf volgens mij niet meer. Ik kreeg het plaatje destijds gewoon in mijn handen gedrukt door Dan Johnson, de producer van de band.'

Op een van de etages hangt een imposante collectie vinyl van Iron Maiden. Een Britse band die al decennia goede zaken doet door singles in allerlei maten, vormen en kleuren uit te brengen.

Mike heeft ook zijn collectie 'gewoon' vinyl in het kantoor staan, enkele duizenden elpees en ongeveer evenveel singles. Ook hier veel zeldzaams. Zoals de eerste ep van het Britse Vardis: *100 Mph*, op het obscure Redball-label. Of de eerste single van Def Leppard op hun eigen Bludgeon Riffola label. Hij heeft een hele plank met testpersingen van onder anderen Metallica en Metal Church.

Het is een geweldige collectie: veel Japanse uitgaven, gelimiteerde singles en eigenbeheerprojecten. Heel bijzonder is de acetaat (allereerste proefpersing) van Melissa, een elpee van het Deense fenomeen Mercyful Fate. Van diezelfde band prijkt ook de eerste, alleen in Nederland verschenen ep met de fraaie titel *Nuns Have No Fun* op de plank.

Metal Mike geldt al jaren, zoals zijn schrijversnaam al aangeeft, als de Nederlandse ambassadeur van alles wat naar hardrock en heavy metal riekt. Hij vertelt echter dat The Beatles zijn eerste grote liefde was. 'Als kind kocht ik alle singles van The Beatles op dat Parlophone- en Apple-label. Ik was gek op die band. Ik kan mij nog herinneren dat ik naar *Let It Be* luisterde. Dat moet ergens in 1970 geweest zijn. De hele plaat trok voorbij, met onder andere *The Long And Winding Road*. Ik moest huilen toen ik dat nummer hoorde. Mijn moeder vroeg wat er aan de hand was. Ik vertelde haar toen dat mijn favoriete bandje op het punt stond te stoppen. Ik hoorde dat al aan de muziek, nog voordat de band dat zelf officieel naar buiten bracht.'

'Ik had toen al een voorkeur voor stevige nummers. Een van mijn andere eerste singles was *Never Marry A Railroad Man* van Shocking Blue, naast *Venus* een van hun ruigere liedjes. Een ander plaatje van mij uit die tijd was *Dong-Dong-Di-Ki-Di-Gi-Dong* van The Golden Earrings, zoals die band toen nog heette. Ik kan mij herinneren dat ik destijds in een platenzaak een elpee van Cream beluisterde, die band met Eric Clapton. Het nummer *White Room* vond ik wel mooi, maar de rest had het voor mij net niet.'

'Ik kwam pas echt op het spoor van goede, harde muziek dankzij de eerste dubbel-live-elpee uit 1971 van Grand Funk Railroad. De energie van die band greep mij bij m'n strot. Zelfs de drumsolo, met als titel *T.N.U.C.*, vond ik goed. Ik draaide dat album zo vaak, dat ik elk half jaar een nieuw exemplaar nodig had. Ik versleet ze gewoon! Een andere eye-opener was AC/DC, waarvan ik de originele Australische elpees kocht, nog voordat die band in Europa doorbrak.'

'In die richting ontwikkelde mijn smaak zich verder. Op de middelbare school kwam ik in contact met jongens met ongeveer net zo'n muzikale voorkeur als ik, waaronder Stefan Rooyakkers, waarmee ik later mijn blad zou oprichten. We maakten er een wedstrijdje van om elke keer als we elkaar tegenkwamen de meeste nieuwe bandjes ontdekt te hebben. Het was natuurlijk de tijd van ver voor het internet, dus wij putten de schaarse informatie uit obscure blaadjes en vooral door met allerlei bandjes en fans over de hele wereld te corresponderen.'

'Ik had al snel allerlei contacten in Engeland, maar ook in Amerika. Ik ruilde al zeldzame singles met Lars Ulrich, nog voor hij Metallica oprichtte. Ik deed datzelfde met mannen als Mike Varney, Brian Slagel en John Zazula – inderdaad, die later allemaal in de muziekbusiness terechtgekomen zijn en al jaren hun eigen platenmaatschappij hebben.'

In deze koortsachtige periode, waarin bijna dagelijks nieuwe hardrock en metal bands de kop opsteken, richtte Mike het blad *Aardschok* op. 'Ik zag wat er om mij heen gebeurde. In Engeland, met al die nieuwe bands als Iron Maiden, Saxon en Def Leppard. In Amerika broeide er toen ook al wat. Er gebeurde heel veel moois, alleen werd het in de muziekbladen totaal niet opgepikt. Als er al wat over geschreven werd, was het toontje steevast heel neerbuigend. Wat voor mij de doorslag gaf was een recensie van Kees Baars in *Oor* van een elpee van Kiss. Hij meldde doodleuk dat hij alle vorige platen van die band omgesmolten had tot asbakken. En dat hij er nu weer een bij had. Dat kan ik beter, dacht ik. In 1980 verscheen het eerste nummer. Eind 2005 hebben we het 25-jarig jubileum van *Aardschok* gevierd.'

In de periode dat de eerste exemplaren van *Aardschok* in de kiosk opdoken, verschenen ook de eerste picture discs. Mike was meteen verkocht. 'Ik denk dat de eerste al eind jaren '70 uitkwamen. Gekleurd vinyl was er al, maar dat waren meestal illegale platen met concertopnamen. Nu gingen platenmaatschappijen ermee aan de slag. EMI pakte vanaf het begin flink uit met Iron Maiden.

'Ik ging destijds een paar keer per maand naar Engeland. Je had daar een paar gespecialiseerde winkels, zoals Shades in Londen. Ik bezocht ook diverse distributeurs. En daar stuitte ik op al dat moois. Een label als Neat bracht in heel beperkte oplage gekleurde singles uit van Raven en Venom. Het was de kunst om die te pakken te krijgen voor ze op waren. Ik was heel fanatiek en heb aan die periode heel bijzondere items overgehouden. Zoals een van de platen van het Britse Fist. Als een soort proef zijn er drie als gekleurd vinyl geperst. Ik heb daar een van.' Lachend: 'Die hangt hier ook ergens aan de muur.'

'Het was een tijd waarin ik veel kreeg door de contacten die ik had. Toen ik op mijn eerste plannen voor *Aardschok* broedde, ben ik te rade gegaan bij een meisje in Londen, dat daar het blaadje *Teenage Depression* bestierde. Of zij wellicht wat tips voor mij had? En of zij misschien de eerste single van Iron Maiden voor mij had? Dat was, dacht ik, *Running Free*. Maar zij kwam met nog een ouder plaatje: *The Soundhouse Tapes*, een ep die nog dateerde uit de tijd dat Iron Maiden nog niet bij EMI onder contract stond. Zo ging dat in die tijd. Elke dag ontdekte je wel wat nieuws.'

'Toen eenmaal bekend werd dat ik die dingen allemaal verzamelde, kreeg ik veel door platenmaatschappijen opgestuurd. Ik spitte ook winkels door en ging regelmatig naar platenbeurzen. De hoogtijdagen waren toch wel '85 tot '90, de periode dat hardrock en metal echt heel groot waren dankzij groepen als Metallica en Guns N'Roses. Er was een enorme markt voor dergelijke exotische persingen. Een heleboel platenmaatschappijen probeerden ook oud werk opnieuw te slijten door het voor een tweede keer uit te brengen, maar dan bijvoorbeeld op gekleurd vinyl.'

'Ik koop nog steeds regelmatig nieuwe picture discs, maar het gaat niet meer zo hard als vroeger. Er komt nu eenmaal minder uit. De laatste aanwinsten zijn wat singles van de Amerikaanse rockband Slipknot. Onlangs verscheen er ook een set picture discs van de Finse band Nightwish. Erg mooi! En Iron Maiden blijft natuurlijk trouw de platen in allerlei vormen en maten uitbrengen.'

Na afloop van het gesprek wandelen we nog een keer langs de bonte collectie. Er komen heel wat bezoekers met een zwak voor harde muziek over de vloer. Er zal al heel wat keren flink geboden zijn op al dat geëtaleerde moois. Mike knikt, maar blijkt onvermurwbaar.

‘Ik heb ooit een soort opruiming gehouden, waarbij ik van de normale platen het mindere werk heb weggedaan. Voor een deel had ik daar dan toch al de cd’s van. De mooie dingen doe ik nooit weg. Nooit. Ook al weet ik dat ik er soms een veelvoud voor kan krijgen van wat ik er ooit voor neertelde. Dat zegt me niets. Dat geld is even leuk, maar je hebt vervolgens tien jaar spijt. Dus blijft alles hier mooi hangen. Ik geniet ervan. Heel intens. Elke dag weer. Daar kan immers geen geld tegenop.’

1. WARRIOR - FIGHTING FOR THE EARTH (12" Hologram)
2. METALLICA - FADE TO BLACK (12" LICHTGEVEND)
3. AVATAR - CITY BENEATH THE SURFACE (7" GEEL vinyl)
4. Fist - BACK WITH A VENGEANCE (multi-colour)
5. Snow - Snow (10" 1e BAND Carlos (AVADO))
6. HEAVY METAL FORCE (VERZAMEL-LP uit JAPAN IN Houten Hoes)
7. MERCYFUL FATE - MELISSA (ACETATE)
8. SAVATAGE - SIRENS (BLAUW VINYL)
9. JUDAS PRIEST - LOVE BITES (SHAPED Pic. Disc)
10. KEVIN WET - 2 PICTURE DISCS

Metal Mike

PERFECT

Kees de Kat

Kees de Kat (1937) is architect. Hij was betrokken bij de muziekfestivals North Sea Jazz en Drum Rhythm en een jazzfestival in Italië. Zijn omvangrijke verzameling behelst elpees, jazzfoto's, moderne kunst, glas en boeken over architectuur.

Terwijl Kees de Kat mij langs zijn imposante jazzcollectie leidt, houden we even stil bij zijn minstens zo indrukwekkende geluidsinstallatie. Veel verzamelaars besteden al hun geld aan platen. De stereoset is vaak de sluitpost. Zo niet bij deze collectioneur. De draaitafel oogt exotisch. Er zit een uiterst fragiel ogend element van het Nederlandse merk Van den Hul op gemonteerd. 'Het is zo kwetsbaar, dat het al uit elkaar valt als je ernaar kijkt,' glimlacht Kees de Kat waarschuwend.

Ik zet behoedzaam twee stappen achteruit.

De boxen ogen robuust en worden aangestuurd door een Amerikaanse versterker van het merk Ayre, een machine die oogt als een brandkast. A.J. (Jouk) van den Hul, eigenaar van de firma die internationaal hoog aangeslagen elementen en kabels maakt, komt regelmatig bij hem over de vloer. 'Ik ben zijn proefkonijn. Wanneer hij iets nieuws ontwikkeld heeft, komt hij dat hier soms uitproberen. Ik laat mij door zijn mensen adviseren. Van de techniek heb ik zelf geen verstand. Wel heb ik goede oren. Ik zoek net zolang tot ik tevreden ben met wat ik hoor.'

Wanneer Kees de Kat een paar platen de revue laat passeren, blijkt hoeveel de investering in goede apparatuur waard is. Ik word moeiteloos meegenomen naar Chicago in 1959 of het Parijs van 1970. Van reizen in de tijd zal het wel nooit komen, maar zo kom je toch heel dicht in de buurt. Er is dan ook geen sprake van audiofiel snobisme. Aan het eind van de luistersessie merk ik dat Kees de Kat werkelijk geroerd is. 'Elke keer als ik deze muziek hoor, realiseer ik mij hoe dicht het bij mijn hart ligt,' merkt hij op.

Kees de Kat woont met zijn echtgenote in een vrijstaand huis, in het soort omgeving dat in toeristische folders steevast als 'lommerrijk' omschreven wordt. 'Een groen graf,' luidt de minder poëtische omschrijving van de bewoner zelf. 'Er wonen hier alleen nog maar oude mensen, die nauwelijks meer de deur uitkomen. We denken erover om weer richting een grote stad te verhuizen. Naar een buurt waar wat meer leven in de brouwerij is.'

De woning straalt een goede smaak uit. Overal hangt moderne kunst. Of het staat, in rijen, tegen de muur. Het is een andere passie van Kees de Kat. In een ruime zijkamer staan de installatie en een groot deel van zijn platencollectie. Een muur en een paar inloopkasten vol elpees. Op een bovenverdieping staat de rest. Veel jazz, verder behoorlijk wat pop en rock. Alle grote labels zijn present, waaronder vanzelfsprekend Blue Note, Atlantic, Riverside, Impulse en Pablo. En nog veel meer. Kees de Kat schat zijn collectie op 18.000 elpees.

Van een ontroerende schoonheid is de verzameling 78-toerenplaten, die een paar meter plankruimte beslaat. Dikke boekwerken zijn het, met vakken voor een handvol van die zware, zwarte schijven. Pakketten waaraan we de benaming 'album' voor de elpee te danken hebben. Kees de Kat trekt er een van de plank: een deel van *Jazz At The Philharmonic*. met opnamen uit de jaren '40. Waarschijnlijk niet veel later geperst. De set oogt alsof-ie gisteren uit de fabriek kwam: puntgaaf, overigens net als de rest van zijn collectie.

'Ik durf te stellen dat 78-toerenplaten een superieur medium zijn,' stelt de verzamelaar vast. 'Bij het luisteren moet je alleen de cd als referentie even uitschakelen. Er is altijd wat ruis te horen, maar daar staat een enorme dynamiek tegenover. Het zijn direct gesneden platen, dus dichter bij de oorspronkelijke sessie kun je nauwelijks komen. Ik heb ze dan ook nooit weggedaan, de 78-toerenplaten van Charlie Parker, Nat King Cole, The Platters, Benny Goodman en al die anderen. Op dit moment ben ik even niet in de gelegenheid om ze te draaien, maar deze week komt er iemand langs om dat te regelen...'

De liefde van Kees de Kat voor muziek ontvlamde in de vroege jaren '50. 'Ik kwam destijds over de vloer bij de later beroemd geworden tenorsaxofonist Rudy Brink. We zaten op dezelfde school. Hij deed het gymnasium, ik zat op de HBS. Hij brak zo snel door dat hij zijn school niet eens heeft afgemaakt. Hij speelde veel in Duitsland, voor de daar gelegerde Amerikaanse militairen.'

'Wat ik bij hem aan jazz hoorde greep mij meteen. Ik kende al wel wat grote namen, waaronder Louis Armstrong, maar dankzij hem raakte ik verder wegwijs in de bebop. De beschikbaarheid van platen was minimaal. Ik moest het vooral van de radio hebben. Mijn eerste plaat kreeg ik van mijn vader. Louis Armstrong.

Op 78-toeren. Ik heb die nog altijd. Hij was kunstschilder en moedigde mij op die manier aan. Aanvankelijk was hij zelf niet zo dol op jazz, maar uiteindelijk is hij toch overstag gegaan en zelfs een fanatiek liefhebber geworden.'

'Niet veel later kocht ik de plaat van Benny Goodman met daarop het Carnegie Hall Concert uit 1938. Een klassieker. Alles zat daarin. Muzikaal zat het op een breekpunt van oude en nieuwe jazz. Bijna alle grootheden van die tijd deden mee: Gene Krupa, Lionel Hampton, Lester Young, Count Basie. Een plaat die ik koester. Nog altijd.'

'Het duurde niet lang of ik zette al mijn geld om in platen. Veel middelen had ik toen niet. Het waren toch een soort crisisjaren. Als kunstschilder verdiende mijn vader heel weinig. Ik herinner mij dat ik 16 gulden zakgeld per maand kreeg. Dat was net genoeg om een elpee te kopen. De rest van de maand zat ik op zwart zaad. Om mijn honger naar nieuwe muziek te stillen liet ik mijn collectie rouleren. Ik verkocht platen bij Concerto, om met de opbrengst weer nieuwe te kopen. Achteraf gezien heb ik heel was weggedaan wat nu heel waardevol is, maar dat voorzag ik destijds natuurlijk niet. Ik wilde vooral mijn steeds groeiende nieuwsgierigheid bevredigen.'

'Begin jaren '60 ging ik in militaire dienst. Ik kon toen dankzij de soldij echt beginnen met het verzamelen van platen. Ik hoefde gelukkig ook niets meer weg te doen, want dat was een regelmatig terugkerend drama. Het verzamelen zat me in het bloed. Het duurde niet lang of ik kocht ook kunst, vooral Nederlandse popart. Een logische stap. Er kwamen bij mijn vader immers regelmatig vakbroeders over de vloer zoals Reinier Lucassen en Jan Sierhuis. Later ben ik ook glas gaan verzamelen en toen ik architect werd ook eerste drukjes van boeken over architectuur.'

'Ik heb de afgelopen decennia overal platen gekocht. In Nederlandse platenzaken en op beurzen. Het beursbezoek is voor mij zo goed als verleden tijd. Dat gegraai, ik kan er niet meer zo goed tegen. Wellicht ben ik met het klimmen van de jaren ook wat milder geworden. Vroeger was ik heel fanatiek. Als ik nu iemand een plaat zie afrekenen die ik ook had willen hebben, haal ik mijn schouders op. Die komt nog wel een keer voorbij. Ik ga wel regelmatig met een vriend op pad. Platen kopen. Dat gaat net zo. Hij scoort wel eens beter dan ik. Ik lig daar allang niet meer wakker van.'

'Als verzamelaar bouwde ik in de loop van de jaren een wereldwijd netwerk op waarmee ik veel kon ruilen. Ook kocht ik enorm veel in het buitenland. Vanwege mijn werk was ik veel op pad: Tokyo, New York, Parijs, Chicago, overal had ik mijn adresjes. Wanneer we op vakantie gingen, claimde ik ook altijd de eerste dag voor de platenjacht. Het ritueel, zeker in een grote stad, was vaak hetzelfde: ik huurde voor een hele dag een taxi en daarmee ging ik alle winkels af. Als je ergens binnenkwam, wist je al snel genoeg: hier is wat te halen. Of niet. In dat laatste geval dook ik meteen de taxi weer in. Oogde een voorraad wel veelbelovend, dan stuurde ik de taxichauffeur voor een uurtje weg. Mocht hij een broodje gaan eten.'

'Ik ben een paar keer in Amerika geweest in gezelschap van Cor Boonstra, een vriend en medeverzamelaar. Hij was destijds vice-president van Sarah Lee. We vertrokken in een privé-vliegtuig vanaf Schiphol. In Amerika moest hij aan het werk. Ik ging platen kopen. Hele dozen gingen dan weer de jet in. Vervolgens landden we op Schiphol Oost, waar je zonder gedoe met douane alles in de achterbak van je auto kon overhevelen.'

'Ik koop nu minder dan voorheen. Veel heb ik al. Alle prominente jazzlabels heb ik compleet. Ja, zelfs die altijd lastige 1500-serie van Blue Note. Dat is een magische reeks, maar toch is niet alle muziek even goed. Platen verzamelen heeft dan iets van postzegels sparen. Je wilt zo'n reeks volledig op de plank hebben staan. Van een enkele plaat zoek ik nog een allereerste persing, maar dat zijn er niet veel.'

'Ik doe de laatste tijd regelmatig platen weg, maar tegelijkertijd blijf ik ook kopen. Onlangs was ik nog in Parijs. Ik kwam met dertig elpees thuis. Het blijft heerlijk, die jacht! Altijd weer dat uitkijken naar wat er in de bakken staat. Onderhandelen over de prijs. Vervolgens thuiskomen met de buit. En dan alles een beetje opknappen. Ik maak hoezen schoon met alcohol en reinig de elpees. Dan: draaien! Het is een ritueel dat mij enorm veel voldoening schenkt.'

'Ik koester de herinneringen aan de momenten dat ik een plaat uit de bak trok en ik mijn adem even voelde stokken. Deze plaat! Hier? Ik heb in een winkeltje ooit een tweetal platen gekocht van de trompettist Hank Demano. Een volkomen onbekende maar zeer getalenteerde jongen die mij ooit was aangeraden door Chet Baker – waarmee ik enige tijd omgegaan ben. Het zijn enorm zeldzame platen, vol meesterlijke muziek. Op het Freeway-label, waarop ooit in totaal slechts vijf elpees verschenen zijn. Voor een paar dollar waren ze van mij.'

'De muziek zelf is voor mij tegengif. Collega's vroegen mij vroeger vaak waarom ik altijd zo relaxed was. Antwoord: dankzij de muziek. Het was altijd als een medicijn dat mij tot rede bracht, hoe veel ik ook onder spanning stond. Ik heb lang kantoor gehouden in het hartje van Amsterdam. Ik had dan wel eens een middag dat er niets uit mijn pen kwam. Ik trok dan de deur van het kantoor achter mij dicht en ging op platen uit. Luisteren en snuffelen. Alle spanning vloeide dan weg.'

'Ik heb veel platen die zeldzaam en dus waardevol zijn. Toch heb ik nooit krankzinnige bedragen voor elpees betaald. Echt peperdure items probeerde ik soms te ruilen. Als iemand er dan toch 2000 dollar voor wilde hebben, hield het voor mij absoluut op. De charme van het verzamelen is om platen in een goede conditie te pakken te krijgen voor een aanvaardbare prijs.'

'Mijn smaak is overigens breder dan jazz alleen. Ik deel niet het dédain waarmee veel jazzliefhebbers neerkijken op pop. Vooral in de jaren '60 volgde ik alles op de voet, mede dankzij een jongere broer die er nog veel dieper in zat. The Beatles, The Rolling Stones, The Pretty Things, Grateful Dead, Frank Zappa, ik heb het allemaal staan. Randy Newman is ook een favoriete artiest van mij. Mijn vader hield veel van modern klassieke muziek, van bijvoorbeeld Maurice Ravel, Bélla Bartók en Claude Debussy. Voor mij was dat een ideaal opstapje naar meer experimentele componisten als Karlheinz Stockhausen, Reinbert de Leeuw en John Cage.'

'Het valt mij op dat juist deze laatste stroming mij de laatste jaren meer en meer weet te bekoren. Begrijp me goed: bebop is mijn favoriete soort jazz. Toch is het vaak hetzelfde thema, de solo's komen in dezelfde volgorde voorbij en daar zit dan een dreun onder. Ik zeg het wat oneerbiedig, maar zo bedoel ik het niet. De muziek is mij enorm dierbaar. Moderne klassieke muziek beklijft de laatste tijd toch steeds meer. Geestig, dat je smaak zich zo blijft ontwikkelen.'

'Ik ben mij ook gaan verdiepen in volksmuziek uit alle windstreken. Mijn vrouw is afkomstig van een Italiaans eiland: Sardinië. Daar is prachtige muziek gemaakt. Net als in Turkije en Egypte. In de jaren '60 luisterden we natuurlijk ook naar die raga's uit India en Pakistan. Met iets te roken erbij, geheel in de geest van de tijd. Nu zit ik die stukken niet helemaal meer uit.'

'Er is wel een gemene deler en dat is kwaliteit. Ik ben een enorme perfectionist als het om mijn platen gaat. Als ik een plaat gekocht heb en er blijkt een beschadiging op te zitten, dan gaat-ie weer weg. Ik ben daar heel strikt in. Tikken, krassen, platen die blijven hangen – ik kan daar niet tegen. Ik ben dan ook altijd enorm zuinig geweest op mijn elpees. Zelfs mijn allereerste exemplaren, uit mijn HBS-tijd, zien er nog uit als nieuw.'

'Ik geef nog steeds de voorkeur aan de elpee als geluidsdrager. Niet alleen vanwege het geluid, maar ook vanwege de esthetische waarde van de hoezen. Vooral veel jazzhoezen zijn juweeltjes. Prachtige ontwerpen, beeldschone foto's. Ik heb dan ook heel lang de cd buiten de deur gehouden.'

'Steeds meer albums komen echter alleen op cd uit. Sommigen daarvan wil ik absoluut niet missen, zoals die live cd met recent ontdekte opnamen uit de Carnegie Hall van Thelonious Monk en John Coltrane. Of de Town Hall-cd van Dizzy Gillespie en Charlie Parker. Die ontzeg ik mij echt niet omdat er alleen een versie op cd van bestaat. Die strengheid heb ik laten varen.'

'Jazz heeft in allerlei opzichten enorm veel voor mij betekend. Ik heb er talloze vrienden aan overgehouden. Ik heb concerten bijgewoond die ik nooit zal vergeten. Stan Kenton in 1953 – mijn eerste! – en John Coltrane met Eric Dolphy. Ook het concert van Charles Mingus zal me altijd bijblijven.'

De jazz verschafte me een uitgebreid netwerk. Ik ben jarenlang betrokken geweest bij het North Sea Jazz Festival. Ik kende de oprichter Paul Ackett goed. Die kwam vaak bij mij luisteren en advies vragen over bands. Op diezelfde manier ben ik bij het Drum Rhythm Festival terechtgekomen. Omdat die naam vanwege de nieuwe reclameregels niet meer mag, leidt het een sluimerend bestaan. Ik wil met wat mensen ooit nog iets nieuws opzetten. Een festival rond een thema. De beoogde naam is Footprints.'

'Zoals ik je al vertelde komt mijn vrouw van Sicilië. Haar neef is de beroemde trompettist Paulo Fresu, die een deal met Blue Note heeft. Hij organiseert jaarlijks een jazzfestival in het Siciliaanse dorpje Berchidda – zijn geboorteplaats. Het is uitgegroeid van een kleinschalig evenement tot een internationaal festival waar 15.000 mensen opaf komen. Met alle logistieke problemen van dien. Ik heb daar een helpende hand gereikt.'

'Verder werk ik al jaren, met grote tussenpozen, aan een boek over de betekenis die jazz in mijn leven heeft gehad. Ik wil daarin tegelijkertijd een beeld van de tijd schetsen. Die artistieke scene rond Saint Germain in Parijs. De impact die deze hele cultuur had op hoe we dachten en ons kleedden. We probeerden er immers allemaal even cool uit te zien als de jonge Chet Baker. Ik wil ook schrijven over de verbanden die er vanuit de jazz waren met andere culturen, zoals literatuur en fotografie. Het ligt soms lang stil, maar ik hoop dat het ooit af komt.'

'Ik ben dus al een tijdje bezig mijn collectie in te dikken. Het heeft wel iets met de fase van mijn leven te maken waarin ik nu verkeer. Ik moet realistisch zijn. Er kan me zomaar wat overkomen. Wat moet er dan gebeuren met mijn collectie? Mijn vrouw en kinderen hebben er geen belangstelling voor. Ik heb al een paar keer meegemaakt hoe zoiets uit kan pakken. Enkele jaren geleden overleed een grote Nederlandse verzamelaar. Zijn broer verkocht de hele collectie aan een Amsterdamse platenzaak. Voor een euro per plaat. Sommigen daarvan zijn voor honderden euro's per stuk de deur weer uitgegaan.'

'Er zijn nog pijnlijker voorbeelden. Ik kocht vroeger veel elpees bij de Belg Walter de Block. Hij verzamelde jazz, had een winkel in Antwerpen en presenteerde een jazzprogramma op BRT radio. Hij liet van elk jazzalbum een tiental exemplaren overkomen uit Amerika, waarvan hij er steevast een thuis op de plank zette, om die nooit meer aan te raken. Op den duur had hij een gigantische collectie. Ik denk zo'n 63.000 platen.'

'Ik ben bij hem thuis geweest. Hij woonde met zijn vrouw in een klein huisje in Brasschaat, op het erf van zijn vader. Als je onder de eetkamertafel keek: platen. In de keukenkastjes: platen. De pannen stonden ergens op de grond. Op het toilet: platen. Hij had zelfs de muren van zijn garage volgestouwd. Zo erg zelfs dat zijn auto er niet meer uitkon. Hij heeft die garage toen uitgebroken, zodat hij er van voren in kon rijden en van achteren weer uit. Op die manier kon hij zijn auto achter het huis kwijt.'

'Hij kreeg last van hartproblemen. Die beteugelde hij aanvankelijk met allerlei pilletjes, maar ze zijn hem toch fataal geworden. Op een dag is hij in een postkantoor onwel geworden en ter plekke overleden. Onder zijn arm had hij een stapel platen die nog verzonden moesten worden. Het nieuws van zijn dood ging al snel rond. Uit piëteit hielden we echter afstand. Later heb ik zijn echtgenote toch gebeld. Wat waren de plannen met de platen? Haar antwoord was verpletterend. Ze had altijd een hekel aan die dingen gehad. Een week na de dood van haar man was alles aan een opkoper meegegeven. Er was niets meer. Ik ging door de grond.'

'Zo moet het dus niet. Hoe dan wel? Ik weet dat nog niet goed. Het zou mooi zijn als mijn collectie bij elkaar bleef en ondergebracht kon worden bij zoiets als een conservatorium, waar de platen nog gebruikt zouden worden. Ik ben echter realistisch. Vaak komt daar niets van terecht. Vandaar dat ik nu al, stukje bij beetje, wegdoe waar ik zonder kan. Ik begeleid dat liever zelf, dan dat het straks als een partij voor een habbekrats bij Concerto terechtkomt.'

'Er kan uiteindelijk best veel weg. Als je goed naar Miles Davis luistert, worden veel andere trompettisten overbodig. Ik hoef ook niet alles van John Coltrane te hebben. Veel van zijn werk is prachtig. Nog altijd. Hij heeft echter ook religieus getint materiaal gemaakt, dat mij minder boeit. Ook zijn latere repertoire, met Alice Coltrane, is voor mij niet essentieel. Ik heb ook het mes in de collectie mindere goden gezet. Gianni Basso is een heel goede tenorsaxofonist, die ik lang verzameld heb. Toch is hij minder interessant dan Sonny Rollins, iemand die nimmer overtroffen is. Dus weg ermee.'

'Ik ga niet zelf de hort op met mijn platen. Een vriend handelde al vrij veel via eBay. Ik breng hem regelmatig een doosje die hij, tegen een percentage, mag verkopen. Het resultaat wisselt. Platen waarvan ik grote verwachtingen koester, leveren soms niets op. Andere verkopen juist voor onverwacht veel geld. Ik hoop uiteindelijk uit te komen op een overzichtelijke en handzame collectie van drieduizend platen. Het beste van het beste.'

'Daar wil ik dan verder mee. In de loop van de jaren is er diverse keren geboden op mijn hele collectie. En goed ook. Een jaar of twintig geleden bood een Japanner een kapitaal voor alles. Ik zat juist in financieel opzicht in zwaar weer, dus het aanbod was heel verleidelijk. Ik heb de boot toch afgehouden. Later zijn er nog vaker bedragen geboden. Telkens erg veel geld. Tot nu toe heb ik de verleiding nog steeds kunnen weerstaan. Ik ben er nog niet aan toe. Het voelt alsof ik met mijn platen ook mijn ziel de deur uit zou doen.'

1. Something Else – Blue Note 1595 van C. Adderley met Miles, Hank Jones en Blakey.
2 The Jazz Messengers – Columbia CL 897 met Hank Mobley in topvorm en Horace Silver.
3. De serie van Miles Davis op Prestige met Coltrane, Rollins, Monk, en Milt Jackson. Voorkeur: Bag's Groove – Prestige LP 1709.
4. Sonny Rollins eveneens Prestige, met als topper Worktime – Prestige LP 7020.
5. Clifford Brown met Max Roach op Emarcy. Voorkeur Emarcy MG 36036.
6. Het Massey Hall concert van Parker met Gillespie op DEBUT DEB 124.
7. Lennie Tristano met Warne Marsh en Lee Konitz op Atlantic 1217
8. Het werk van Charlie Mingus op Columbia CS 817 – Mingus Ah-hum.
9. Lee Morgan op Blue Note 4034 – Leeway met Jackie Mc Lean en Bobby Timmons.
10. Ornette Coleman – Change of the century op Atlantic 1327

EXTREEM

Erik Heylen

Erik Heylen (1972) werd geboren in het Belgische Maasmechelen. Hij organiseerde er concerten, was enige tijd zanger en bassist van de Nederlandse band Suppository, richtte in 2001 het platenlabel Badger op en schrijft voor het internetmagazine *Lords of Metal*. Erik Heylen werkt als dierenarts en woont in Nederland.

Erik Heylen vertelt aan het begin van het gesprek dat hij er een gewoonte van heeft gemaakt om doelen te stellen in zijn leven. Aan het eind van elk jaar neemt hij zich bijvoorbeeld voor om in het jaar dat voor hem ligt alles te gaan verzamelen dat van een bepaalde band op vinyl is verschenen. Een paar jaar geleden waren dat The Pixies, het jaar daarop de stoere rockband Prong.

'Op één plaat na heb ik dat goede voornemen volbracht,' meldt Erik Heylen tevreden. 'Maar het mag wel een beetje uitlopen naar het nieuwe jaar, dus ik speur dan nog even door. Ik ben er nog niet helemaal uit wat het het komende jaar gaat worden. Het moet wel een beetje een uitdaging zijn. Ik overweeg mij op Boris te storten, een groep uit Japan die extreme metal maakt.'

Erik Heylen vertelt over zijn jeugd in België. Een land waar, in tegenstelling tot Nederland, de rooms-katholieke kerk nog altijd nadrukkelijk aanwezig is in het openbare leven. Uit het verhaal van Erik Heylen blijkt dat het instituut tegelijkertijd over een opmerkelijk incasseringsvermogen beschikte.

Begin jaren '90 organiseerde hij concerten in zijn woonplaats Maasmechelen. Obscure groepen uit de duistere uithoeken van de metal, niet zelden behept met allerlei occulte opvattingen, traden doodleuk op in het parochiehuis, dat grensde aan de plaatselijke kerk.

Het gebouw werd bijna in de as gelegd door de overdadige vuurshow van de Finse black metal band Impaled Nazarene. Kerkgangers konden 's zondags onmogelijk de posters over het hoofd gezien hebben die het optreden aankondigden van een nieuw Grieks bandje dat zich opgezadeld had met de bandnaam Rotting Christ.

'Men ging er hoofdschuddend aan voorbij,' herinnert Erik Heylen zich nog. 'Maar een werkelijke rel leverde het niet op. Het waren vooral heel succesvolle optredens. De extreme metal kwam destijds heel sterk op en zelfs vanuit Nederland en Duitsland kwamen er jonge fans opaf. Sommige bezoekers hadden er een autorit van driehonderd kilometer voor over.'

Erik Heylen doet zijn verhaal in zijn huiskamer van het knusse rijtjeshuis, met daarin een bovenmodale geluidsinstallatie. De collectie van enkele duizenden elpees is ondergebracht in een beeldschone platenkast, speciaal op maat getimmerd door zijn schoonvader. Het bouwsel oogt als een deftige bibliotheekkast, wat nog eens versterkt wordt door het handige trapje waarmee hij tot de bovenste planken kan reiken.

Hij vertelt dat hij tijdens een bezoek aan zijn oom voor het eerst echt in de ban van muziek raakte. Het familielid bezat een uit de kluiten gewassen stereo-installatie, waarop de audiofiel verantwoorde klanken van Pink Floyd perfect tot hun recht kwamen. Vooral *Time* maakte diepe indruk, het nummer waarin tientallen klokken en wekkers tegelijkertijd afgaan. 'Ik was daarnaast meteen verzot op het geluid van de elektrische gitaar,' herinnert Erik Heylen zich.

Rond diezelfde tijd hoorde hij op de radio *Love Is All*, een solohit van Deep Purple-bassist Roger Glover uit 1975. Hij vond het een mooi liedje, was weg van de bijbehorende clip met getekende kikkers, maar vond vooral de zang erg mooi.

'Op de lokale markt stond een man die singles verkocht,' vervolgt Erik Heylen. 'Ik ben bij hem dat nummer met die kikkers, zoals ik dat destijds noemde, gaan halen. Hij was het die mij vertelde dat de betreffende zanger ene Ronnie James Dio was. En dat die man op nog allerlei andere platen te horen was. Zoals op de toen net verschenen soloplaat *Holy Diver*. Het duurde niet lang of die had ik in huis. Een monument in de hardrock. Ik heb de plaat zo vaak gedraaid, dat ik zeker drie exemplaren versleten moet hebben. Het is nog steeds een favoriet.'

Inmiddels was hij op de middelbare school op gelijkgestemde zielen gestuit. Een daarvan bezorgde hem een cassette met daarop drie voor die tijd tamelijk extreme metalplaten. De debuten van Exciter, *Heavy Metal Maniac*, Mercyful Fate, *Nuns Have No Fun* en Celtic Frost, *Morbid Tales*. 'Die openden echt mijn ogen. De zang bij Mercyful Fate, de snelheid en de drumsound van Exciter en het gitaargeluid waarmee die plaat van Celtic Frost begon; ik was er echt allemaal kapot van.'

'Wat me aansprak was de kracht van het geluid. Ik was van huis uit al bekend met klassieke muziek. Een orkest kan enorm krachtig klinken. Dat was een kwaliteit die ik in metal ook weer tegenkwam. Het sleepte me mee. Ik kreeg er energie van.'

De tape vormde het vertrekpunt van een zoektocht door de zich dan snel ontpoppende heavy metal-wereld. Erik Heylen kocht singles en elpees, en ruilde demo's met allerlei contacten die hij in de loop van de tijd opdeed. Het organiseren van concerten en het bestieren van het metal blaadje *Breeding Fear* – naar een nummer op het debuut van de Britse band Paradise Lost – zette hem op het spoor van nog meer nieuwe bands.

Hij speurde daarnaast de bedanklijstjes af die bands vaak afdrukten op de binnenhoezen van zijn favoriete elpees. Platen van bands die daarin genoemd werden probeerde hij dan te pakken te krijgen. 'Op die manier kwam ik vaak aan nieuwe, toffe platen. Nu nog steeds. Achter elke elpee gaan tienduizend andere schuil. Daarvan ben ik nu wel overtuigd.'

Erik Heylen vertelt dat zijn smaak zich snel ontwikkelde. Van de extreme Amerikaanse metal, zoals die gemaakt werd door groepen als Slayer en Testament, groeide hij toe naar het compromisloze geluid dat eind jaren '80 gemaakt werd door Britse bands als Carcass en Napalm Death. Vandaaruit kwam hij begin jaren '90 bij de Zweedse death metal terecht, een stijl die zich onderscheidt vanwege de zang die klinkt als doodsgereutel. Inmiddels speurt hij in alle windstreken naar allerlei soorten muziek, zolang die maar extreem is.

'Extreem kan voor mij van alles zijn. Een band als Man Is The Bastard, twee bassen, een gitaar en drums die volledig langs elkaar lijken te spelen. Of een plaat met alleen het geluid van een krakende naald, waar heel langzaam een hypnotiserende beat bij komt. Dat laatste is een single op Drone Records, een label dat in kleine oplagen allerlei experimentele muziek uitbrengt en dat steekt in hoesjes die door de artiesten zelf gemaakt worden. Ik ben gek op dergelijke curiosa. Ik laat me graag overrompelen door wat mijn oor bereikt. Letterlijk. Nog steeds.'

'Wat de meest extreme plaat in mijn collectie is? Ik vermoed het debuut van de band Khanate uit 2001 op het Southern Lord-label. De muziek is loodzwaar, super traag en toch zit er lijn in. Erg knap. Hoe heavy die band werkelijk is, ontdekte ik op een concert van ze. Het geronk klonk zo laag dat het biertje in mijn hand dood sloeg en mijn neustussenschot zo'n beetje los trilde. Ik zag diverse keren mensen naar het toilet rennen. Kotsend. Echt waar. Dat doen dergelijke lage frequenties kennelijk met een mens.'

Het verzamelen ging met horten en stoten. Tijdens zijn studietijd, in de tweede helft van de jaren '90, was het budget beperkt. Erik Heylen bekent in die tijd zelfs een aantal platen verkocht te hebben. Van een paar heeft hij sindsdien erg veel spijt en die titels prijken dan ook hoog op zijn zoeklijst.

'Ik kom overal platen tegen die ik wil hebben. Als ik een ongelimiteerd budget zou hebben, had ik al snel een tweede huis nodig. Ik koop via eBay, bezoek beurzen, struin platenzaken af en ruil nog steeds veel. In 2001 ben ik het label Badger begonnen, waarmee ik per jaar ongeveer één plaat uitbreng. Tot nu toe zijn er onder meer albums van Agathocles en Officium Triste verschenen. Uiteraard alleen op vinyl. Die platen ruil ik dan met mensen die ook een kleine platenmaatschappij hebben.'

Erik Heylen beaamt volmondig dat er een fanatieke verzamelaar in hem huist. Een die compleetheid nastreeft. 'Neem de Duitse metalband Kreator. Ik wilde daar alles van op vinyl hebben. Op een bepaald moment heb ik dat punt bereikt. Ik blij. Tot het moment dat ik ergens lees dat de eerste vijfhonderd exemplaren van hun elpees op rood vinyl geperst werden. Ik vreet mij dan helemaal op. Daar gaan we weer.' Lachend: 'Maar ze moeten er natuurlijk wel komen. Een stuk of tien. Dat deden ze ook. Op één na, die zoek ik nog. Dan ben ik compleet, tot weer het tegendeel bewezen wordt.

'Er zit een frustrerende kant aan het verzamelen. Wanneer je bijvoorbeeld iets zoekt, maar niet tegenkomt. Zoals een single van Dr. Shrinker. Ik speur ernaar op alle lijstjes. Nergens! Hetzelfde geldt voor de eerste single die de Amerikaanse zangeres Tori Amos ooit als Ellen Amos uitbracht, ver voordat zij bekend werd. Onvindbaar! Maar ik zal het ooit op de plank hebben. Ooit!'

'Met dat ik meer te weten kom, weet ik wat ik nog allemaal mis. Voor de buitenwereld lijkt het misschien allemaal heel vermoeiend. Voor mij is het dat niet. Wat ik op een bepaald moment wil horen, wil ik gewoon uit de kast kunnen trekken. Dankzij mijn verzameling kan ik dat ook. Hele volksstammen downloaden tegenwoordig. Dat voldoet niet voor mij. Ik wil de plaat echt in handen hebben. De hoes en de elpee. Ik kan leven met cd's, maar ik vind ze minder interessant. Soms klinken ze minder, het formaat staat me niet aan en ik voel er niets bij. Ik zeg maar zo: cd's zijn voor in de auto. Vooral bij obscure elpees zitten vaak extra's als singles, posters of tekstvellen. Dat maakt ze nog aantrekkelijker als verzamelobject.'

'Het gaat me echter voor alles om de muziek. Muziek is alles voor mij. Toen ik nog studeerde, ging ik nooit de deur uit voor een tentamen zonder eerst *Milk* te draaien; een nummer op *Speak English Or Die*, de eerste plaat van de Stormtroopers Of Death. De versterker ging dan op negen, ik sprong mijn hele studentenkamer door. Van het bed op het bureau en weer terug. Vervolgens een glas melk en wegwezen. Dat tentamen haalde ik dan. Als ik er wel eens een niet haalde, waren dat achteraf gezien tentamens waar dat ritueel niet aan vooraf was gegaan.'

'Muziek is ook een uitlaadklep voor mij. Ik zou heel gefrustreerd raken als het er niet was. Het drukt nu eenmaal beter uit wat ik voel, dan dat ik met woorden ooit uit zou kunnen leggen. Ik kom wel eens droevig thuis. Ik zet dan een plaat op. *Leaving The Warzone* van Count Raven bijvoorbeeld. Alles stroomt er dan uit. Ik ben het echt kwijt. Op die manier heb ik ook platen die van pas komen als ik mij kwaad of vrolijk voel.'

'Muziek is therapie. Ik zou er niet zonder kunnen. Soms denk ik wel eens: stel dat ik zou moeten kiezen, doof of blind? Zonder ogen kan ik mijn werk niet doen. Ik zou dat vreselijk vinden. Toch zou ik voor mijn oren kiezen. Want leven zonder muziek zou ik werkelijk onoverkomelijk vinden. Gelukkig dat niemand mij ooit voor dat dilemma zal plaatsen.'

Enkele weken na het gesprek meldt Erik Heylen zich met een korte update. Het goede voornemen voor het nieuwe jaar is geformuleerd. Hij is van zins alles te gaan verzamelen dat op vinyl is verschenen via Man's Ruin, een inmiddels ter ziele gegaan label van de Amerikaanse kunstenaar Frank Kozik, waarop allerlei rock-, punk- en metalbands inmiddels razend zeldzame plaatjes uitbrachten. Het nieuwe jachtseizoen is daarmee officieel geopend.

Dit is mijn ZOEKLIJST TOP 10:

1. X-ECUTIONER - X-ECUTIONER 7" (pre-Obituary)
2. ELLEN AMOS - EERSTE 7" (pre-Tori Amos)
3. DR. SHRINKER - THE EPONYM 7" (als ie bestaat!)
4. ATHEÏST - ELEMENTS LP
5. BURNING WITCH - RIFT CANYON DREAMS LP (-ZWART)
6. PENTAGRAM - DAY OF RECKONING LP
7. WHITE STRIPES - GET BEHIND ME SATAN promo LP
8. MAYHEM - DEATHCRUSH LP (origineel)
9. GODFLESH - MY OWN LIGHT 7" (bootleg)
10. GAMMA RAY - eerste 7" (pre-QOTSA)

BLONDE
OL. 6

TEGENDRAADS

Hans Seegers

Hans Seegers (1951) werkte in de psychiatrie. Hij verzamelt inmiddels ruim veertig jaar Bob Dylan, bezit een van de meest uitputtende collecties ter wereld en is een Dylan-kenner van internationale faam.

Hans Seegers was op 17 februari 1993 bij een concert van Bob Dylan in Eindhoven. Halverwege het concert slaagde een meisje erin om het podium te bereiken. De zanger schrok even, maar toen een bodyguard het onverwachte bezoek weer van het podium wilde slepen, kwam hij toch tussenbeide. 'Het was een mooi gezicht,' glimlacht Hans Seegers. 'De frêle Dylan aan de ene kant, die beer van een bodyguard aan de andere. Dat meisje was een schatje om te zien, dat scheelde natuurlijk wel.'

'Dylan won. Het meisje mocht blijven. Samen zongen ze zelfs het eerste couplet van *The Times They Are A-Changin'*. Bob Dylan bood haar zijn gitaar aan, maar het meisje weigerde beleefd en zei dat ze alleen maar met hem wilde zingen. De bodyguard kwam weer, maar Dylan kreeg zijn zin en zong samen met het meisje het hele lied. Ze gaf hem een zoen en verliet het podium. Het was een prachtig tafereel. Zo liefdevol. Het bewees maar weer eens dat hij een goed mens is.'

Met ironisch lachje: 'Al zouden ze mij natuurlijk meteen het podium afgesodemieterd hebben.'

Hans Seegers leerde Bob Dylan halverwege de jaren '60 kennen. Hij groeide op in een dorpje in de kop van Noord-Holland. Er heerste, zoals hij het omschrijft, een benauwende 'moetcultuur'. Je moest wekelijks naar de kerk. Je moest regelmatig naar de kapper. 'Het was een maatschappij vol vastgeroeste regels. Als je iets met een meisje wilde, moest je zondagavond dansen. En als je geen alcohol dronk, zoals ik, dan stond je al snel te boek als een vreemde eend in de bijt. Je viel immers uit de toon. Het leven was een keurslijf en Hansje zouden ze wel klein krijgen.'

Hij leerde Bob Dylan niet direct kennen, maar dankzij de tussenkomst van de The Byrds. De Amerikaanse band had medio 1965 een grote hit met Dylans *Mr. Tambourine Man*. Hij hoorde het op de radio. 'Ik vond het nummer erg mooi. De tekst raakte me ook diep: "To dance beneath the diamond sky, with one hand waving free." Ik moest weten wie dat geschreven had. Bob Dylan dus.'

'Ik ben mij meteen in dat voor ons nieuwe fenomeen gaan verdiepen. In Amerika was hij al een ster. In Nederland werden pas in 1965 drie van zijn platen uitgebracht. In mono. *The Times They Are A-Changin'*, *Subterranean Homesick Blues* en *Highway 61 Revisited*. Geld voor die platen had ik destijds natuurlijk niet. Toen al kosten elpees rond de 19 gulden, dus moest ik het van de radio en singles hebben. Mijn eerste was *Positively 4th Street*, gekregen van een vriendinnetje.'

'Wat mij zo aansprak in Dylan? Hij liet zo'n ander geluid horen. Het geluid van de vrijheid. Het was zo anders dan Nederlandse bands als Cuby + the Blizzards of The Ro-d-ys. Ja, ook anders dan The Beatles, die destijds je hand nog wilden vasthouden. Hij was verder dan anderen. "Luister nu eens naar me," leek Dylan te vragen. En: "Laat me niet doen wat jullie per se willen." Hij vertolkte daarmee perfect wat ik in die fase van mijn leven voelde. Ik was een recalcitrante puber, die het hard speelde. Vooral naar mijn ouders toe. Wanneer zij op zondag naar de kerk gingen, stond ik daarvoor te liften. Op weg naar de grote stad. Zij werden daar natuurlijk op aangekeken. Ik zette mij overal tegen af. Dus ook tegen de kerk. Ik heb mijnheer pastoor regelmatig de oren gewassen.'

'Mijn ouders hadden het er moeilijk mee. Ook met Dylan. Mijn moeder vond vooral dat hij een lelijke stem had. Nou ja, daar kon ik mij wat bij voorstellen. Mijn vader heeft nooit begrepen wat ik in Dylan zag en wat het met mij deed.'

'De teksten van Dylan openden mijn ogen, zoals met dat nummer *Positively 4th Street*. "You got a lotta nerve, to say you are my friend, when I was down, you just stood there grinning." Het was een felle uithaal naar hypocrisie. Dezelfde hypocrisie die ik om mij heen zag. Ik heb mij daar met volle kracht uit losgerukt. Met hulp van Dylan. Dankzij hem ben ik anders tegen de maatschappij aan gaan kijken.'

'Tegendraads ben ik nog steeds. Als de hele meute naar rechts wil, prikkelt dat mij om te kijken of links niet veel interessanter is. Overigens haalde ik Dylan al snel in. In 1969 ben ik gaan studeren. Ik leidde mijn leven op mijn eigen voorwaarden. Ik stond op eigen benen. Daar had ik Dylan niet meer voor nodig.'

'Hij werd daarmee voor mij niet minder interessant, integendeel. Ik koester sowieso mensen die mij in een bepaalde fase van mijn leven de weg hebben gewezen. Vanaf dat moment kon ik mij puur op de muziek richten. Ik kon intens genieten van zijn lovesongs. *Just Like A Woman* bijvoorbeeld, of *Fourth Time Around*. Ontroerend! Hij werd ook een katalysator, want dankzij mijn liefde voor mijn muziek stuitte ik op steeds meer gelijkgestemde zielen. Een netwerk dat zich in de loop van de jaren steeds verder uitbreidde.'

'De muziek werd ook een soort lakmoesproef, waarmee je kon nagaan hoe iemand in het leven stond. Ja, ook bij meisjes.' Lachend: 'Juist bij meisjes. Hoe ga je met jezelf om? Wat denk je te gaan doen in het leven? Wordt het huishoudschool, trouwen en daarna kinderen krijgen, of verwacht je toch iets meer van het leven? Als iemand hield van Willeke Alberti of Trea Dobbs dan wist je eigenlijk al genoeg.'

Hans Seegers vertelt dat het verzamelen van Dylans werk er langzaam in sloop. Toen zijn budget wat ruimer werd, richtte hij zich aanvankelijk op de reguliere platen. Die waren al prijzig genoeg. 'Op een bepaald moment ontdekte ik dat mijn Nederlandse single *If You Gotta Go, Go Now* heel bijzonder was. Die is nergens ter wereld op die manier uitgekomen, alleen hier. Je wilt dan toch weten hoe dat komt.'

Geleidelijk aan vroeg hij zich ook af hoe het de platen van Dylan elders verging. In Europese landen als Portugal, Griekenland en Spanje zaten de dictatoriale regimes destijds nog stevig in het zadel. In Zuid-Afrika was apartheid nog volstrekt vanzelfsprekend. 'Op die manier ontdekte ik dat de Zuid-Afrikaanse versie van de elpee *The Times They Are A-Changin'* op een vitaal punt afweek van de normale. Op de voorkant van de hoes staat *With God On Our Side* gewoon vermeld. Op de achterkant en op de elpee zelf blijkt het vervangen te zijn door een van zijn voor Zuid-Afrikanen minder controversiële nummers. Zo zijn er meer platen uitgekomen met nummers vol piepjes, pauzes of ingekorte passages. Op het moment dat ik mij daarin begon te verdiepen, leerde ik ook veel over de politieke en religieuze situaties in allerlei landen. Ook in dat opzicht was Dylan een katalysator.'

'Ik ben zelfs een tijdje in Portugal gaan wonen om eens aan den lijve te ondervinden hoe het is om onder een dictatuur te leven. Ik kan je zeggen: *it sucks*! Het is vreselijk om in een maatschappij te leven waar de overheid bepaalt of jij Coca-Cola mag drinken of niet. En die uitmaakt welke platen goed voor jou zijn en vooral: welke niet. Dylan werd door de autoriteiten beschouwd als links, eng en dus gevaarlijk.'

'Ik reisde destijds veel. Dankzij Dylan bouwde ik contacten op met mensen die in veel opzichten op dezelfde lijn zaten als ik. Dus kon ik met een minimaal budget van de Amerikaanse staat Minnesota naar Mexico liften. Overal kende ik mensen waar ik kon slapen. Omgekeerd had ik ook vaak mensen over de vloer. Het was een heel bijzondere tijd.'

'In de loop van de jaren ontdekte ik dat er in de meest onwaarschijnlijke landen platen van Dylan uitgekomen waren. Portugal had in Angola, waar voortdurend oorlog gevoerd werd, een fabriek waar elpees geperst werden. Er kwamen platen uit in oorden waar de temperatuur nooit beneden de 35 graden zakte. Als je zo'n elpee mee naar buiten nam, smolt-ie al. Landen waar een groot deel van de bevolking verstoken was van elektriciteit. Waar draaiden die mensen hun platen op? Waren daar echt fans van Dylan? Heel interessant om dat allemaal uit te pluizen. Het voedde mijn alsmaar groeiende drang tot verzamelen.'

Hans Seegers begon in de loop van de jaren aan een boek waarin hij alle singles wilde beschrijven die wereldwijd door Bob Dylan uitgebracht waren. Fabrieken werden aangeschreven, platenmaatschappijen werden bezocht. Hij voltooide het werk niet. Wel deelt hij sinds enige tijd zijn enorme kennis met de rest van de wereld via de website www.searchingforagem.com, dat een weelde aan informatie bevat: hoesjes, technische details en toelichtingen. 'Vanwege fysieke problemen moest ik op een bepaald moment stoppen met mijn werk in de psychiatrie. Ik tuimelde in het begin in het spreekwoordelijke zwarte gat. Ik ben toen mijn collectie gaan onderbrengen in een computer. Met vallen en opstaan, want het werken met computerbestanden was grotendeels nieuwe materie voor mij. Het heeft mij door die enorm moeilijke tijd heen gesleurd. Dat doet het nog steeds. Het verzamelen van Dylan is een levensvervulling geworden die mij veel voldoening schenkt.'

Het resultaat daarvan is gedeeltelijk te vinden in de woonkamer van het moderne penthouse dat hij samen met zijn vrouw bewoont. De inrichting is smaakvol. Het uitzicht is adembenemend, maar wordt overtroffen door de overvolle platenkast met singles, elpees en ep's. Het meeste is Dylan, of direct gerelateerd aan de zanger. Dus ook veel folk van acts die, net als Dylan, begin jaren '60 in de koffiehuizen in New York optraden. Verder platen van tijdgenoten als Jimi Hendrix, Frank Zappa en Jefferson Airplane.

Het is overigens slechts een deel van zijn vele duizenden items tellende verzameling. 'Mijn vrouw vindt veertien meter muziek in de huiskamer wel voldoende,' legt Seegers uit. 'Ik kan mij daar wel iets bij voorstellen. Als je mij mijn gang laat gaan, staat er binnen de kortste keren drie keer zoveel. Bij wijze van compromis is de rest elders opgeborgen.'

Toch laat ook de aanwezige selectie zien dat hij over een van de meest uitputtende Dylan-collecties ter wereld beschikt. Singles uit alle windstreken. Elpees in de meest exotische persingen. Ep's met de mooiste hoesjes. Wat is het percentage dat hij in huis heeft van wat er ooit, op wat voor geluidsdrager dan ooit, van Bob Dylan verschenen is? Hans Seegers twijfelt. 'Ik denk 85 procent. Wellicht iets meer. Compleet zal het nooit worden. Dat is ook het aardige aan verzamelen: je bent nooit klaar.'

Hij heeft dus nog wel degelijk dingen op zijn wenslijstje. Zoals een obscure ep uit Venezuela. Of 78-toerensingles van Dylan die in de jaren '60 in India zijn verschenen. Van een enkele elpee of single zoekt hij een exemplaar die in een betere staat verkeert, want in dat opzicht is Seegers een perfectionist. Dat blijkt onder meer wanneer hij een stapeltje Japanse elpees overhandigt. De eerste albums, origineel en in een volmaakte staat. Alsof ze gisteren van de pers rolden. Ontroerend, zo mooi.

'Wanneer platen in een perfecte staat zijn, doe ik alles om dat zo te laten. Platen die gesealed zijn, dus nog in het plastic zitten, maak ik niet open. Vergelijk het met een postzegelverzamelaar. Voor hem is een ongebruikte postzegel, in maagdelijke toestand, het hoogst haalbare. Die zou er niet over piekeren om die alsnog op een brief te plakken. Zo moet je dat met platen ook zien. Als ik een plaat in handen heb die eruitziet alsof-ie zo uit de fabriek komt, geeft dat een fantastisch gevoel.'

'Ik koester mijn Japanse persingen,' vervolgt Hans Seegers. 'Er zijn diverse unieke compilaties verschenen die er heel mooi uitzien. Ook van reguliere platen wordt een enorm werk gemaakt. De obi's, de papieren banden om de hoes, zijn een lust voor het oog. Verder zijn het vrijwel altijd superieure persingen en bevatten de albums allerlei aantrekkelijke extra's. De liefde voor muziek is bij deze uitgaven echt tastbaar.

'Dit zijn albums die mijn liefde voor vinyl aanwakkeren. Er wordt wel eens gezegd dat vinyl altijd beter klinkt. Dat zal wel. Ik hoor dat niet zo. Ik ben dan ook niet mordicus tegen cd's. Ik heb talloze bootlegs op cd, simpelweg omdat die niet op vinyl verschenen zijn. Ik verzamel ook alles wat van Dylan op reguliere cd's verschenen is. In visueel opzicht wint het vinyl het echter op alle fronten. De klaphoezen, de tekstvellen. Juist dat maakt verzamelen zo leuk. En zoals ik al zei: Japan is een favoriet land.'

Hij bezit ook alle singles die ooit in Japan van Bob Dylan verschenen. Maar liefst 238 stuks. Tot voor kort ontbrak er nog een: de allereerste. Een onvindbaar plaatje. Tijdens een recente platenbeurs in Utrecht stond hij er toch oog in oog mee. Het kleinood was buitengewoon prijzig, maar moest vanzelfsprekend mee.

'Dat zijn de momenten waar het om draait. Je hebt hem nog nooit in handen gehad en daar is-ie dan! Wow! Ik moet hem dus meteen van alle kanten besnuffelen. Wat staat er aan informatie op? Hoe is de kwaliteit? Het vinden – die kick – is vaak dan ook leuker dan het hebben. Nu staat het stijf in de kast, tussen honderden andere singles en ben ik inmiddels op zoek naar het volgende hiaat in de collectie.'

'Ik ben verder gek op platen die eigenlijk nooit de fabriek hadden mogen verlaten. Dingen die niet horen te bestaan. Bijvoorbeeld elpees met op beide kanten dezelfde nummers. Of platen met op kant A de juiste nummers en op kant B songs van een totaal ander album. Of albums waar bij het masteren een fout is gemaakt. Ik heb een Britse persing van *Desire*, waarop je Emmylou Harris aan het eind nog net hoort zeggen: "You fucked it up!"' Breed lachend: 'Heerlijk vind ik dat.'

'Nee, grenzen in wat ik bereid ben te betalen heb ik niet. Dat bepaal ik per item dat aangeboden wordt. Maar als ik het gevoel heb dat het mij dat waard is, en ik kan het mij veroorloven, dan koop ik het ook. Ik stel wel een grens aan wat ik verzamel. Een huidige hype zijn promo's op cd-r: opneembare cd's. Sommige mensen tellen daar een fortuin voor neer. Voor mijn gevoel zijn dat dingen die iedereen thuis in elkaar kan knutselen. Waardeloos dus. Neppers. Ik koop alleen cd's als er een echte glasmaster aan te pas is gekomen. Gebrande cd's zijn geen cd's met verzamelwaarde.'

Nieuwe aanwinsten treft Hans Seegers vooral aan op platenbeurzen. Reguliere winkels hebben hem weinig meer te bieden. Verder ruilt hij met de contacten die hij wereldwijd heeft opgebouwd. Ook eBay is aan hem niet voorbijgegaan, al voegt hij er meteen aan toe dat dit een frustrerend fenomeen kan zijn. Diverse keren stuurde hij geld op, waarna het gekochte item nooit bij hem aankwam. Of mensen verkopen knollen voor citroenen. Zoals een Turkse handelaar die hem een ep uit Iran verkocht, met daarop *All Along The Watchtower*. Van Dylan, dat meldde de advertentie. Het bleek echter een uitvoering van Jimi Hendrix te zijn. 'Die verzamel ik niet, dus wil ik mijn geld terug,' verzucht Hans Seegers. 'En dat dreigt nog een hele klus te gaan worden.'

Een koffertje dat hij in een hoek van de woonkamer opduikt bevat nog meer schatten. Het zijn tientallen acetaten: vroege proefopnamen, die meestal in de studio gemaakt werden, zodat de kersverse opnamen ergens anders beluisterd konden worden. De oplagen zijn zelden groter dan een handjevol. Vaak gaat het om versies van nummers die afwijken van de uiteindelijke uitvoeringen die de reguliere platen bereiken. Zoals ook blijkt uit de inhoud van het koffertje. Al bladerend komt menige mijlpaal uit de popgeschiedenis voorbij. Zoals een acetaat van een maxisingle van *Hurricane*, die nooit uit zou komen. Of afwijkende versies van klassiekers als *Like A Rolling Stone*, *Highway 61 Revisited*, *Tomorrow Is A Long Time* en *Just Like A Woman*. Ook heeft hij het complete John Wesley Harding-album op acetaat. Twee eenzijdig bespeelbare plakken, gemaakt van een zwarte substantie die geurt zoals alleen acetaten dat doen. De donkere lucht van olie.

Het is een – letterlijk – onbetaalbare ervaring om dat allemaal door je handen te laten gaan.

Hans Seegers benadrukt dat hij slechts bij uitzondering anderen een dergelijke blik in zijn collectie gunt. 'Ik heb mensen over de vloer gehad die niet te vertrouwen bleken te zijn. Ze kregen tijdelijk last van een verlaagd bewustzijn, dat hen in staat stelde om dingen te stelen. Op zo'n moment realiseren ze zich niet dat het ooit uitkomt. Hij heeft zoveel, dat zal-ie wel niet missen, denken ze dan. Het ergste is misschien wel dat ik het niet doorzag. Sommige platen heb ik weer terug kunnen kopen, andere zoek ik nog. Dat zijn vreselijke ervaringen. Nu ontvang ik alleen nog maar mensen die ik heel lang ken en in de loop van de jaren heb leren vertrouwen. Verder woon ik op een locatie waar inbrekers geen schijn van kans hebben. Dat is ook niet voor niets.'

'Het psychische effect dat mijn verzameling heeft op sommige medeverzamelaars is soms verbazend. Ik heb mensen gehad die helemaal van de kook raakten. Uit hun dak gingen. 2500 cd's van Dylan, dat kon niet. Je zult maar bijvoorbeeld in de Betuwe of een Drents dorp wonen en daar te boek staan als de grootste verzamelaar van Dylan in de regio. Zo iemand raakt al gefrustreerd als hij mijn dozen met vierhonderd singles ziet. Zoveel heeft hij nog nooit bij elkaar gezien. Als ik dan moet vertellen dat dit slechts mijn ruilmateriaal is, is het hek helemaal van de dam. Zo'n man wordt eerst boos op zichzelf, dan op mij en verkoopt uiteindelijk zijn hele collectie. Als je dat een paar keer hebt meegemaakt, houd je de deur dicht. Nee, een offer is het niet. Het zijn toch al geen mensen die ik graag in mijn omgeving heb.'

'Het is raar wat verzamelen met mensen kan doen. Ik heb in die wereld vrienden gemaakt, maar dus ook ondervonden dat het het slechtste uit mensen kan halen. Het ergste zijn verzamelaars van Nederbeat, een genre dat ik ook ooit verzamelde. Een slangenkuil is het. Het zijn mensen die gedreven worden door hebzucht en jaloezie. Of domheid. Ooit ben ik naar de andere kant van het land gereisd om daar een single te ruilen. Kwam ik binnen bij een boekhouder, die al zijn singles bewaarde in een boekhoudkast. Hij noteerde al zijn aanwinsten in een boekhoudboekje. Omdat de singlehoesjes net wat te groot waren voor de kast, knipte hij die af.' Met overslaande stem: 'Dat is heiligschennis! De plaatjes draaide hij niet, want de muziek hoefde hij niet te horen.

Dat soort mensen spreken mij dus niet aan. Ik was dat wereldje op den duur zo beu dat ik mijn hele verzameling Nederbeat en Nederlandse rock-'n-roll verkocht heb. Ik had alles compleet, dus de lol was daar toch al een beetje af.'

Hij vertelt nooit overwogen te hebben het mes in zijn Dylan-collectie te zetten. Het is inmiddels bijna een dagtaak, eentje die hij blijmoedig vervult. Zijn liefde voor Dylan is ongebroken, al erkent hij dat die wel een paar keer onder druk heeft gestaan. Hij beaamt volmondig dat *Self Portrait*, een dubbelaar uit 1970, enkele aardige nummers bevat, maar als geheel Dylan onwaardig is.

Hij kijkt ook met gemengde gevoelens terug op de religieuze periode van Bob Dylan, die gemarkeerd werd door de albums *Slow Train Coming* en *Saved* uit 1979 en 1980. 'Vooral vanwege mijn eigen achtergrond had ik daar moeite mee. Aan de hand van Dylan was ik de kerk uitgelopen. Nu zat hij daar zelf pontificaal in. Ik heb gewacht tot de bewuste platen in de uitverkoopbakken lagen. Toen pas nam ik ze mee.'

'Toch kenmerkt ook dit de man. Altijd tegendraads. Net zoals hij in de jaren '60 de massa tegen zich in het harnas joeg door van akoestische folk over te schakelen op elektrische rock. In Engeland werd hij voor Judas uitgemaakt. In zijn eigen land konden de puristen zijn bloed ook wel drinken. Dylan ging echter onverzettelijk door. Later werd duidelijk dat hij juist toen zijn meest baanbrekende muziek maakte.'

'In dat licht kan ik zijn bekering ook wel begrijpen. Hij was in de jaren '60 al intensief bezig met zijn joodse wortels. In 1962 schreef hij bovendien o.a. al het nummer *Talking Devil*, waarin het geloof ook een belangrijk thema was. Ik wist bovendien: het komt wel weer goed met Dylan. Wat ook gebeurde.'

Op de vraag of hij de man die zoveel voor hem betekent ooit ontmoet heeft, reageert Hans Seegers door met het hoofd te schudden. 'Ik heb hem voldoende gezien. Op een podium, soms op luttele meters afstand. In totaal tot nu toe 409 keer. Dat is voldoende. Wat zou ik met hem moeten bespreken? Ik weet meer van hem dan hijzelf. Ik heb ooit Paul Williams te gast gehad, die een biografie over hem heeft geschreven. Hij vertelde mij: "Mocht je hem ooit spreken, heb het dan niet over zijn platen. Of over zijn teksten. Bied hem een biertje aan en praat over het weer. Dat vindt hij veel prettiger." Ik ga daar dus geen moeite voor doen.'

'Ik vraag ook af of hij er werkelijk op zit te wachten. Hij is een sociaal mens, dat echter niet graag communiceert. Dat lijkt een contradictie, maar dat is het niet. Hij doet ontzettend veel voor anderen. Hij ondersteunt instellingen voor gehandicapten in New York. Hij doet nog veel meer. Zijn voorwaarde is altijd: dit doe ik, maar laat mij er verder buiten. Hij wil absoluut niet koketteren met zijn betrokkenheid bij goede doelen. Dat siert een mens.'

'Zijn muziek heeft mijn leven op talloze manieren gestuurd en verrijkt. De collectie die ik heb, de mooie muziek waarvan ik kan genieten, de levenslust die het mij gaf, de concerten die ik nooit zal vergeten en de vrienden die het mij opgeleverd heeft – dat is wat Dylan voor mij betekent. En voor velen met mij. Wat Dylan teweeggebracht heeft, is zoveel groter geworden dan de persoon die hij is. Een ontmoeting zou daar dus niets aan toevoegen.'

1 Blind Willy McTell

2 Dirge

3 Dark eyes

4 Polly Vaughan

5 It's hard to be blind

6 I was young when I left home

7 Desolation row

8 4th time around

9 Ballad for a friend

10 Tomorrow is a iong time

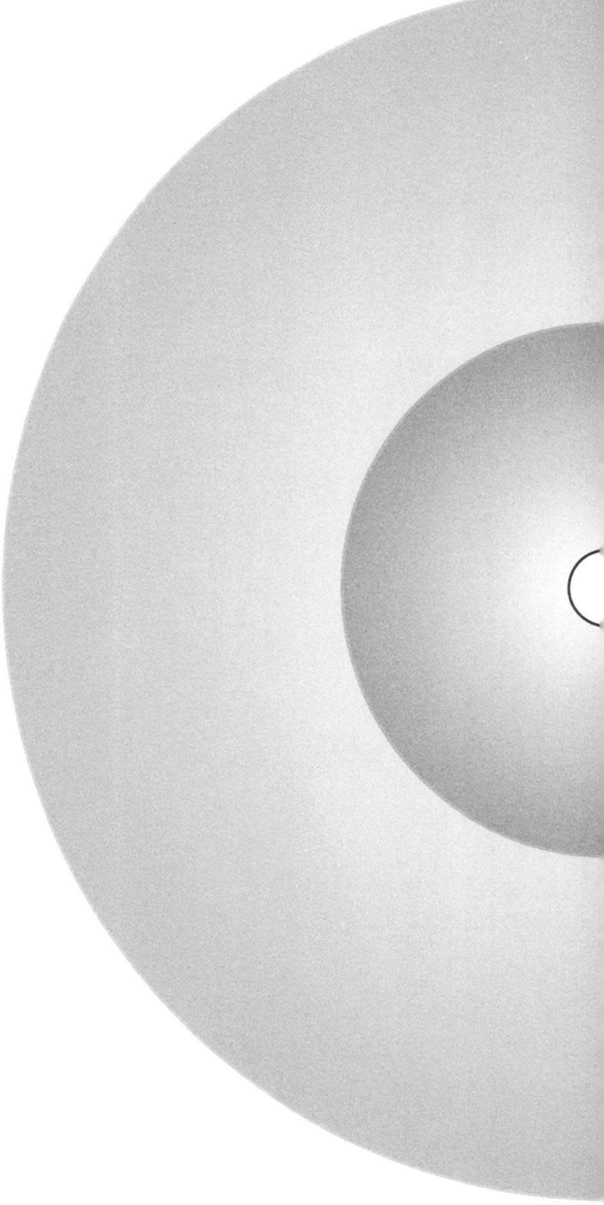

KITSCH

Berend Dubbe

Berend Dubbe (1961) was tot 1998 drummer van de Nederlandse gitaarband Bettie Serveert. Na zijn vertrek formeerde hij Bauer, een groep die hij vernoemde naar een filmprojector. Met zijn muzikale partner Sonja van Hamel maakt hij platen waarop hij geïnspireerd blijkt door veertig jaar pop, easy listening, filmmuziek en rock uit alle windstreken. Het muzikale avontuur levert hem veel goede recensies op, plus in 2000 een Zilveren Harp.

Berend Dubbe – prominente bril, bronzen stem en tijdloos tenue – blijkt een smakelijk verteller. Met precies de juiste combinatie van ironie en verwondering legt hij uit hoeveel schoonheid er kan schuilen in onvermogen. Over mensen die gespeend zijn van elke vorm van muzikaal talent, maar verblind door de sterren van hun tijd al hun spaargeld storten in de bodemloze put van een gedoemde platencarrière.

Een *carrièremove* die niet zelden resulteert in zoldervloeren die bijna bezwijken onder de dozen met onverkochte platen. Groter dan een groepje welwillende vrienden en kennissen bleek het potentiële publiek vaak niet te zijn. Glimlachend: 'Ik kom wel eens in een platenzaak. Zie je een hele rij van dezelfde gesealde elpees van een of ander onbeduidend orkestje. Een triest gezicht. Daar gaan soms drama's achter schuil.'

'Ik vind dat fascinerend,' licht hij toe. 'Hoe komt het dat bij sommige mensen het besef totaal ontbreekt dat wat ze doen echt intens slecht is? Ik heb een zwak voor die mengeling van naïviteit en totale overgave. Ik heb het dan bijvoorbeeld over een orkestje dat in de lobby van een hotel speelt en zich vergrijpt aan een complex stuk als *MacArthur Park*. Het origineel is een weelderig georkestreerd nummer, maar dat soort combo's volstaan dan met zang, drum en bas. Zo'n band perst dan vijfhonderd platen om te verkopen aan hotelgasten. Ik koop alles wat ik in die sector tegenkom en laat zeker nooit een overmoedige bewerking van *MacArtur Park* aan mijn neus voorbijgaan.'

In het appartement van Berend Dubbe is muziek alomtegenwoordig. In vele dimensies. Een zijkamer doet dienst als studio. Verder, in de gang en in de woonkamer, overal platen. Vooral elpees. Stapels en rijen. Op de grond en in een grote kast. Hij schat de omvang ervan op ongeveer 10.000 stuks. Vanwege ruimtegebrek staat een deel bij zijn ouders.

Boven de bank hangt een intrigerende foto van een tafereel dat lijkt te stammen uit het eind van de jaren '60. Enkele hippieachtige types zitten op het gras – van het Vondelpark? – en worden met zichtbare argwaan gadegeslagen door passerende burgers. Een mooi beeld van een breed gapende generatiekloof.

Uit meubels, parafernalia en plaatjes die de ruimte vullen, blijkt dat hij een zwak heeft voor dit tijdperk: de late jaren '60, de vroege jaren '70. Muziek klinkt uit twee reusachtige vierkante, met vilt bekleedde luidsprekers van Bose. Topmodellen van het merk in de tijd dat Elton John nog zijn eigen haar had...

De muzikale voorkeur van Berend Dubbe ligt in dat verleden. En nog dieper terug in de tijd. 'Ik heb veel platen met musicals uit de jaren '40 en '50. Ik ben opgegroeid met Frank Sinatra. Mijn vader verzamelde zijn platen. Dat heeft ook sporen nagelaten. Om diezelfde reden heb ik veel van Burt Bacharach en The Carpenters. Nee, voor mij is dat geen muziek met een ironische knipoog. Ik vind het echt mooi. Het is het geluid van mijn jeugd. Daar is het allemaal begonnen.'

'Ik luister verder erg graag naar softpop, met weidse orkestrale arrangementen en een belangrijke rol voor meerstemmige zang. The Free Design, Spanky And Our Gang, The Left Banke en The 5th Dimension.'

'Mijn grote muzikale liefde is The Beach Boys. Dat is een band die mij de afgelopen jaren veel geld heeft gekost. Ik heb bijvoorbeeld alle uitvoeringen die bestaan van het onvoltooide meesterwerk *Smile*. Toen ik jonger was, kende ik vooral hun surfsongs. Pas een jaar of twintig geleden ben ik mij echt in hun materiaal gaan verdiepen en stuitte ik op een enorme muzikale rijkdom.'

'Wat mij enorm aanspreekt is dat het complex gearrangeerde muziek is, die desondanks eenvoudig klinkt. Het vergt veel talent om dat voor elkaar te krijgen. Verder zingen The Beach Boys zoals ik zing. Of zou willen zingen. De muziek werd beter toen de opzet bescheidener werd. Mijn favoriete plaat is om die reden misschien wel *Friends* uit 1968. Ik sla dat album misschien nog wel hoger aan dan *Pet Sounds of Smile*. Van The Beach Boys zelf houd ik misschien nog wel meer dan van The Beatles of iemand als Scott Walker, terwijl die laatste toch echt een held van mij is.'

'Ik geloof niet dat er ooit een dag voorbijgaat zonder dat ik naar The Beach Boys luister. Ik draai uiteraard regelmatig hun elpees, maar ook als ik de bandnaam voorbij zie komen op het schermpje van mijn iPod kan ik de verleiding zelden weerstaan.

Elke keer is het weer raak. De muziek raakt me diep in het hart. Tranen met tuiten. Eerlijk waar. Zo ontroerend mooi.'

Vochtige ogen levert ook een ander deel van zijn collectie op, maar dan veroorzaakt door hilariteit. Begin jaren '90 raakte Berend Dubbe in de ban van exotica. Zoals velen werd hij onder meer op het spoor gezet door de twee delen van de onvolprezen *Incredibly Strange Music*-boeken, die in Amerika verschenen. Dankzij deze boekwerken werd de jacht geopend op het rariteitenkabinet van de popmuziek. Van vrome en – uiteraard – kinderrijke gezinnen die vals zingend hun geloof belijden, tot schetterende orkestjes die muziek maken waarbij moeder de vrouw dient te strippen. 'Het is ontzettend leuk om naar dat soort platen op zoek te gaan. Ze werden in de jaren '60 en '70 vooral in Amerika gemaakt. Op de een of andere manier dook iedereen die ook maar iets te melden had, of dacht dat-ie kon zingen, de studio in. Sommige platen zijn echt niets, maar een klein deel ervan is onbedoeld vreselijk grappig.'

Een van Berend Dubbes favorieten is *Philosophy Of The World* van The Shaggs; drie (later vier) zussen zonder een spatje gevoel voor maat of melodie, die desondanks door een ambitieuze vader de studio ingedreven werden voor een plaatopname. Tegen een decor van zwevende tempo's, zwalkende solo's en slecht geplaatste akkoorden zingen de dames over de zin van het leven en de waarde van het geloof. Erg vals, dat spreekt. *Philosophy Of The World* groeide uit tot een cultplaat van de hoogste orde. Berend Dubbe coverde ooit met zijn band Bauer de track *We Have A Savior* voor een eerbetoon aan het illustere gezelschap *Better Than The Beatles*.

'Ik heb ook drie platen van ene Merrill Womack, waarvan een met een foto van de beste man voor en na een vliegtuigongeluk. Het zijn geen platen waarvoor je veel moet neertellen. Een dollar, dan is het nog leuk. Ik heb veel van dergelijke platen gekocht tijdens de tournees die ik met Bettie Serveert door Amerika heb gemaakt. Koffers vol. In New Orleans ben ik eens in een winkel verzeild geraakt waar de bakken vol stonden met Moog-platen, vaak thematisch opgezette albums, met een hoofdrol voor deze antieke synthesizer. Onder meer van Dick Hyman. Ze moesten een halve dollar per stuk kosten. Dat is prettig winkelen.

'Het is kitsch van de bovenste plank, maar o zo amusant. Ik heb bijvoorbeeld twee *Country Moog*-albums, waarop countryklassiekers met een synthesizer gespeeld worden. Zo *fucked up* dat het onthutsend is. De mensen die dergelijke gedrochten gemaakt hebben, zouden eigenlijk zwaar gestraft moeten worden.'

Berend Dubbe graaft met aanstekelijk enthousiasme in zijn collectie. Van alles komt bovendrijven. Zoals instructieplaten voor parkieten, waarbij de naald eindeloos in dezelfde groef blijft hangen. Die plaat kon je aan het begin van de dag opzetten. Als alles goed ging, begroette de gevederde vriend je dan 's avonds met 'hello baby'.

Ook altijd leuk: progressieve muziekleraren die de ongeschoolde handjes en stembandjes loslieten op popklassiekers. Berend Dubbe grijnst. 'Een Zwolse schoolklas die *Fox On The Run* van The Sweet of *Dreamer* van Supertramp naar zich toe trekt. Onbetaalbaar! Ook daar werden platen van gemaakt, voor de ouders. Heel beroemd onder verzamelaars zijn de twee albums die medio jaren '70 in Amerika werden gemaakt in het kader van het Langley School Project. Een onderwijzer liet plattelandskindertjes tientallen popklassiekers zingen. De twee elpees zijn een paar jaar geleden opnieuw uitgebracht. Gelukkig! Vooral de interpretatie van *Space Oddity* van David Bowie is te bizar om waar te zijn.'

'In Amerika zijn ook veel popplaten gemaakt rond een religieus thema. Nummers waarin gewaarschuwd wordt tegen Satan zijn altijd leuk. Helemaal top zijn albums waar op een onbeholpen hippe manier Jezus aan de man gebracht wordt. "Groovy man, Jesus is cool!" Een plaat waarvan ik een uitgesproken nare smaak in de mond kreeg was degene waarop een stel anti-abortusactivisten het stemmetje van een ongeboren vrucht vertolken.' Met piepstem: '"Let me live." Heel ziek. Zo'n plaat berg ik op en wil ik nooit meer horen. Maar ik wil hem natuurlijk wel hebben.'

Dubbe speurt vooral naar platen die bijzondere geluiden, muziekjes of praatjes bevatten. In die laatste categorie vallen de singles met gesproken boodschappen, die in een grijs verleden vanuit overzeese rijksdelen naar het thuisfront werden gestuurd. 'Hoor je Jan zeggen: "Maar het belangrijkste dat ik je nog wilde vertellen is..."' Schaterend: 'En dan is net dat plaatje afgelopen. Dat zijn de mooiste dingen die er zijn. Reclamesingles, ook daar koop ik mij gek aan.'

Berend Dubbe meldt dat de markt voor exotische platen de afgelopen jaren verpest is. De belangstelling van verzamelaars en deejays hebben de prijzen tot gigantische hoogten opgestuwd. 'Ik loop dan door Londen en zie in een winkel *The Plastic Cow That Goes Moog* hangen voor 150 pond. Dat is waanzin. Want laten we wel zijn, zo goed zijn die platen helemaal niet. Ze zijn vaak grappig, maar alleen interessant wanneer je er niet veel voor hoeft te betalen. Op het moment dat je dergelijke exorbitante bedragen moet neertellen voor mislukte grappen, is de lol er goed af. Ik houd zelf een bovengrens van 150 euro in acht. Het moet echte liefde blijven. Als je veel meer voor een plaat betaalt, is het toch een beetje alsof je naar de hoeren bent geweest.'

Platen waar regelmatig dergelijke prijzen voor betaald worden zijn zogenaamde 'stockalbums'. Dat zijn elpees met (hoofdzakelijk) instrumentale muziek. Die komen terecht in discotheken van radio- en televisiestations. Ze mogen door bijvoorbeeld filmers en documentairemakers gebruikt worden om beelden en reportages mee op te luisteren. Het is muziek die nooit op een reguliere wijze wordt uitgebracht. De oplagen van die platen zijn ook nog eens klein, dus zijn het gewilde items. Ooit kon je die elpees overal voor weinig scoren. Sinds deejays ze ontdekten zijn de prijzen omhoog gevlogen.

'Het is de hype van het moment. Voor mij is het vooral gebruiksmuziek. Samples ervan komen terug in de muziek die ik met Bauer maak. In dat opzicht heeft mijn verzamelwoede een flinke impact gehad op de manier waarop ik componeer. Zeker op onze recente cd *Baueresque*. Vroeger was het vertrekpunt een akkoord of een melodielijn. Het is nu vrijwel altijd een sample.'

De 'stockalbums' mogen dus als een prettig appeltje voor de dorst beschouwd worden. De stapels bevatten meer pareltjes. Zoals *Holland* van The Beach Boys met de extra single. Hij heeft veel psychedelica uit de jaren '60 die erg waardevol is. Een andere passie van Berend Dubbe zijn soundtracks, vooral die van de films van Alfred Hitchcock, zoals *Vertigo* en *North By Northwest*. 'De soundtrack van zijn *Psycho* was zelfs de eerste dure plaat die ik ooit kocht: 100 toenmalige guldens, in een winkel in Antwerpen.'

Een ander pronkstuk is de elpee *On Television* van Scott Walker, met nummers die hij alleen voor een televisieshow vertolkte, maar nooit op een regulier album terechtkwamen. 'Ik heb daar ooit 150 gulden voor betaald. Nu is het nog veel meer waard.'

Een echte wenslijst heeft hij niet, al zou hij wel graag de originele elpee hebben met daarop de filmmuziek voor William Friedkins *The French Connection*. Echter, onlangs verscheen een gelimiteerde versie op cd. Voorlopig voldoet die.

Berend Dubbe koopt zijn platen meestal in winkels, maar bezoekt ook regelmatig beurzen. Aan de verlokkingen van eBay heeft hij zich nog niet helemaal overgegeven. 'Ik neus er soms wat rond en weet dat je daar alles op kunt vinden, maar ik zou daar failliet aan kunnen gaan. Het snuffelen in een platenwinkel blijft gewoon het leukst. Je weet nooit wat je te wachten staat. Het moment dat je een plaat uit de bak trekt die je al lang zoekt, blijft heel bijzonder. Kippenvel! Een gevoel van verliefdheid.'

'Het kan net zo goed heel frustrerend zijn. Wie kent niet het gevoel dat je net de verkeerde bak hebt uitgekozen. Terwijl jij vruchteloos door de bak gaat, trekt je buurman de een na de andere prachtplaat uit die van hem. De eikel. "Hou je die, of zet je die straks terug?" hoor je jezelf dan vragen, net wat te snel en een octaaf te hoog.'

'Ik kom vrij veel in het buitenland. New York is duur. Net als Londen. Net buiten de grote steden kun je nog wel eens succes hebben. Zweden is een hip land op muziekgebied en daar zijn de prijzen nog acceptabel. Het paradijs voor de elpeeverzamelaars is Japan. Ik ben er één keer geweest. Ik zocht al jaren de eerste plaat van France Gall, maar kwam hem nergens tegen. In een Japanse winkel hadden ze er twintig. Alles is daar te koop, tot aan de meest obscure bandjes toe. Maar tegen een prijs. Als ik daar vaak zou zijn, zou het ook mijn bankroet betekenen.'

Hij koopt zijn meeste muziek nog altijd op elpee. Oude muziek klinkt vaak beter op de oorspronkelijke elpees, vindt hij. 'Een originele single van The Beatles draaien is veel leuker dan een cd opzetten. Zeker omdat die cd's van The Beatles dramatisch klinken. Ik zweer daarnaast bij het originele mono. Vergelijk de mono- en stereoversies bijvoorbeeld eens van *My Generation* van The Who. De eerste is zoveel dynamischer.'

Ook nieuwe titels probeert hij op vinyl te pakken te krijgen. 'De plaat van iemand als Sufjan Stevens oogt en klinkt prachtig. Ik heb ook The Polyphonic Spree op plaat. Ik dacht dat ik dat goed zou vinden, die blije, massale koorzang, maar ik vind het te nep. Ze lopen mij net wat te blij te doen.'

'Ik vind vinyl prettig vanwege het feit dat de muziek opgedeeld is in behapbare stukken van twintig minuten. Dat *Illinois* van Sufjan Stevens is op cd veel te veel ineens. Loodzwaar. Verdeeld over de vier kanten van een dubbelelpee is het in etappes te ondergaan. Mij bevalt dat veel beter. Overigens ben ik geen gelovige, een purist die alleen maar met vinyl aangetroffen wil worden. Ik kan ook intens genieten van een cd, of van de nummers die ik op mijn iPod heb opgeslagen.'

Op de vraag of zijn eigen oeuvre ook consequent op vinyl is verschenen trekt Berend Dubbe een tikje schuldbewust de schouwers op. 'Van Bettie Serveert is het meeste op elpee uitgekomen, van Bauer tot nu toe alleen *Baueresque*. En mooi ook. Natuurlijk zou ik graag zien dat de twee eerdere platen ook op vinyl uitkwamen.'

De lol die Dubbe beleeft aan zijn collectie is bijna tastbaar. Vormt het bezit en het verzamelen ervan ook wel eens een last? Hij weifelt. 'Ik zit er wel eens mee dat ik zo breed verzamel. Er zijn mensen die van zichzelf zeggen: "Ik heb alles, van ABBA tot Zappa." Zo extreem breed vind ik dat helemaal niet.'

Hij springt op om zijn betoog kracht bij te zetten, maar faalt daar enigszins in wanneer hij linksboven uit de platenkast wel degelijk een elpee van het legendarische Zweedse kwartet trekt. Rechtsonder heeft hij meer geluk. Hekkensluiter is *Sing And Play The Three Doctors And Other Sounds of Today* van de Amerikaanse

Zip Code Rapists. Een waanzinnig ratjetoe van liedjes en performances. Berend Dubbe is in elk geval tevreden. "Van ABBA tot Zip Code Rapists" klinkt in elk geval goed.

'Maar goed, dat verzamelen. Als je alleen Bob Dylan verzamelt heb je het relatief eenvoudig. Je kunt je aandacht volledig op één artiest richten. Je weet precies wat je hebt en wat je mist. Muziek bestaat voor mij uit lagen. Er is zoveel gemaakt. Ik kom steeds dieper en ontdek zo steeds meer. Ik vind zoveel mooi. Zo blijf je maar kopen. Het geeft een onrust waar ik wel eens moe van word. Met het kopen van klassieke muziek ben ik voorlopig gestopt. Aan singles ben ik zelfs nooit begonnen. Ik loop ook altijd met een grote boog om 78-toerenplaten heen. Jazeker, pure zelfbescherming. Maar kinderplaten kan ik nog steeds niet laten liggen.'

'Ook het bezit van al die platen drukt wel eens op mij. Verhuizen? Ik moet er niet aan denken! Onlangs werden we aangeschreven. We zouden een nieuwe pui krijgen, omdat buren last hadden van vochtige muren. Ik moest dan vier maanden ergens anders gaan wonen en alles ontruimen. Dat is een nachtmerrie. Al mijn platen en dvd's. En dan de studio nog eens. Dan word je wel even geconfronteerd met de keerzijde van het verzamelen. Gelukkig werd de hele onderneming onlangs opgeschort.'

Hebben deze overwegingen al tot drastische maatregelen geleid? Dubbe schudt het hoofd. 'Nee, ik blijf ondanks alles voorlopig kopen.'

Bij het afscheid drukt Berend Dubbe mij, een tikje ten overvloede, op het hart dat hij een verzamelaar is waarbij de muziek het belangrijkst is. 'Ik geniet ervan, of gebruik het in Bauer. Ik kick niet op een Poolse persing van *Sgt. Pepper's* van The Beatles of een plaat van The Rolling Stones met een persfoutje. Hoewel, een kennis van mij heeft een elpee van de Engelse gitarist Eric Clapton. Alleen hebben ze een fout gemaakt. In koeienletters staat zijn naam gespeld als "Crapton." Kijk, zo'n juweeltje zou ik graag aan mijn collectie toevoegen.'

Mijn fijnste platen: maart 2006.

1. Bill Evans; 'From Left To Right'.
2. M'n 'Free Design' collectie
3. M'n 'MOOG' collectie
4. Peter Wyngarde 'When sex leers it's inquisitive head'
5. Jerry Goldsmith 'Chinatown' OST.
6. De 'Pebbles' 60's serie (? stuks)
7. Scott Walker; 'Scott'
8. Gilbert O'Sullivan; 'Himself'
9. Frank Sinatra: 'Watertown'
10. M'n 'Vanity pressings'.

Help!

ALLES

Stephen Dewaele (Soulwax)

Stephen Dewaele (1970) is samen met zijn vijf jaar jongere broer David de spil van de Belgische rockband Soulwax. Het tweetal groeide op te midden van de immense platencollectie van hun vader Zaki Dewaele, in de jaren '70 bekend als presentator van diverse jeugd- en muziekprogramma's op de Belgische radio en televisie. Stephen lijkt aanvankelijk in de voetsporen van zijn vader te treden, maar kiest toch voor het zelf maken van muziek. De broers hebben naast Soulwax internationaal succes als deejays, eerst als de Flying (ook wel Fucking) Dewaele Brothers, later als 2 Many DJ's.

Stephen Dewaele is een drukbezet mens. Wat heet: na een aantal optredens in Europa is hij net terug in Gent. Morgen wacht het vliegtuig naar Australië, waar hij zal optreden met Soulwax. Er zijn ook data gepland voor 2 Many DJ's, het deejay duo dat hij met zijn broer vormt. 'Vandaag pak ik mijn koffers en regel de hoognodige zaken. We blijven drie, vier weken weg. We moesten ook nog een mix maken voor een modeshow van een Belgische modeontwerpster in Parijs. We hebben daarvoor oude nummers van Roxy Music gebruikt. Het kostte meer tijd dan we verwacht hadden.' Lachend: 'We hebben het enorm druk, ja. Ach, het is beter dan zwemmen in je tijd.'

Stephen en David Dewaele zijn onafscheidelijk. Ze vormen de spil van Soulwax en treden gezamenlijk op als deejays. Toch is Stephen de enige vinylfanaat van de twee. 'Ik heb van ons tweeën zeg maar 95 procent van die gedrevenheid. David is erg goed met apparatuur, zoals computers en het opnamesysteem Pro Tools. Ik loop hem daarin niet voor de voeten. Ik ben goed in verzamelen en hij laat mij daarin mijn gang gaan. In dat opzicht vormen we een perfecte combinatie.'

Stephen Dewaele vertelt dat hij al zo vroeg verliefd werd op muziek, dat hij het zichzelf niet meer kan herinneren. 'Mijn vader presenteerde vanaf het einde van de jaren '60 muziekprogramma's op de Belgische televisie. Hij was de Belgische tegenhanger van Ad Visser.' Lachend: 'Alleen is mijn vader niet de new age in gegaan.'

'Vanwege dat werk van mijn vader lag ons huis altijd vol platen. Plus de biografietjes en foto's die meegestuurd werden. Ik heb een enorm visueel geheugen. Ik hield altijd in de gaten wat er binnenkwam en bekeek de hoezen van alle kanten. Als ik nu, jaren later, in een platenwinkel kom herken ik vlekkeloos welke platen mijn vader ook had en waar die bij hem in de kast stonden.'

'De eerste keer dat ik werkelijk door muziek werd gegrepen, kan ik mij inderdaad niet meer herinneren. Ik heb het veel later van mijn moeder gehoord. Ik was een jaar of vijf toen ik op de Duitse televisie de film *Help* van The Beatles zag. Ik was er helemaal weg van. Mijn moeder heeft toen ongeveer aangegeven waar in de gigantische collectie van mijn vader de soundtrack te vinden moest zijn. De verzameling stond niet op alfabet, dus ik heb weken gespit. Toen ik hem eenmaal had gevonden, heb ik de plaat eindeloos gedraaid. Kennelijk vond ik die muziek toen al geweldig. Nogmaals, ik kan het mij zelf helaas niet meer herinneren.'

'Een paar jaar later, ik was acht of negen jaar oud, stuitte ik op de hoezen van Van Halen, AC/DC en Motörhead. Die muziek knalde er goed in. Vooral *Bomber* van die laatste band. Ik bekeerde mij terstond tot het hardrockgeloof. In die periode schafte ik ook mijn eerste plaat aan. Bij Music Man in Gent, de winkel bestaat nog steeds. Ik zal het nooit vergeten: *Axe Attack*, een compilatie op het budgetlabel K-tel. Ik wilde die plaat hebben vanwege een versie van Bomber die gespeeld werd door Motörhead en de meidenband Girlschool. Al mijn zakgeld ging daaraan op. Mijn ouders snapten er niets van. Stond het huis niet al vol met duizenden platen? Had mijn vader de elpee niet kunnen aanvragen bij de platenmaatschappij? Dat klonk misschien heel logisch, maar ik had toen al de behoefte om mijn eigen collectie op te bouwen. Te midden van die gigantische verzameling van mijn vader.'

'Al snel ging al mijn zakgeld in platen zitten. Ik concentreerde mij met name op elpees waarvan ik wist dat mijn vader die toch niet zou krijgen. Albums op onafhankelijke labels, bijvoorbeeld. *If I Die, I Die* van The Virgin Prunes bijvoorbeeld. Of de eerste platen van de Belgische band Front 242. Ik had al snel een rijtje van vijftig elpees. Keurig op alfabetische volgorde.' Lachend: 'Daar was ik heel erg mee bezig. Ik had ook al vlot een eigen stereotoren. Muziek was alles voor mij.'

Stephen Dewaele vertelt dat zijn vader medio jaren '80 een radiozender begon. Zoonlief mocht een uurtje platen draaien. 'Het was mijn eerste klus als deejay. Dolgelukkig was ik. Ik voelde dat ik wat muziek betreft helemaal serieus genomen werd. Het was een droom die werkelijkheid werd. Pas later, rond mijn achttiende, ben ik met David een band begonnen. Muzikant zijn is, naast vinyl verzamelen, mijn andere grote passie.'

Stephen Dewaele bekent dat hij zich in de loop van de jaren ontpopt heeft tot een maniakaal platenkoper. Hij schat zijn collectie op

50.000 tot 60.000 stuks. 'Twee jaar geleden heb ik een pact met de duivel gesloten. In dit geval: mijn vader. Ik heb zijn complete collectie overgenomen. De platen staan deels bij mij thuis, deels in de studio. Het is gigantisch. Het moet nodig uitgezocht worden. Het barst ongetwijfeld ook van de doublures. Ik ben alleen heel slecht in het wegdoen van platen. Ook die muzikaal slecht zijn. Je weet nooit of je ze ooit nog ergens voor kunt gebruiken.'

'Ik krijg ook veel. Slechte dance bijvoorbeeld. Vrienden brengen het met bakken tegelijk naar beurzen. Ik kan dat niet. Toch zal ik ooit moeten gaan schiften en uitzoeken. Ik zag een keer een interview met Jules Deelder. Op de achtergrond stond zijn platenkast. Die oogde als een oase van orde en overzicht. Ik zou dat ook wel willen: zo'n geordende bibliotheek vol platen.'

'Ik vraag mij het wel eens af: waarom verzamelt een mens? Ik heb daar niet zo'n goed antwoord op. Ik koop veel omdat ik het ooit als deejay denk te gaan gebruiken. Er is ook geen grens tussen wat ik koop voor mijn werk of voor thuis. Dat loopt dwars door elkaar heen. Ik geloof dat ik graag zoveel mogelijk verschillende muziek in huis wil hebben, zodat ik kan opzetten wat ik op dat moment wil horen. Het is ook de ideale manier om op de hoogte te raken van de pophistorie.'

'Verder vind ik het spitten heel leuk. Net als toen ik een kind was. De doodenkele keer dat ik een dag thuis ben, trek ik regelmatig een stapel platen uit de vinylberg. Kijken wat de greep aan moois oplevert. Ik heb geen buren onder mij wonen, dus ik kan hele nachten doorgaan. Zo zie ik mijn toekomst ook wel eens. Stel dat we ooit aan lager wal geraken en niemand ons meer wil horen, dan heb ik alle tijd om mij op mijn platencollectie te storten.' Lachend: 'Dat is helemaal geen slecht vooruitzicht.'

'Ik luister natuurlijk naar cd's, mp3's en heb ook een iPod. Wel vind ik het jammer dat die digitale geluidjes de referentie geworden zijn voor een hele generatie muziekfans. Heel wat jongeren luisteren alleen nog maar naar muziek die uit van die kleine computerluidsprekertjes komt. Dat is hun referentie. Hoe mooi muziek echt kan klinken weet bijna niemand meer.'

'Ik heb zelf nog wel een grote voorkeur voor vinyl. Dat is voor een deel vanwege het geluid. Muziek werd in de jaren '60 en '70 gemaakt om op vinyl terecht te komen. Verder vind ik de grote charme van vinyl de hoezen. Een elpee heeft daarmee iets. Ik ga daar ook heel anders mee om dan met een cd. In mijn omgeving wemelt het altijd van de lege cd-doosjes en rondslingerende schijfjes. Het zijn gebruiksvoorwerpen waarmee ik nauwelijks een emotionele band heb. Platen zijn van een heel andere orde. Daarom overwegen mijn broer en ik een heuse platenpers te kopen. Het persen van elpees is een ambacht dat met uitsterven bedreigd wordt. Een vakman zou daar dan onze platen op kunnen persen. Want ik geloof dat de elpee zelf nooit zal uitsterven. Het is een kleine maar hardnekkige markt.'

'Toen ik jonger was, was ik dagelijks in een platenwinkel te vinden. Nu heb ik daar helaas niet altijd meer de tijd voor. Mijn favoriete platenzaak in Gent houdt nu elpees voor mij apart. Dat is heel prettig. Doordat ik veel op tournee ben kan ik overal ter wereld platenzaken bezoeken. Tijdens een gemiddelde tournee koop ik dozen vol. Die neem ik uiteraard niet mee, maar stuur ik naar huis.'

'Japan blijft een heel bijzonder land. Alles is er te koop. Niet alleen platen, maar ook boeken en designspullen. Alleen is het prijskaartje er wel naar. In Tokyo is een bepaalde wijk met een grote concentratie aan platenwinkels. Veel zijn gevestigd in flats. Buiten hangt een bordje, dat – in het Japans – aangeeft op welke verdieping je uit de lift moet stappen. Wanneer de deuren openschuiven, weet je nooit wat je aan zult treffen. Ik ben niet zozeer op zoek naar die beroemde Japanse persingen van westerse platen, maar naar obscure lokale dingen. Veel spannender.'

'Ik werk dus niet met zoeklijsten. Het is veel leuker om je te laten verrassen door het lokale aanbod. Het speuren naar een specifieke persing vind ik niet zo interessant. Het gaat mij om de muziek. Ik verzamel platen niet zoals een ander sigarenbandjes spaart. Wel is het zo dat ik op een bepaald moment per se alles van de Franse zanger Serge Gainsbourg in huis wilde hebben. Binnen een jaar had ik het zo goed als compleet. Hij is een van mijn ultieme helden. Zijn *Histoire De Melody Nelson* is een van mijn all-time favoriete platen.'

'Ooit was ik in een platenwinkel in Genève. Ik bladerde wat in een bak met collectors items. Je treft daar altijd de oude bekenden aan: The Beatles, de Stones. Opeens ontwaarde ik een perfect exemplaar van *Melody Nelson*. Ik weifelde. Ik had er al vier of vijf op de plank staan. Moest ik ook deze meenemen? Mijn aandacht werd getrokken door iets wat gekrabbeld was op de binnenhoes. Bleek het een korte boodschap van de meester zelf te zijn. Gericht aan de koper van de elpee, een vriend van Gainsbourg. 'Dank dat je deze plaat gekocht hebt, want het was geen voor de hand liggende keuze.' Dat had de eigenaar van die winkel dus over het hoofd gezien. Nee, ik maak hem er dan ook niet op attent. Ik heb mijn gezicht in de plooi gehouden en die plaat snel afgerekend. Op zo'n moment weet je weer waarom je al die uren in platenzaken doorgebracht hebt.'

'Het kopen van platen in winkels is het leukst. Ik kom natuurlijk ook op beurzen. Aan eBay waag ik mij niet. Het ritueel van het platenkopen is mij daarvoor te dierbaar. Van vrijwel elke plaat die ik heb weet ik nog waar ik die kocht, hoeveel die kostte en waarom ik hem zo graag wilde hebben. Kopen via internet is mij te onpersoonlijk. Aan een plaat die je op die manier koopt, kleven dan geen herinneringen. De helft van het plezier is daarmee weg.'

'Mijn smaak is breed. Ik verzamel in principe van alles. Als het goed is, is het goed. Natuurlijk, bij goede soul, funk, rock of psychedelica spits ik, zoals iedereen, altijd mijn oren. Ik kan dus ook overal wel iets tegenkomen. Ik laat mijn koopgedrag wel afhangen van de tijd die ik heb. Als ik bijvoorbeeld een winkel binnenkom die vooral gespecialiseerd is in rock-'n-roll en jaren-'60-muziek, en ik heb maar een half uurtje, dan zoek ik net zo lang tot ik op de eenzame bak soul en funk stuit. Je hebt de grootste kans juist daar wat leuks in aan te treffen. Wanneer ik alle tijd heb, spit ik zo'n hele winkel uit.'

'Ik had tot ongeveer mijn 22ste een heel klein budget tot mijn beschikking. Elke keer was het wikken en wegen. Is die plaat het mij waard? Kan ik het mij wel veroorloven? Economische overwegingen. Ik kan mij nu veel meer permitteren, maar ik gooi nog steeds geen geld over de balk. Ik sta vaak nog te twijfelen, en voel me soms schuldig als ik weer zo'n berg platen sta af te rekenen.' Lachend: 'Wat dat betreft heb ik toch wel iets Nederlands in mij.'

- SERGE GAINSBOURG - SOUNDTRACK CANNABIS
- STAN GETZ - FOCUS
- BEASTIE BOYS - PAUL'S BOUTIQUE (TRIPLE SLEEVE)
- MOTÖRHEAD VS GIRLSCHOOL - BOMBERS (10")
- DAFT PUNK - ROLLIN' & SCRATCHIN' (WHITE)
- THE POLITICIANS - ????

~~WHITE NOISE~~

- TALK TALK - Spirit of Eden
- MASTERS OF REALITY - THE BLUE GARDEN
- ROXY MUSIC - ROXY MUSIC
- SMALL FACES - OGDEN NUT GONE FLAKE !

JIMI HENDRIX

ALLES

Willem Venema

Willem Venema (1952) organiseert concerten en festivals. Aanvankelijk deed hij dat via zijn eigen bureau Double You Concerts, later als directielid van Mojo Concerts in Delft. Hij was betrokken bij Pinkpop en bedacht toonaangevende muziekevenementen als Lowlands en Het Grote Concert des Levens. In januari 2004 ontving hij uit handen van staatssecretaris Medy van der Laan de onderscheiding De Veer voor zijn verdiensten voor de Nederlandse muziekindustrie. Na zijn ontslag op staande voet bij Mojo, begon hij twee dagen later weer zijn eigen boekingskantoor: The Alternative. Hij begeleidt daarnaast geredigeerde en uitgebreide heruitgaven op cd van platen van The Gun Club, een van zijn favoriete bands.

Hangzakjes. Toen ik daar dankzij Willem Venema voor het eerst van hoorde moest ik onwillekeurig aan een akelige lichamelijke aandoening denken. Tijdens een gezamenlijke autorit – hoe toepasselijk! – naar de verzamelaars- en platenbeurs in Utrecht legde hij minutieus uit dat dit een soort mapjes waren waarin PTT Post in de jaren '90 postzegels verkocht. Vanwege allerlei praktische problemen werd het geen succes en ze zijn inmiddels uit de handel genomen. Ze worden sindsdien fanatiek verzameld, al wordt in de kringen der filatelie nog altijd hevig gediscussieerd of het hangzakje wel of niet een waardig verzamelaarobject is.

Het tekent Willem Venema. Hij verzamelt van alles: schilderijtjes, dinky toys, parafernalia uit de Tweede Wereldoorlog, concertposters, muziekbladen, jaargangen *Penthouse*, munten, postzegels, alle drukken van *Ik Jan Cremer*, boeken over nazi-kopstukken en nog veel meer. Hij sleept het echter niet allemaal mee naar huis om het er liefdeloos op te slaan. Integendeel, hij verdiept zich in de achtergronden van elk object en elk onderwerp, waarbij geen detail hem ontgaat.

Waarom wil hij bijvoorbeeld al die drukken van *Ik Jan Cremer* op de plank hebben? 'Jan Cremer pocht al heel lang over tientallen herdrukken van zijn boek, waarvan ook op de omslag altijd heel stoer melding werd gemaakt. Er is wel eens aan getwijfeld of al die vijftig of zestig drukken er ook werkelijk geweest zijn. Er stond immers al op de eerste, zeer bescheiden druk dat het een 'onverbiddelijke bestseller' was. Door ze te verzamelen kan ik dat nagaan. Het is voortgekomen uit een weddenschap met wijlen Willem Oltmans, een goede huisvriend van Jan Cremer, met wie ik bevriend ben geweest.'

Letterlijk het meest in het oog springend is de platencollectie van Willem Venema. De verzameling stond ooit in de woonkamer, maar is sinds een paar jaar ondergebracht in een speciaal daarvoor ontworpen uitbouw van zijn vrijstaande bungalow. 'Mijn echtgenote was het op den duur een beetje zat om tegen behang van 33 centimeter dik aan te kijken,' meldt Willem Venema droog. 'Ik kon mij daar iets bij voorstellen. We hebben een vleugel aan het huis gebouwd. Omdat de platen er zouden komen hebben we extra laten heien. De grond is nogal drassig hier.'

Door een geraffineerde indeling van de extra ruimte bestrijkt de platenkast twee volledige verdiepingen. Het is een imposant gezicht. Waar je ook kijkt: elpees. Er is een ladder nodig om tot de bovenste planken te reiken. 'Het was overigens nog een hele klus om die kast gebouwd te krijgen. Ik wilde voor alles een degelijke constructie. Ik heb hier een dochter rondlopen en ik moet er niet aan denken dat zo'n muur van platen naar voren komt. Drie aannemers kwamen langs en durfden het niet aan. Uiteindelijk is de kast getimmerd door een decorbouwer. Alles is buitengewoon solide. Eindelijk heb ik mijn platen allemaal keurig bij elkaar.'

Opvallend is inderdaad de orde die heerst in het verzamelaardomein van Willem Venema. De platen staan keurig op alfabetische volgorde. Zowel de singles als elpees en cd's. Naar eigen schatting zo'n 30.000 exemplaren. Alles staat bovendien in de computer. Net als de titels die hij nog zoekt. De tijdschriften zitten in degelijke cassettes, de postzegels in de speciaal ervoor gemaakte boeken en veel parafernalia ligt zeer decoratief uitgestald in vitrinekasten. 'Ik houd van overzichtelijkheid,' beaamt Willem Venema. 'Wat je hebt moet bereikbaar zijn. Ik haatte het vroeger als ik voor een nummer een elpee nodig had, maar een half uur moest graven voordat ik de plaat eindelijk te pakken had.'

Het vergaren van spullen zit hem in het bloed. In zijn familie werd al druk verzameld. Een oom had bijvoorbeeld een enorme collectie postzegels. De piepjonge Willem Venema zelf stortte zich aanvankelijk op dinky toys en knikkers. Postzegels kwamen daar al snel bij. 'Verzamelen is voor mij altijd veel meer geweest dan een hoop spullen bij elkaar harken,' legt hij uit. 'Het is voor mij alleen interessant wanneer er een verhaal aan vastzit dat ik helemaal uit kan diepen. Postzegels spraken mij om die reden al heel snel aan. Op de plaatjes kon je heel goed de politieke situaties in landen aflezen. Wie was er aan de macht en wie was er in ongenade gevallen? Landen probeerden zichzelf ook vaak een beetje te verkopen via de postzegels. Russische zegels deden in geuren en kleuren verslag van de nationale successen op het gebied van de ruimtevaart. Als jongen vond ik het geweldig om daar op die manier kennis van te nemen. Ik beperk me daarom ook hoofdzakelijk tot het verzamelen van spullen die iets zeggen over de tijd die ik zelf bewust heb meegemaakt. Van 1952 tot het heden dus.'

'Halverwege de jaren '60 kwam de popmuziek daar in alle hevigheid bij. Mijn eerste concert was dat van The Phantoms. Locale helden uit Eindhoven. Niet veel later zag ik Q65. Dat gaf een schok. Ruige muziek, een dito uiterlijk. Ik wist dat ik getuige was van iets revolutionairs. Dit leek in niets op het beschaafde vermaak dat bij mijn ouders thuis uit de radio klonk. Er werd in onze kringen – we waren een keurig Philips-gezin – dan ook luidkeels schande van gesproken. Tuig vond mijn vader het. Vooral vanwege dat lange haar.'

'Ik begon met het kopen van singles. In maart 1967 kocht ik mijn eerste elpee: *The Kids Are Alright* van The Who. Ik heb die nog steeds. Vanaf dat moment ging het snel, via vrienden en familieleden ontdekte ik steeds meer, zoals de eerste plaat van Bob Dylan. Verder rook ik aan de jazz, via Dizzy Gillespie en Miles Davis. Ik kocht een plaat van The Kinks, raakte verslingerd aan de blanke blues van John Mayall. Veel platen kocht ik trouwens bij de platenwinkel Van Leest, die destijds nog de wervende slagzin hanteerde: "Van Leest trekt het meest".'

'Ik had al snel heel wat platen en zo'n harmonica koffer vol singles. Muziek kwam in vele vormen op mij af. Ik zag Armand optreden in het Carlton in Eindhoven, draaide mijn plaatjes op mijn plastic pick-up en luisterde naar stations als Radio London en radio Luxemburg. Mijn vader zag met een toenemend afgrijzen wat voor een invloed al die woeste klanken op mij hadden. Hij hield van bigbandmuziek. Inderdaad, op zondag Maurice André en door de week Glenn Miller. Er gaapte al snel een gigantische kloof tussen ons.'

'Na verloop van tijd begon ik er net zo alternatief uit te zien als mijn toenmalige helden. Mijn haar werd langer, ik stapte rond op blauw suède 'bordeelsluipers' – ongehoord destijds – en hulde mij in een bontjas. Mijn vader weigerde nog langer met mij in de stad gezien te worden. Ik liep erbij als een wijf, vond hij. Mijn antwoord was om op mijn kamertje *Brown Shoes Don't Make It* van The Mothers of Invention extra hard op te zetten. Diens opgestoken vinger in de richting van de brave burgerij.'

'Het verzamelen is eigenlijk heel geleidelijk begonnen. Op een bepaald moment ontdekte ik dat als je *Stoned* van de Rolling Stones wilde hebben, je een single moest kopen, want het stond destijds op geen enkele elpee. Ik vond de hoesjes van singles ook heel mooi. Ik kocht al snel veel bladen: *Muziek Expres*, *Tuny Tunes*, *Hitweek* en *Aloha*. Het verzamelen werd verder gestimuleerd door de ep's die uitkwamen van The Kinks. Hun label PYE had een uniforme lay-out, die het erg aantrekkelijk maakte om de reeks compleet te houden.'

'Eind jaren '60 ging er echt een wereld voor mij open. Vooral dankzij die zogenaamde Canterbury-scene; bands afkomstig uit dat deel van het Britse Kent, waaronder Caravan, Gong en vooral The Soft Machine. Van deze laatste band verzamel ik alles, nog steeds. Ook alles wat de individuele muzikanten sindsdien uitgespookt hebben, met name Robert Wyatt. Hij was de drummer van die band, maar raakte verlamd na een val uit een raam. Het is boeiend om te volgen wat voor persoonlijke en artistieke consequenties zo'n dramatische gebeurtenis heeft. In zijn geval: liedjes over liefde en politiek en een cover van The Monkees.'

'Ik heb mij afgevraagd waarom ik zo gefascineerd ben door een band als The Soft Machine. Het is het mysterie, denk ik. Ik hoor ook regelmatig muzikanten in zulke termen over die band spreken. De groep heeft iets ongrijpbaars. Er is veel muziek die je meteen door hebt. Daar is niets verkeerds mee, maar je bent snel klaar met zo'n band. De muziek van die bands uit Canterbury blijft me bezighouden. Ik krijg bijvoorbeeld niet echt vat op de teksten. Ik vraag mij dan wanhopig af of ik destijds op school niet goed genoeg heb opgelet. Of dat ik er simpelweg te dom voor ben. Hoe dan ook, ik denk dat je muziek die je nooit helemaal begrijpt kennelijk het best vindt.'

'Ik koos voor wat destijds "underground" genoemd werd: Pink Floyd, Frank Zappa, maar ook een obscuurder artiest als Pete Brown en zijn band Battered Ornaments. Wat in de hitparade stond vond ik meestal niet interessant genoeg meer. Ik wilde artistieke statements horen. Of het nu een eindeloze gitaarsolo was op *Diary Of A Band* van John Mayall of het experiment op *Ummagumma* van Pink Floyd.'

'Langzaam breidde mijn verzameling zich steeds verder uit. Ik maakte er een gewoonte van om op de hoezen te kijken wie de muzikanten, producers en gastmuzikanten waren. Die zetten mij vaak weer op het spoor van andere platen. Ik heb lang alles verzameld dat geproduceerd was door Bill Szymczyk, bekend van The James Gang, The Eagles, J. Geils Band, The Who en Al Kooper. Om diezelfde reden kocht ik zoveel mogelijk albums waarop drummer Jeff Porcaro, bekend van zijn eigen Toto, op meespeelde. Ik denk niet dat er iemand is die op zoveel platen heeft meegedaan. Of neem The Brecker Brothers. Het was ook de moeite waard om in de gaten te houden waar die allemaal op meededen. Ze hebben ooit met Herman Brood gewerkt, wat mij in de gelegenheid stelde om even een praatje te maken. Ik dacht dat die gasten gigantisch waren in Amerika en door managers aan klussen geholpen werden. Ze vertelden mij dat ze gewoon in New York in een kroeg zitten te wachten. Tot de telefoon rinkelt, ten teken dat ze ergens nodig zijn.'

'Ik ben behoorlijk trouw als het gaat om het kopen van platen. Ook slechte albums zeggen iets over een artiest. Dus heb ik *Metal Machine Music* van Lou Reed op de plank staan, ook al is het een kutplaat. Robert Wyatt, wil ik alles van hebben. Captain Beefheart laat ik ook nooit liggen. Het zijn toch vooral de oudere jongens, die werk van een constant niveau blijven afleveren. Zo'n rapper als Eminem zie ik na een paar platen toch inzakken tot een eenpersoonscircus, die het afzeggen van shows nodig heeft om in het nieuws te blijven. Ook Guns N' Roses heb ik na twee platen opgegeven. Het wordt op den duur alleen nog maar een buitenkant. Ik heb daarentegen een groot zwak voor E en zijn band Eels. Die is niet te betrappen op een saai repertoire, dus ook hem blijf ik verzamelen. Ik heb sowieso ook de neiging om bands te verzamelen waar ik intensief mee gewerkt heb, zoals The Gun Club of The Pixies.'

'Mensen die hier over de vloer komen vragen mij wel eens waar die drang tot verzamelen vandaan komt. Dat heeft in mijn geval diverse verklaringen. Ik vind het leuk om herinneringen te verversen. Om die reden heb ik al mijn jeugdboeken weer teruggekocht, zoals *Arendsoog*, *Pim Pandoer* en *Piggelmee*. Het is voor een groot deel ook nieuwsgierigheid. Door platen daadwerkelijk te bezitten, krijg je meer met de muziek. Je bouwt er een band mee op. Zoals ik je al vertelde verzamel ik ook niet vrijblijvend. Wat het ook zijn, postzegels of epauletten, ik wil er alles van weten. Verzamelen draagt bij aan begrip en kennis, dat weet ik zeker.'

'Interesses hebben is volgens mij goed voor een mens. Wanneer iemand dat helemaal niet heeft, is daar vaak van alles mis mee. Jongeren die hun brein onvoldoende gebruiken, gaan ook rare streken uithalen. Willem Oltmans vertelde mij vaak dat hij moeite had met mensen die hun hersens niet gebruiken. Ik vond dat aanvankelijk wat snobistisch, maar ik begin steeds beter te begrijpen wat hij daarmee bedoelde. Tenslotte is verzamelen voor mij een zeer ontspannende bezigheid. Het kost veel tijd en geld, maar ik krijg er ook heel veel voor terug.'

'Het is voor mij dus ook geen last, al die spullen. Mijn vrouw ziet het als een onschuldige afwijking. Het hoort bij mijn leven. Dat is voor haar voldoende rechtvaardiging. Dus kon die extra vleugel aan het huis er komen en mag het soms wat tijd kosten. Er wordt wel eens ingewikkeld over verzamelaars gedaan, zelfs Freud halen ze er soms bij. Ik mankeer volgens mij niets, doe er niemand kwaad mee en ik kan het mij permitteren. Dus nee, ik hoef niet naar de dokter.'

Willem Venema koopt vooral in platenzaken en op platenbeurzen. eBay speelt wel een rol, zij het een bescheiden. Hij laat een kennis bieden op interessante items. Hij gebruikt daarnaast een gedetailleerde zoeklijst (een zgn. *wantlist*), met daarop vele honderden titels van singles, ep's en elpees. 'Het is een soort zelfbescherming,' legt hij uit. 'Ik koop in principe wat ik nog op die lijst heb staan. Op die manier voorkom ik al te grote excessen.'

Hij vertelt vooral vinyl te kopen. 'Ik ben niet iemand die dat om het geluid doet. Ik ken mensen die eindeloos kunnen praten over frequenties en dergelijke; die mij dan ook altijd adviseren om betere apparatuur te kopen. Ik heb steevast het gevoel dat die discussies gaan over toonhoogten waar jachthonden nauwelijks meer benul van hebben, dus ik laat die voor wat ze zijn.'

'Mijn gehoor is vanwege mijn werk bovendien beschadigd. Ik heb een telefoon- en een concertoor. Net als veel collega's in mijn branche. Het gevolg van veel concerten met een te hard geluid en de ganse dag aan de telefoon hangen. Ik ben niet doof, maar ik merk dat het onderscheiden van sommige geluiden onder bepaalde omstandigheden lastiger is. Dus nee, platen mogen beter klinken, voor mij geeft dat niet de doorslag.'

'Ik vind de elpee, ep en de single vooral mooie items om te verzamelen. Hoezen die je uit kunt vouwen en vellen met songteksten. Sommige hoezen zijn ware kunstwerkjes. Ik denk dan bijvoorbeeld aan de derde plaat van Led Zeppelin en het debuut van Soft Machine, allebei met een ingebouwde draaischijf. Of aan die uitzinnige hoezen van de progband Quintessence. Als je ziet wat daarvan overblijft wanneer het tot cd-formaat verschrompelt, schrik je. Bijna niets. Bovendien heb ik op mijn leeftijd een leesbril nodig om de boekjes nog te kunnen ontcijferen, wat ik behoorlijk irritant vind. Met elpees heb ik dat niet.'

'Het gaat ook om kleine irritaties. Als je met een paar man platen zit te luisteren geef je makkelijk een stapeltje platen door. De kletterende doosjes glippen altijd uit je vingers. Ze zijn ook kwetsbaar, die doosjes. Vooral cd's die ik onderweg meeneem hebben veel te lijden. De doosjes raken gebutst en de tandjes die de cd moeten vasthouden gaan los. Net het gebit van een oud mannetje. Rammelt zo'n cd los door het doosje. Nee, wie dat ontworpen heeft...'

'Hier is misschien de oude lul in mij aan het woord, maar sommige heruitgaven van platen op cd zorgen ook voor een rare ervaring. Cd's van Zappa met nummers die veel langer doorgaan dan dat ik ze kende van elpee. Aan *Willie The Pimp*, van zijn album *Hot Rats*, komt geen eind. Cd-versies van albums die ik vanuit mijn jeugd van voor naar achteren ken, wil ik nog steeds na twintig minuten omdraaien. Het lijkt of de luisterervaring van een cd, vaak al snel zestig minuten, te lang is.'

'Toch luister ik beroepshalve veel naar cd's. Dat is een voor- en een nadeel van mijn werk. Ik krijg veel opgestuurd. Bandjes die ik zou kunnen boeken. Kandidaten voor festivals. Dat betekent dat ik regelmatig naar muziek zit te luisteren die ik normaal niet snel op zou zetten. Ik heb een bepaald ritueel ontwikkeld. Twee, drie cd's die ik vanwege mijn werk moet checken, dan weer iets waar ik echt graag zelf naar wil luisteren. Op die manier kan muziek nog heel lang leuk blijven.'

Het toeval wil dat Willem Venema op de dag van onze ontmoeting het huis van zijn onlangs overleden moeder ontruimd heeft. In zijn huiskamer staan enkele verhuisdozen waar boeken, albums en cd's bovenuit steken. 'Het is wel een relativerende ervaring om zoiets mee te maken,' knikt hij. 'Deze dingen waren haar allemaal ongetwijfeld erg dierbaar, maar in sommige gevallen weet ik niet wat ik ermee moet. Wat zal ik doen met de foto's waarvan ik geen idee heb wie daarop staan? Uiteindelijk bewaar ik waarschijnlijk alleen de foto's waar mijn moeder op staat. Er zijn daarnaast veel boeken waarmee ik mij geen raad weet.'

'Natuurlijk zet me dat aan het denken over mijn dood en wat er met mijn verzamelingen zou moeten gebeuren. Dat gevoel kreeg ik ook bij de dood van Boudewijn Büch. Het gaat mij aan het hart om te zien hoe zo'n collectie uit elkaar spat. Dat kan toch nooit de bedoeling zijn na al die jaren verzamelen? Toch zie ik het ook vaak op verzamelaarbeurzen: mensen die hun eigen verzameling verkopen, of die van een overleden familielid.'

'Ik moet er niet aan denken dat het later met mijn spullen gebeurt. Het vormt een eenheid. Moet mijn verzameling postzegels uit elkaar getrokken worden? Al die zegels weer uit die boeken? Geen denken aan. Mijn boeken en platen en alles wat ik verzameld heb, vormen een voetafdruk. Ze reflecteren wie ik ben en wat ik allemaal heb gedaan en meegemaakt. Ik snap dus ook dat sommige verzamelaars een museum beginnen, of alles onderbrengen in een stichting.'

'Ik weet nog niet waar ik de voorkeur aan geef. Het is jammer dat er geen betrouwbare instantie is die zich over dit soort collecties ontfermt. Waar het bij elkaar blijft en verzorgd wordt. Van elk boek wordt inmiddels keurig een exemplaar bewaard door de Koninklijke Bibliotheek. Cd's en elpees zijn daar kennelijk niet interessant genoeg voor. Onbegrijpelijk. Nu ja, dat is in elk geval een goede reden om voorlopig te blijven leven en goed voor alles te zorgen.'

'Tja, en mocht het moment dan toch komen: veel muziek! Het is zo'n groot deel van mijn leven geweest, dat dit luid en duidelijk bij mijn begrafenis voor het voetlicht moet komen. Wat voor nummers? Mijn lijstje wisselt nogal eens van samenstelling. In elk geval iets van de soundtrack van *Memo From Turner*. Nee, niet dat nummer door Mick Jagger, maar een stuk waarin Marsha Hunt te horen is. Het moet in elk geval goede muziek zijn. Het is niet mijn intentie om de aanwezigen op de valreep de tent uit te jagen, maar ik moet het zelf ook goed vinden. Om die reden zal ik ook postuum de regie stevig in handen houden. Ik wil niet rondtollen in mijn kist omdat er een vreselijk nummer gedraaid wordt.'

Kralingen, 14 februari 2006

Beste Robert,

Ik heb hier dus weken tegenop gezien, ik bedoel om een top 10 of iets met 10 uit mijn totale 55m2 vinyl te distelleren.
Opmerkelijk daarbij is dat dit geheugen kennelijk pas vanaf 1965 geactiveerd wordt (daarvoor betreft het waarschijnlijk allemaal singletjes).
De jaren 1978-79-83-84-87-88 laten geen vinylsporen na en eigenlijk weet ik niet zo gauw waarom. De emphasis ligt op de jaren 68-72. Misschien werd er toen wel de beste popmuziek gemaakt?
Vanaf 1990 ben ik duidelijk meer overgegaan op de cd's.

Maar welk criterium moet ik nou gebruiken?
Wat ik het meeste gedraaid/grijs heb gedraaid?
Wat ik het beste heb onthouden?
Welk album heeft de meeste goede tracks?
Welke platen zou ik mee naar een onbewoond eiland nemen?
Welke platen wil ik beslist mijn dochter laten horen?
Wat zijn de meest obscure titels?
Welke albumstitels zouden de lezers van jouw boek nou prikkelen om eens te scoren of te beluisteren? Misschien moet ik vooral de titels aangeven die niet al in allerlei lijstjes voorkomen?

Ik ben uiteindelijk in de computer alle collectietitels langsgelopen, en heb daaruit de meest dierbare titels geselecteerd op jaar van uitgifte inclusief de teksttoevoegingen. Van de grote popartiesten heb ik uit het repertoire weer de meest dierbare titel gekozen, want van die artiesten 'heb ik alles' (zo praten verzamelaars nu eenmaal):

Lijst op jaartallen:
1965 1x
1966 2x
1967 5x
1968 6x
1969 6x
1970 13x
1971 7x
1972 9x
1973 5x
1974 5x
1975 4x
1976 4x
1977 3x

1978 -
1979 -
1980 2x
1981 4x
1982 4x
1983 -
1984 -
1985 2x
1986 1x
1987 -
1988 -
1989 1x
19?? 3x

THEM
- The Angry Young Them (mono) Decca (UK) LK 4700 1965
THE BEATLES
- Revolver EMI (NL) PCS 7009 1966
Q 65
- Revolution Decca (NL) QL 625 363 1966
COUNTRY JOE AND THE FISH
- Electric Music For The Mind And Body Vanguard (US) 79244 1967
CUBY + BLIZZARDS
- Groeten uit Grollo Philips (NL) XPY 855040 1967
ARETHA FRANKLIN
- Aretha Arrives Atlantic (US) ATL SD 750 1967
THE OUTSIDERS
- Teenbeat Songbook Teenbeat (NL) APLP 102 1967
PEARLS BEFORE SWINE
- One Nation Underground Dureco (NL) PE 877.062 1967
BOB DYLAN
- John Wesley Harding (UK) 63252 1968
THE JIMI HENDRIX EXPERIENCE
2LP- Electric Ladyland Reprise (US) 6307 1968
JOHN MAYALL
- Blues From Laurel Canyon Decca (D) SLK 16573-P 1968
THE ROLLING STONES
- Beggars Banquet Decca SKL 4955 1968
SAVOY BROWN
- Gettin To The Point DECCA (UK) SKL 4935 1968
THE SOFT MACHINE
- The Soft Machine (wheel cover) Probe-ABC (US) CPLP4500 1968
MIKE BLOOMFIELD & AL KOOPER
2LP- Super Session LIVE! CBS (NL) S 66216 1969

DON COVEY & THE JEFFERSON LEMON BLUES BAND
- The House Of Blue Lights (a.o. J.Hammond) Atlantic (US) SD 8237 1969
BLIND FAITH
- Blind Faith (foc Nude) Polydor (UK) 583059 1969
LED ZEPPELIN
- Led Zeppelin Atlantic (US) SD 8216 1969
PINK FLOYD
- More EMI (UK) SCX 6346 1969
OTIS RUSH
- This One's A Good 'Un Blue Horizon-CBS (NL) 7-63222 1969
ERIC BURDON & WAR
Black-Man's Burdon MGM (US) SE 4710-2 1970
CROSBY, STILLS, NASH AND YOUNG
- Deja Vu Atlantic (D) ATL 50001 1970
THE J. GEILS BAND
- The J. Geils Band Atlantic (US) SD8275 1970
GRACIOUS
- ! Vertigo (UK) 6360002 1970
THE KILLING FLOOR
- Killing Floor Pink Elephant-Dureco (NL) PE 855..009-H 1970
IRON BUTTERFLY
- Metamorphosis (stickered) Atco (US) SD 33-339 1970
STEVE MILLER BAND
- Number 5 Capitol-EMI (UK) EA-ST 436 1970
THE MOTHERS OF INVENTION
- Weasels Ripped My Flesh Reprise (D) RS 2028 1970
LOUDON WAINWRIGHT III
- Loudon Wainwright III Atlantic (US) SD 8260 1970
WARM DUST
2LP- And It Came To Pass Metronome (D) ST-MBLP-2/4001/2 1970
ROBERT WYATT
- The End Of An Ear (a.o. D.Sinclair/E.Dean) CBS (UK) 64189 1970
SPOOKY TOOTH
- The Last Puff A&M (US) SP 4266 1970
THE VELVET UNDERGROUND
2LP- Andy Warhol's Velvet Underground featuring NicoMetro (F) 2629 001 1970
THE DOORS
- L.A. Woman (yellow window; a.k.a. dia-cover) Elektra (US) EKS-75011 1971
GROUNDHOGS
- Hogwash UA (D) 29419 1971/86

JOHN HAMMOND
- Source Point CBS (NL) S 64365 1971
KINKS
- Muswell Hillbillies RCA (US) LSP-4644 1971
SANTANA
- Santana 3 CBS (NL) S 69015 1971
TONY JOE WHITE
- Tony Joe White Warner Bros (US) 1900 1971
THE WHO
- Who's Next Track Records-Polydor (UK) 2408 102 DELUXE 1971
TEMPTATIONS
- All Directions Tamla Motown (F) 1972
MATCHIN' MOLE
- Matching Mole (=R.Wyatt/P.Miller/D.Sinclair/B.Maccormick) CBS (NL) S 64850 1972
BOB SEGER
- Smokin' O.P.'S EMI-Capitol-Warner (US) ST-11746 1972
LOU REED
- Transformer RCA (D) LSP 4807 1972
THE BEACH BOYS
Holland (+ bonus single) Warner (UK) K54008 1972
CAPTAIN BEEFHEART
- The Spotlight Kid WEA (F) 44162 1972
FERRE GRIGNARD
- Ferre Grignard MOTORS (F) MT 44011 1972
ALBERT KING
- I'll Play The Blues For You Stax-Polydor (UK) 2325089 1972
ROXY MUSIC
- The First Roxy Music Album (incl. Virginia Plain) Atco (US) SD36-133 1972
KEVIN AYERS
- Bananamour (+booklet) Harvest (UK) SHVL 807 1973
LYNYRD SKYNYRD
- Lynyrd Skynyrd (Pronounced'leh-nerd'skin-nerd)MCA (US) 363 1973
IGGY & THE STOOGES
- Iggy Raw Power CBS (NL) 65586 1973
LINK WRAY
- Beans And Fatback Virgin (D) 1973
TEN YEARS AFTER
2LP- Recorded Live Chrysalis-Bovema (NL) 5C182 94573/4 1973
THE ISLEY BROTHERS
- Live It Up CBS Inc (US) PZ 33070 1974
WET WILLIE
- Keep On Smilin' Capricorn (US) SD 0128 1974

STEVIE WONDER
- Innervisions 1974
BEN SIDRAN
- Don't Let Go BTS 6012 1974
NICO
- The End ... Island (I) ILPS 19311 1974
PAUL SIMON
- Still Crazy After All These Years CBS (NL) 86001 1975
LITTLE FEAT
- Little Feat (ri) Warner (UK) K46072 1970/1975
PATTI SMITH
- Horses Arista (UK) 1975
GARY WRIGHT
- The Dream Weaver (stickered) WB (US) 1975
THE PENGUIN CAFE ORCHESTRA
- Music From The Penguin Cafe Orchestra Island/Obscure (UK) 7
1976
BURNING SPEAR
- Man In The Hills Island (UK) ILPS 9412 1976
SWEET D'BUSTER
- Sweet d'Buster (autographed)(pic+bio) Bubble-Ariola (NL) 1976
TOOTS AND THE MAYTALS
- Funky Kingston DRLS 5002 1976
THE STRANGLERS
- No More Heroes 30200 1977
EBERHARD WEBER
- The Following Morning ECM (D) 1084 ST 1977
SUICIDE
- Suicide Red Star-Bronze-Ariola (NL) 26207 XOT 1977
ALAN VEGA
- Alan Vega Ze (US) PVC 7915 1980
UB 40
2LP- Signing Off (white labels)Graduate Records Sound (NL) LP2
1980
DAVID BYRNE/BRIAN ENO
- My Life In The Bush Of Ghosts EG-Polydor (NL) 1981
THE GUN CLUB
- Fire Of Love Slash-Big Time-Ruby Records (US) ST-7015 1981
SIOUXSIE AND THE BANSHEES
- Juju Polydor (NL) 2442190 1981
THE SOUND
- From The Lions Mouth WEA (D) 1981
SQUEEZE
- Singles 45's And Under 1982

THE VIRGIN PRUNES
- ... If I Die, I Die Roughtrade-Boudisque (NL) 1982
JOHN CALE
- Music For A New Society Island (D) 1982
SIMPLE MINDS
- New Gold Dream (81/82/83/84) Virgin (D) 1982
THE TRIFFIDS
- Raining Pleasure(+lyric sheet) Hot Records (UK) MINIHOT 1 1984
GREEN ON RED
- Gas Food Lodging Enigma-Torso (NL) 33004 1985
STING
- The Dream Of The Blue Turtles (stickered) A&M-Polydor (NL) 393 750-1 1985
TOM PETTY & THE HEARTBREAKERS
- Full Moon Fever MCA (D) 259929-1 1989
OTIS REDDING
- The Immortal Otis Redding (ri) Atlantic (J) P-6111A 1968/19??
GROVER WASHINGTON, JR.
- Inner City Blues KUDO (US) KU-03 197?
O.V. WRIGHT
- 8 Men And 4 Women ABC-Peacock Records (US) Backbeat LP-66 19..

Maar indachtig de titel van je boek denk ik dat ik de meest freaky albums maar op een rijtje moet zetten. Maar ja, dan zie je dat ik nog makkelijk op 32 titels uitkom:
COUNTRY JOE AND THE FISH
- Electric Music For The Mind And Body Vanguard (US) 79244 1967
PEARLS BEFORE SWINE
- One Nation Underground Dureco (NL) PE 877.062 1967
THE JIMI HENDRIX EXPERIENCE
2LP- Electric Ladyland Reprise (US) 6307 1968
THE SOFT MACHINE
- The Soft Machine (wheel cover) Probe-ABC (US) CPLP4500 1968
PINK FLOYD
- More EMI (UK) SCX 6346 1969
ERIC BURDON & WAR
Black-Man's Burdon MGM (US) SE 4710-2 1970
GRACIOUS
- ! Vertigo (UK) 6360002 1970
THE KILLING FLOOR
- Killing Floor Pink Elephant-Dureco (NL) PE 855..009-H 1970
IRON BUTTERFLY
- Metamorphosis (stickered) Atco (US) SD 33-339 1970

STEVE MILLER BAND
- Number 5 Capitol-EMI (UK) EA-ST 436 1970
THE MOTHERS OF INVENTION
- Weasels Ripped My Flesh Reprise (D) RS 2028 1970
WARM DUST
2LP- And It Came To Pass Metronome (D) ST-MBLP-2/4001/2 1970
ROBERT WYATT
- The End Of An Ear (a.o. D.Sinclair/E.Dean) CBS (UK) 64189 1970
SPOOKY TOOTH
- The Last Puff A&M (US) SP 4266 1970
MATCHIN' MOLE
- Matching Mole (=R.Wyatt/P.Miller/D.Sinclair/B.Maccormick) CBS (NL) S 64850 1972
BOB SEGER
- Smokin' O.P.'S EMI-Capitol-Warner (US) ST-11746 1972
LOU REED
- Transformer RCA (D) LSP 4807 1972
THE BEACH BOYS
Holland (+ bonus single) Warner (UK) K54008 1972
CAPTAIN BEEFHEART
- The Spotlight Kid WEA (F) 44162 1972
FERRE GRIGNARD
- Ferre Grignard MOTORS (F) MT 44011 1972
GROUNDHOGS
- Hogwash UA (D) 29419 1971/86
LINK WRAY
- Beans And Fatback Virgin (D) 1973
NICO
- The End ... Island (I) ILPS 19311 1974
THE PENGUIN CAFE ORCHESTRA
- Music From The Penguin Cafe Orchestra Island/Obscure (UK) 7 1976
EBERHARD WEBER
- The Following Morning ECM (D) 1084 ST 1977
SUICIDE
- Suicide Red Star-Bronze-Ariola (NL) 26207 XOT 1977
ALAN VEGA
- Alan Vega Ze (US) PVC 7915 1980
DAVID BYRNE/BRIAN ENO
- My Life In The Bush Of Ghosts EG-Polydor (NL) 1981
THE GUN CLUB
- Fire Of Love Slash-Big Time-Ruby Records (US) ST-7015 1981
SIOUXSIE AND THE BANSHEES
- Juju Polydor (NL) 2442190 1981

THE VIRGIN PRUNES
- ... If I Die, I Die Roughtrade-Boudisque (NL) 1982
JOHN CALE
- Music For A New Society Island (D) 1982

En als ik alle titels van de bekendere artiesten dan weer wegstreep hou ik dit over:

01. COUNTRY JOE AND THE FISH
- Electric Music For The Mind And Body Vanguard (US) 79244 1967
02. PEARLS BEFORE SWINE
- One Nation Underground Dureco (NL) PE 877.062 1967
03. THE SOFT MACHINE
- The Soft Machine (wheel cover) Probe-ABC (US) CPLP4500 1968
04. GRACIOUS
- ! Vertigo (UK) 6360002 1970
05. THE KILLING FLOOR
- Killing Floor Pink Elephant-Dureco (NL) PE 855..009-H 1970
06. WARM DUST
2LP- And It Came To Pass Metronome (D) ST-MBLP-2/4001/2 1970
07. ROBERT WYATT
- The End Of An Ear (a.o. D.Sinclair/E.Dean) CBS (UK) 64189 1970
08. SPOOKY TOOTH
- The Last Puff A&M (US) SP 4266 1970
09. MATCHIN' MOLE
- Matching Mole (=R.Wyatt/P.Miller/D.Sinclair/B.Maccormick) CBS (NL) S 64850 1972
10. FERRE GRIGNARD
- Ferre Grignard MOTORS (F) MT 44011 1972
11. GROUNDHOGS
- Hogwash UA (D) 29419 1971/86
12. LINK WRAY
- Beans And Fatback Virgin (D) 1973
13. THE PENGUIN CAFE ORCHESTRA
- Music From The Penguin Cafe Orchestra Island/Obscure (UK) 7 1976
14. EBERHARD WEBER
- The Following Morning ECM (D) 1084 ST 1977
15. SUICIDE
- Suicide Red Star-Bronze-Ariola (NL) 26207 XOT 1977
16. ALAN VEGA
- Alan Vega Ze (US) PVC 7915 1980
17. THE VIRGIN PRUNES
- ... If I Die, I Die Roughtrade-Boudisque (NL) 1982

Zou ik nu bedreigd worden met de dood, en er 7 moeten afstrepen, zou ik met heel veel tegenzin de navolgende titels afstrepen:

04. GRACIOUS
- ! Vertigo (UK) 6360002 1970

05. THE KILLING FLOOR
- Killing Floor Pink Elephant-Dureco (NL) PE 855..009-H 1970

06. WARM DUST
2LP- And It Came To Pass Metronome (D) ST-MBLP-2/4001/2 1970

07. ROBERT WYATT
- The End Of An Ear (a.o. D.Sinclair/E.Dean) CBS (UK) 64189 1970

08. SPOOKY TOOTH
- The Last Puff A&M (US) SP 4266 1970

09. MATCHIN' MOLE
- Matching Mole (=R.Wyatt/P.Miller/D.Sinclair/B.Maccormick) CBS (NL) S 64850 1972

12. LINK WRAY
- Beans And Fatback Virgin (D) 1973

17. THE VIRGIN PRUNES
- ... If I Die, I Die Roughtrade-Boudisque (NL) 1982

En dan houd ik 9 titels over:

01. COUNTRY JOE AND THE FISH
- Electric Music For The Mind And Body Vanguard (US) 79244 1967

02. PEARLS BEFORE SWINE
- One Nation Underground Dureco (NL) PE 877.062 1967

03. THE SOFT MACHINE
- The Soft Machine (wheel cover) Probe-ABC (US) CPLP4500 1968

10. FERRE GRIGNARD
- Ferre Grignard MOTORS (F) MT 44011 1972

11. GROUNDHOGS
- Hogwash UA (D) 29419 1971/86

13. THE PENGUIN CAFE ORCHESTRA
- Music From The Penguin Cafe Orchestra Island/Obscure (UK) 7 1976

14. EBERHARD WEBER
- The Following Morning ECM (D) 1084 ST 1977

15. SUICIDE
- Suicide Red Star-Bronze-Ariola (NL) 26207 XOT 1977

16. ALAN VEGA
- Alan Vega Ze (US) PVC 7915 1980

En dan zou ik stiekem een tiende titel bijvoegen om het lijstje weer mooier te maken :

Lijstje Willem Venema middels deductie :

01. The Soft Machine – The Soft Machine (wheel cover) Probe-ABC (US) CPLP4500 1968
02. Country Joe And the Fish – Electric Music For The Mind And Body Vanguard (US) 79244 1967
03. The Penguin Café Orchestra – Music From The Penguin Café Orchestra Island/Obscure (UK) 1976
04. Pearls Before Swine – One Nation Underground Disneco (NL) PE 877.062 1967
05. The Beach Boys – Holland (+ bonus single) Warner (UK) K54008 1972
06. Ferre Grignard – Ferre Grignard Motors (F) MT 44011 1972
07. Groundhogs – Hogwash UA (D) 29419 1971
08. Eberhard Weber – The Following Morning ECM (D) 1084 ST 1977
09. Suicide – Suicide Red Star – Bronze . Ariola (NL) 26207 XOT 1977
10. Alan Vega – Alan Vega Ze (US) PVC 7915 1980

19/2/05

Enfin, je ziet het valt eigenlijk niet mee om te moeten selecteren. Al die platen zijn mij dermate dierbaar dat bovenstaande exercitie hoogstens zonde van de tijd is, maar dat zeggen wel meer mensen als ze het over andermans hobby hebben…

Vriendelijke groeten & succes met je boek,

Willem Venema

VERRASSING

Michel Terstegen

Michel Terstegen (1960) is eigenaar van platenzaak Da Capo in Utrecht. Hij zong in de bands The Otherside en Ron & the Splinters. Via zijn label Kelt bracht hij tien jaar lang singles en elpees uit van (voornamelijk) Nederlandse gitaarbands. Tweemaal per jaar verschijnt van zijn hand het verzamelblad Warm Sounds, waarin hij catalogiseert welke singles er tot het eind van de jaren '60 in Nederland zijn verschenen.

Sommige singles zijn hun legendarische status meer dan waard. Neem *Just Like Me* van de Tony Jackson Group. Het liedje staat op een ep van de Britse band die in de jaren '60 uitsluitend in Portugal uitkwam. Obscuur dus. En peperduur. De enkele keer dat het op eBay voorbijkomt, schiet het moeiteloos door de 2000-dollargrens heen.

Het plaatje achtervolgt me al lang. Sportjournalist Johan Derksen onderstreepte de diepte van zijn collectie door een compilatie met daarop dat liedje uit de kast te trekken. Ooit las ik het zeer onderhoudende boekje *Vinyl Junkies*, geschreven door de Amerikaanse journalist Brett Milano. Rode draad in zijn relaas zijn de wanhopige pogingen van zijn vriend Monoman, lid van de gitaarband The Lyres uit Boston, om aan het betreffende plaatje te komen. Wat hem, in het allerlaatste hoofdstuk, uiteindelijk ook lukt. Ikzelf ben er, ondanks eBay, platenbeurs en het rondstrooien van zoeklijstjes, nog niet in geslaagd.

Ik zou het in elk geval eens in handen willen hebben. Al is het maar even. Ik breng de kwestie, tijdens mijn bezoek aan Michel Terstegen, voorzichtig te berde. Zou tussen zijn 30.000 singles en ep's misschien…? Hij heeft maar een half woord nodig. Het is even zoeken waar de kartonnen doos met Portugese persingen ook alweer uithangt, maar die blijkt snel getraceerd. Even bladeren en: bingo!

Luttele seconden later ligt het op de draaitafel. Het gekraak is niet van de lucht, maar de muziek worstelt zich daar moeiteloos bovenuit. De felle beat, de smachtende stem van Tony Jackson, onderbroken door een gitaarsolo die zoemt en knort. Prachtig! Ondertussen houd ik behoedzaam het hoesje vast, waarop Tony Jackson mij uitdrukkingsloos aanstaart.

Het leven kan mooi zijn!

Wanneer de single afgelopen is, vertelt Michel Terstegen dat hij vooral dankzij zijn broers van muziek is gaan houden. 'Ik kom uit een grote familie. Acht kinderen. Telkens als er een oudere broer het huis uitging, bleef er een stapeltje platen achter. Dat was het begin van mijn collectie. The Who, The Beatles, dat soort bands. Dankzij mijn broer Paul leerde ik ook minder voor de hand liggende bands kennen, zoals Spooky Tooth met hun tweede elpee en The Zombies met hun prachtige *Odessey And Oracle*. Ik was toen een jaar of tien. Geld voor platen had ik natuurlijk niet, dus luisterde ik verder veel naar Radio Veronica.'

'Dankzij allerlei baantjes, ik was een bijvoorbeeld een verdienstelijke bordenwasser, kon ik vanaf mijn dertiende mijn eigen plaatjes kopen. Ik kocht met terugwerkende kracht de hits uit de jaren '60. De singles kocht ik in Amsterdam op het Waterlooplein of bij de platenzaak Concerto. Ik had herinneringen aan die songs. Het was telkens weer een kick om zo'n plaatje te kopen, daarmee thuis te komen en dat moment na zeven of acht jaar te herleven. In het begin ging het mij om de grote namen: The Kinks, The Small Faces en The Beatles. Toen ik die aardig compleet had ben ik dieper gaan graven.'

'Ik hield wel in de gaten wat er op dat moment populair was. Je had Alice Cooper. De hardrock kwam op, maar ik had weinig met dergelijke muziek. Van disco hield ik niet. In 1976 ben ik voor het eerst naar Engeland gegaan. Ik had begrepen dat daar nog veel singles uit de jaren '60 te vinden waren. Inderdaad, ik kwam met stapels terug. Een jaar later ben ik weer geweest. Ditmaal met vrienden. We waren allemaal grote fans van The Who. We zijn bij het huis van gitarist Pete Townshend geweest, in Twickenham. Hij deed niet open. We hebben een brief achtergelaten.' Lachend: 'Die hij nooit beantwoord heeft.'

'In dat jaar was punk in alle hevigheid losgebarsten. Ik werd zelf geen punk, maar ik sympathiseerde er wel mee. Het aardige was dat die stroming zorgde voor een revival van de 7"-vinylsingle. Voor veel van die jonge bands was zo'n plaatje weer heel belangrijk. Er ontstonden ook weer nieuwe interessante labels, zoals Chiswick en Stiff. Op dat moment kocht ik dus zowel nieuw als oud werk. In Engeland kon dat ook heel makkelijk, want daar had je heel wat winkels die zowel nieuwe releases verkochten als tweedehands.'

'Het viel mij op dat er in Nederland destijds nog nauwelijks van dergelijke zaken waren. Destijds – ik zat nog op de middelbare school – begon ik in stilte te fantaseren over mijn eigen winkel, die wel zo'n assortiment zou hebben. Een jaar of negen later, in

1986, kwam die droom uit. Ik doopte de winkel tot Da Capo, naar een elpee van een van mijn favoriete bands: Love. Da Capo betekent ook zoiets als "herhaling" of "terug naar het begin". Ik vond dat een mooie dubbele betekenis, die erg van toepasselijk was voor de manier waarop ik met muziek bezig was.'

Op de vraag of het hebben van een winkel hem sindsdien niet dagelijks voor dilemma's plaatst, reageert Michel Terstegen lachend. 'Ik snap waar je op doelt. Hoe lastig is de keuze tussen voor veel geld verkopen of zelf houden? Dat is voor mij geen kwestie. Als ik iets inkoop uit de jaren '60 en ik heb het nog niet, is het voor mijn collectie. Het maakt mij dan niet uit wat ik er in de winkel voor had kunnen krijgen. Ik verkoop platen, maar ik ben in de eerste plaats verzamelaar.'

De jaren '60. Michel Terstegen geeft volmondig toe dat het zijn meest favoriete tijdperk is. De ruimte waarin zijn muziek is ondergebracht getuigt daarvan in alle toonaarden. De bovenetage van het bedaagde herenhuis heeft iets van een capsule waarin de tijd decennia heeft stilgestaan. Overal liggen boekjes en folders uit de jaren '60. Op een plankje staan auto's, poppetjes en andere parafernalia bekend van onder meer Thunderbirds en James Bond.

'Ik ben gefascineerd door alles uit die tijd: kleding, films, kunst, muziek en televisie. Wat mij zo aanspreekt is de onbevangenheid. Er gebeurde veel voor de eerste keer. Alles was nieuw. In de mode, in de maatschappij en dus ook in de muziek. Kijk naar wat The Beatles in luttele jaren in muzikaal opzicht voor een revolutie veroorzaakten. Of, aan de andere kant van de oceaan: The Beach Boys. De muziek was behept met een soort avontuur dat ik later zelden meer tegengekomen ben. Er zijn altijd veel groepen geweest die erop teruggrijpen. Ik hoor dus waar ze het vandaan halen en moet vaak vaststellen dat het originele idee beter was.

Michel Terstegen heeft een elpeecollectie waar niemand zich voor zou hoeven schamen. Zijn grote liefde is echter de single, het zwarte schijfje vinyl dat – in Britse maten – 'seven inches' meet, en dus ook vaak zo genoemd wordt. 'Die liefde voor de single was er meteen. Mijn vrienden waren, net als ik, fan van The Who en hielden het bij de elpees. Daar stonden immers alle singles ook al op. Ik kocht die juist wel.'

'Ik ben er om verschillende redenen gek op. Het is allereerst het object op zich, waaronder het hoesje. In tegenstelling tot de ons omringende landen kregen singles in Nederland al vroeg in de jaren '60 fotohoesjes mee. Vaak prachtige, heel unieke ontwerpen, die intussen in het buitenland zeer gezocht zijn.'

'Wat mij echter vooral aanspreekt, is dat bands vaak hun hele ziel en zaligheid leggen in de drie minuten dat het liedje duurt. Dat spat uit de groeven. Nu of nooit! Je proeft dat vooral bij beginnende bands. Het is een muzikaal alles of niets, dat een directe indruk moet maken. Bij een elpee heb je toch vaak dat het derde nummer wel leuk is, dan pas weer het zesde. Het bestaat uit pieken en dalen.'

'Bij de cd's heb je dat nog veel erger. Elk bandje mag tegenwoordig een cd van een uur maken. Daar staan vaak maar een of twee leuke songs op, de rest is doorspoelen. Geef mij dan maar de single – een instant kick, zonder hindernissen. Direct en to the point. Daarnaast is het een heerlijk gezicht om een single te zien draaien. De naald in de groef. Je ziet met eigen ogen waar de muziek vandaan komt. Dat is de charme van vinyl. En: zolang er stroom is, heb je muziek. Vinyl heeft het eeuwige leven. Cd's die gemaakt werden in de jaren '80 beginnen al te haperen.'

Om zijn ode aan de single te illustreren zet hij een single op. Een verrassende keuze, want: Udo Jürgens. Het betreft het Franstalige liedje *Un Air Son Mon Piano*, dat aan de klank te horen ergens in de late jaren '60 verschenen moet zijn. 'Ik verzamel onder meer Franse singles. Ik ken geen echte grenzen meer naar wat ik luister. Als het veelbelovend oogt, dan neem ik het mee. Zoals dit plaatje, onlangs voor 3 euro gekocht op een platenbeurs in Amsterdam.'

Pianoklanken spoelen door de ruimte en krijgen al snel gezelschap van de omfloerste stem van de Oostenrijkse ster. Een mooi, melancholiek liedje, daar is geen ontkennen aan. 'Er zit geen drumtrack in die je zou kunnen sampelen of een achterstevoren afgespeelde gitaarsolo. Er is niets hip aan dit nummer. Toch is het mooi, omdat Udo in die drie minuten een volstrekt authentieke triestheid weet te leggen. Het is een sfeer die filmbeelden bij mij oproept. Het is echt niet zo dat ik nu al zijn elpees ga checken, maar dit is toch een heel prettige verrassing.'

De immense collectie singles is ondergebracht in kasten en op planken aan de muur. Michel Terstegen legt uit dat zijn verzameling verdeeld is in een A- en een B-categorie. 'De B-categorie bestaat uit singles die ik ooit weer weg zal doen. Ze staan er nu omdat ik ze nodig heb voor een project waarmee ik in 1999 begonnen ben: *Warm Sounds*, een blad dat sindsdien twee keer per jaar uitkomt. Ik heb deze singles gekocht als onderdeel van mijn research.'

'Het viel mij in de loop van de jaren namelijk steeds meer op dat in Engeland, Duitsland en Amerika heel goed bijgehouden was welke singles er ooit verschenen waren. Als verzamelaar wist je dat je op een bepaald moment iets compleet had. In Nederland bestond zoiets niet. Ik ben dat dus zelf gaan uitzoeken.'

'In eerste instantie baseerde ik mij op mijn eigen collectie en die van vrienden. Ik heb mij ten doel gesteld om, per platenmaatschappij, in kaart te brengen welke singles er in Nederland verschenen zijn. En dat vanaf de eerste single uit 1953 tot die op 31 december 1969 uitkwam. Dat is sowieso mijn favoriete muzikale periode, maar als ik het naar het heden zou doortrekken, zou het nooit afkomen.'

'Ik spit alles door wat ik tegenkom: folders, advertenties, vakbladen. Ik bezoek ook platenmaatschappijen, maar die hebben zelden een goed bijgehouden archief. Er is in de loop van de jaren veel bij het grof vuil gezet. Ik wil zoveel mogelijk weten: welke singles kwamen er uit? Wanneer? Wat stond er op? Welke kleuren hadden de labels? Kwam de single uit met een fotohoes? De lijsten staan, gerangschikt naar label, in het blad *Warm Sounds*, gelardeerd met interviews met de grote platenjongens uit die tijd.'

'Ik heb inmiddels veertien edities van *Warm Sounds* uitgebracht. Ik denk dat ik tot de twintig zal komen. Daarna komt alles terecht in twee boeken: een voor Nederlandse en een voor buitenlandse bands. Helemaal compleet zal ik nooit zijn, maar ik streef naar een percentage van 90 tot 95 procent. Ik neem daarbij geen muzikale grenzen in acht. Het gaat letterlijk van de Amsterdamse Politiekapel tot de Zangeres Zonder Naam. En alles daartussen. Ik doe soms heel leuke ontdekkingen. De platenmaatschappij Bovema introduceerde in 1953 de single. Het grote Philips geloofde daar nog niet zo in en volgde pas drie jaar later. Toen ging het toch snel. In het voorjaar van 1958 verschenen in Nederland de laatste 78-toerenplaten. Het ging uiteindelijk veel sneller dan de cd. En de elpee is er nog steeds.'

Over naar de A-categorie. 'Platen die ik nooit van de hand zal doen,' stelt Michel Terstegen – enigszins ten overvloede – vast. Alles is keurig gesorteerd. Er is een muur Britse artiesten. In muzikaal opzicht zijn favoriete land, benadrukt hij. Verder veel singles van Amerikaanse, Franse, Nederlandse, en Duitse herkomst. Er zijn verder bakjes, doosjes en planken met filmmuziek, jazz, blues, soul, rock-'n-roll en ska. En muziek van 1977 tot heden.

Hij vertelt vooral een zwak voor freakbeat te hebben, gemaakt door bands – meestal Brits – die in hangen tussen de pop en psychedelica. Ter illustratie zet hij een single op van The Factory: *Try A Little Sunshine*. De ruimte vult zich opnieuw met geluid. Drums in de roffelende stijl van Keith Moon van The Who, woest gitaarwerk en – als een prettig contrast – mooie meerstemmige zang. Het liedje is ook nog eens prachtig opgebouwd. Michel Terstegen luistert ernaar, met de handen in de zij. 'Dit is voor mij de mooiste single aller tijden,' verzucht hij wanneer de naald krakend in de uitloopgroef terechtkomt.

Hij vertelt dat wat geluidsdragers betreft zijn hart ook heel erg uitgaat naar het ietwat ondergeschoven broertje van de single: de ep – een 7" waar (doorgaans) vier nummers op staan.

Het was vooral in de jaren '60 een beoogd bruggetje tussen de elpee en de single die het aardig deed in Amerika, Duitsland en Engeland, maar alleen in Frankrijk echt tot volle bloei kwam. Uitgerekend in Nederland kwam het formaat niet zo van de grond. 'Ik vind met name Franse ep's erg mooi,' vertelt Michel Terstegen met glanzende ogen, terwijl hij heen en weer loopt voor twee kasten vol met dergelijke prachtplaatjes. Hij laat diverse aansprekende voorbeelden zien. Ep's van Love, The Yardbirds en The Beatles. 'Les Beatles,' zoals de immer chauvinistische Fransen het destijds plachten te schrijven. En nog veel meer. 'Het hoesje van karton, de vaak unieke hoesfoto en de informatie op de achterkant – alles ziet er bijna altijd prachtig uit.'

Michel Terstegen koopt en verkoopt niet alleen vinyl. Hij bracht het ook ooit zelf uit. Tien jaar, van 1984 tot 1994. De eerste aanzet daartoe werd gegeven door zijn eigen band The Otherside, waarvan hij zanger was. Na twee ep's – wat anders? – van zijn eigen band werd het label voortgezet in samenwerking met Wouter Verrijn Stuart en verschenen als snel singles, ep's, en elpees van andere Nederlandse bands. Acts, die vaak met de ene voet in de jaren '60 en de andere in de jaren '80 stonden: The Landlords, The Kliek, Les Zazous, The Prodigal Sons. 'We brachten ook de eerste ep uit van Daryll-Ann, wat inmiddels een collector's item is. Kelt bracht in principe alleen Nederlandse bands uit. De enige uitzondering was een kerstplaat van de Brit Wreckless Eric.'

'Het was ontzettend leuk om te doen. Weinig schept zoveel plezier als een single of ep in je handen te houden die je zelf mee de wereld in geholpen hebt. We verkochten ook heel aardig en dankzij VPRO Radio hadden we zelfs wat airplay. Na tien jaar begon het allemaal toch wat in te zakken. De cd zette echt door en het gebeurde net wat te vaak dat we goed lopende releases afwisselden met platen die langzaam weg druppelden. Het werd te onberekenbaar. Dus zijn we er toen mee gestopt.'

Michel Terstegen is desondanks vol optimisme over de toekomst van de 45-toerenplaat. 'Wie dacht dat vinyl singles verleden tijd zijn heeft het goed mis. Cd's, minidisks, dat-tapejes en wat al niet komen en gaan - maar vinyl zal altijd blijven bestaan! Niet alleen "underground" verschijnen ze nog volop, maar kijk ook eens naar de nieuwe releases op de website van het Engelse muziekprogramma *Top Of The Pops*. Daar zie je steeds meer '7 inch only'-uitgaven. Maar daar leeft het dan ook nog steeds. En soms worden ze goedgekeurd voor mijn privé-collectie, zoals *I Predict A Riot* van Kaiser Chiefs, een lekkere energieke popsingle met een randje.'

Over de vraag waarom een mens verzamelt hoeft Michel Terstegen niet lang na te denken. 'Het is een honger naar informatie en naar muziek. Vooral nieuwe muziek. Veel verzamelaars zitten allemaal achter hetzelfde aan. Die onbetaalbare plaat van een Amerikaanse psychedelische band. Of de versie van *Help* van The Beatles met het Shell logo. Vreselijk! Of die Nick Drake met het originele paarse Island-label. Waarom altijd die platgetreden paden? Kijk eens verder! Er ligt voor een habbekrats nog overal prachtige muziek te koop. Op beurzen en op markten. Zelf koop ik vooral wat ik nog niet ken. Voor mij dus geen zoeklijsten. Ik houd erg van die verrassing.'

Michel Terstegen grijpt naar een single, onlangs aangeschaft op een van die rommelmarkten. De schade: 1 euro. Het is een ep uit 1965, met muziek van een Libanees orkestje. Het plaatje gaat op de speler. Seconden later rollen exotische ritmen uit de luidsprekers. Een vrouwstem slingert zich er behendig omheen.

Tijdens het luisteren vraag ik mij af: wie kocht het plaatje ooit? Hoe raakte het verzeild op een markt in Utrecht? Wat is er van de muzikanten geworden? Onoplosbare raadsels, die het verzamelen juist zo leuk maken.

TOP TIEN PROGROCK op 45-toeren! *

1. A FRIEND OF MINE
   Fields (CBS 7555) 1972
2. YOURS IS NO DISGRACE
   Yes (Atlantic 2091 071) 1971
3. GARDEN PARTY
   Marillion (EMI 1A 006-1077677) 1983
4. I KNOW WHAT I LIKE
   Genesis (Charisma 6073 347) 1973
5. ROUNDABOUT
   Yes (Atlantic 2091 178) 1972
6. BUFFALO
   Writing on the wall (PYE 7N 45251) 1973
7. SHIPS W/SAILS
   The Doors (Elektra 12048) 1972
8. SHE WAS NAKED
   Supersister (Blossom 2103 002) 1970
9. RIDE THE SKY
   Lucifer's friend (Philips 6003 092) 1971
10. THEME ONE
    Van der Graaf Generator (Philips 6073 311) 1971

WILLIAM CLAXTON
JOACHIM E. BERENDT
JAZZ

Henk Bouwer

Henk Bouwer (1942) is maquettebouwer bij een architectenbureau en beeldend kunstenaar. Hij is decennialang betrokken bij SMøR, een organisatie die in Delft jazzconcerten organiseert.

Op het eerste gezicht lijkt het of Henk Bouwer zijn huis om zijn platencollectie heen gebouwd heeft. Overal muren met platen. Op een bovenverdieping, in zijn slaapkamer en in de woonkamer. Prachtige kasten zijn het. Allemaal zelfgebouwd. Het zijn creaties die de hand van een ambachtelijk houtbewerker verraden. 'Hout is een prachtig materiaal,' meldt hij, terwijl hij zachtjes op een van de kasten klopt. 'Het oogt mooi. En je kunt er bijvoorbeeld van alles opprikken, zonder dat het meteen lelijk wordt.'

De veelzijdigheid van de collectie is opvallend. Jazz is zijn eerste muzikale liefde en vormt dan ook het hart van de verzameling. Er is ook een kast vol klassiek. Terwijl bij veel van zijn generatiegenoten de belangstelling voor nieuwe, trendy bands allang gedoofd is, is die bij Henk Bouwer springlevend. Hij heeft zowel singles als elpees van acts als Franz Ferdinand, Kaiser Chiefs, The White Stripes, The Dandy Warhols en Belle & Sebastian. 'Dit is toch een juweeltje,' mijmert hij, terwijl hij een single van de Britse sensatie Kaiser Chiefs uit de kast trekt. 'Ik vind het zo geweldig dat die dingen nog gemaakt worden.' Zijn collectie telt ook iets oudere alternatieve acts als Mudhoney, Giant Sand, Silverchair, The Jesus And Mary Chain en Bjørk. 'Een geweldig mens,' verzucht Henk Bouwer.

De slaapkamer herbergt de grootste verrassing, een grote kast vol hiphop.

'Er zijn maar weinig genres waar ik totaal niets mee heb. Dixieland doet me niets. Ik heb hardrock en metal geprobeerd, maar ik heb niets met die cultuur. Gothic heb ik ook geprobeerd. Ik vond het wel aardig, die meisjes in het zwart. Verder heb ik niets met operette en reggae. Het zijn allemaal stijlen die buiten mijn muzikale route vallen. Maar verder beschouw ik mij als een muzikale veelvraat. Ik sta wekelijks in de platenzaak in de bak met nieuwe elpees te zoeken.'

'Hoe ik met zo'n bonte collectie bepaal wat ik draai? Dat hangt uiteraard af van mijn stemming. Ik laat mij ook leiden door de actualiteit. Wanneer een kanjer als Link Wray overlijdt, is dat altijd een passende aanleiding om zijn platen weer eens uit de kast te trekken. Ik lees dan wat de kranten over hem te vertellen hebben, knip de stukjes uit en steek die in de hoes. Ik heb het ook wel eens overgelaten aan het lot, door met dobbelstenen te gooien. De eerste worp bepaalde welk vak, de tweede welke plaat daarin. Dat werkte uiteindelijk niet helemaal. Je wilt toch een goede reden hebben om naar een elpee te luisteren.'

Henk Bouwers honger naar nieuwe, spannende muziek komt volstrekt vanzelfsprekend over. In dat licht is het opvallend dat hij zo weinig opheeft met de wonderen van de moderne techniek. Hij gebruikte tot voor kort, tot volle tevredenheid, een telefoon uit lang vervlogen tijden. Een authentiek wandmodel, voorzien van een draaischijf. Toen hij onlangs belde met een verzekeringsmaatschappij en zich via druktoetsen door een keuzemenu diende te werken, moest hij echter buigen voor de nieuwe technieken. Er kwam een nieuw toestel, met druktoetsen.

'Niet zo heel lang geleden kwam ik in het ziekenhuis terecht,' bromt hij goedmoedig. 'Vanwege verkeerd medicijngebruik. Het leek mijn broer aardig als ik wat contact met de buitenwereld kon onderhouden, dus kocht hij zo'n ding. Hoe noem je dat? Een zaktelefoon. Eenmaal thuis heb ik hem weggelegd. Onlangs keek ik op het schermpje: '4 gesprekken gemist.' Geen idee wat ik dan moet doen. Ik weet niet wat het is. Ik heb gewoon niets met die dingen. Ik heb zelfs jaren helemaal geen telefoon gehad.'

Hij loopt om diezelfde reden met een grote boog om computers heen. Ook de enthousiaste verhalen over eBay hebben hem niet kunnen vermurwen. 'Ik word er op mijn werk wel eens bij gehaald door jonge collega's. Die laten dan zien dat je van bepaalde artiesten allerlei informatie kunt vinden. Met een paar drukken op de knop. Ik zie daar de charme niet van in. Ik heb al die gegevens toch al in mijn hoofd zitten. Verder vind ik het heerlijk om te bladeren in boeken of tijdschriften.'

Henk Bouwer heeft dus ook zijn platencollectie niet in een computer staan, maar houdt alles bij in schriften met een harde kaft. Voor elk genre een. De indeling is alfabetisch. 'Ik laat een aantal regels open tussen elke artiest of band, voor de nieuwe aankopen. Om de twee of drie jaar raakt de boel vol. Ik koop dan nieuwe schriften, ga er even goed voor zitten en schrijf alles over, met nieuwe ruimte voor toekomstige aanwinsten.'

Henk Bouwer komt uit een degelijk katholiek arbeidersmilieu. De VARA was dus taboe. Wanneer er iets klassieks uit de distributieradio schalde, ging de knop ook om. 'Mijn moeder zei dan: "Dat is niets voor ons." Er was destijds een behoorlijk klassenverschil. Naar klassiek werd geluisterd door gezinnen waarvan de vader boekhouder was, of iets anders op een kantoor deed. Waarvan de kinderen naar de Mulo of de HBS gingen. Ik ben zonder vader opgegroeid, maar ik geloof dat hij loodgieter was. Dus luisterden wij daar niet naar, en ging ik naar de ambachtsschool. Ik neem mijn moeder overigens niets kwalijk. Zij wist niet beter.'

In 1962 ging Bouwer in dienst. Hij maakte daar kennis met de jazz, dankzij ene Japie uit – meent Henk Bouwer zich te herinneren – Alkmaar. Die had een platenslikker en een plaatje van Woody Herman. Het was liefde op het eerste gezicht.

'Ik kende al wel de Dutch Swing College Band, maar die muziek had me nooit iets gedaan. Dit wel. Deze muziek swingde meer, was vitaler. Ik ben toen, op de tast, zelf platen gaan kopen. Vooral West Coast-jazz. Een blanke jongen als Dave Brubeck. Er waren vooral in Den Haag en Delft een paar goede platenwinkels. Het kopen van elpees was destijds nog een heel ritueel. Je diende aan te geven welke plaat je wilde horen. De bediende zette die op, waarna je naar een soort paskamer geleid werd. Daar hingen een paar speakers, waaruit de muziek klonk.'

'Er ging al snel veel geld in zitten. De lonen waren destijds erg karig en verhoudingsgewijs waren elpees erg duur. Voor een goede jazzplaat telde je al snel 17 gulden neer. Mijn moeder vond het maar niets. Die zag liever dat ik mijn centen besteedde aan nieuwe schoenen of een nieuwe broek. Daar had ik echter geen enkele belangstelling voor. Ook toen al niet.'

'Ik draaide thuis dan ook zelden platen. Ik week vaak uit naar een jongerenvereniging, waar ik voor dansavonden de muziek verzorgde. Later kwam ik ook terecht bij een studentenvereniging. Op die manier kwam ik in een heel ander sociaal milieu terecht. Ik kwam er wel mensen tegen die, net als ik, gek van jazz waren. Waaronder Anita Schoonhoven, met wie ik veel samenwerkte bij SMøR, een organisatie die jazzconcerten in Delft organiseerde.'

'Er werd mij al in een vrij vroeg stadium te verstaan gegeven dat ik naar de verkeerde jazz luisterde. Volgens velen konden blanken geen jazz maken. Die hadden het hoogstens van de zwarten afgekeken. Ik zag daar lang wel iets in. Pas tien, vijftien jaar geleden realiseerde ik mij dat het onzin is. Het is toch niet vol te houden dat iemand als Chet Baker weinig meer is dan een imitator.'

'Wel geloof ik dat de liefde voor jazz niet aan te leren is. Die zit diep in je. Dat heb je of je hebt het niet. Ik was daarnaast gefascineerd door alle facetten van de jazz. Het bracht me in aanraking met literatuur. Ik koester ook een diepe bewondering voor de fotografie. De elpeehoezen zijn prachtig. Er komen regelmatig fotoboeken uit. Peperduur! Ik kan ze nooit laten staan. Onlangs is er nog een boek verschenen met foto's van William Claxton, een van de beste jazzfotografen. Ik had er al twee, deze kostte 150 euro, maar ik kon hem toch niet laten liggen.'

'Ook de verhalen ontroeren me altijd weer. Als ik lees over Billie Holiday en haar armoede, de discriminatie en het gedoe met de drugs, dan kan ik wel huilen. Of zo'n man als Count Basie, die via de achteringang de hotels in moest omdat hij zwart was. Die mensen waren ook nog eens voortdurend *on the road*. Honderden kilometers werden gevreten, van het ene naar het andere concert. Geen wonder dat ze allemaal aan de drank en de drugs gingen. Toch viel het me op dat al die muzikanten er op foto's altijd piekfijn uitzagen.'

Menig jazzverzamelaar kijkt met enig dédain neer op pop, rock en andere zogenaamd lichtere vormen van muziek. Bouwer heeft daar geen last van, integendeel. Al in de jaren '60 volgde hij op de voet alles wat er op dat gebied gebeurde. 'Ik ken ze wel: jazzliefhebbers die alle pop en rock afwijzen omdat het "commercieel" zou zijn. Wat voor een criterium is dat? Jazzmuzikanten willen toch ook dat hun platen verkopen. Daar eten ze van. Dus die zijn net zo commercieel. Ik trok mij daar dus niets van aan. Iets is mooi of niet. Dat is mijn enige maatstaf.'

'Het was juist een heel mooie tijd. Er gebeurde ongelofelijk veel. Er was ook weerstand. Al snel had ik lang haar. Net als veel van mijn leeftijdsgenoten. Ik werd op straat wel eens aangeklampt door een ouder echtpaar. "Zo smeerlap," riepen die me dan toe. Tja, alles was nieuw. Ook wat de muziek betreft. Ik zag The Beatles opkomen, later The Rolling Stones. Van het platte top-40-werk heb ik nooit veel moeten hebben. Mijn hart ging uit naar het steviger werk. The Who en The Troggs bijvoorbeeld. Die hadden een prettig opstandig geluid. Eind jaren '60 maakte ik ook kennis met Frank Zappa. Ik had daar aanvankelijk wat moeite mee, maar dat veranderde snel. Zijn boodschap en zijn muziek – de man staat ergens voor. Hij is volstrekt uniek.'

Op die manier ontwikkelde zijn smaak zich verder. Trends omarmde hij met grote gretigheid. Ook de punk, waarvan de energie en de rebellie hem enorm aanspraken. Hiphop ging evenmin aan zijn deur voorbij. 'Ik zag dat als een logisch vervolg van de jazz. Hoofdzakelijk zwarte jongens, die vanuit een beroerde situatie hun zegje deden. Ik zag het als een collage van pop en jazz. Een van de eerste acts die mij een jaar of 25 geleden bekoorde was The Last Poets. Hun song *Run, Nigger* ging dwars door mijn lijf. Het was een cultuurschok.'

'Overigens vind ik dat er de laatste tijd niet zoveel interessants meer in dat wereldje gebeurt. De laatste die mij enorm bij de strot greep was Eminem, maar ook hij lijkt zijn beste tijd gehad te hebben. Die film over zijn leven, *8 Mile*, vind ik wel weer erg mooi. Een pure jazzfilm.'

Henk Bouwer vertelt dat het verzamelen vanzelfsprekend is ontstaan, al heeft hij een beetje moeite met het woord. Hij omringt zich graag met muziek. Zoveel mogelijk. Toen zijn budget in de loop van de tijd toenam, kon hij zich ook steeds meer permitteren. Hij bekent overigens ook wel eens iets weg te doen, waarbij hij opvallend rigoureus te werk gaat. 'Als een band of een artiest wel erg van de weg afglibbert, dan gaat alles weg. Om die reden heb ik alles van Chicago weggebracht. En alles van Nina Simone.'

'Het kopen van platen heeft echter altijd centraal gestaan. Ik leef alleen, dus er is niemand die aan de noodrem hangt. Toen ik jong was kochten anderen een auto, brommer of fiets. Ik platen. Die andere dingen interesseerden me niet. Ik heb soms wel spijt van de manier waarop ik platen kocht. Al vroeg had ik een brede smaak, waardoor ik vroege albums op het Blue Note-label heb laten staan ten faveure van platen die me nu eigenlijk weinig meer zeggen. Nu zijn die Blue Note-dingen enorm hot en mede daardoor niet te betalen. Vooral omdat ik een duidelijk grens trek; 70 of 80 euro voor een plaat vind ik belachelijk.'

'Ik koop wel veel. Nog steeds. Elke woensdag ga ik naar mijn vaste platenzaak. Elke keer is het een feest. Kijken wat er binnen is. Luisteren. Is het iets, of niet? Er gaat een enorme zuigkracht uit van platenwinkels. Ik kan er niet langslopen zonder naar binnen te gaan. En als ik binnen ben, kan ik niet met lege handen weg. Mijn vaste stek ligt op de route naar de supermarkt. Op momenten dat het mij niet zo uitkomt om platen te kopen, maak ik dan een omweg.'

'In andere steden weet ik ook altijd blindelings de winkels te vinden. Onlangs in Antwerpen nog. Nee, een Gouden Gids komt daar niet aan te pas. Ik ruik het gewoon. Binnen een kwartier had ik er een gevonden. Ik ga daarnaast maandelijks met een vriend naar Den Haag. Eerst een broodje eten en bijpraten over muziek. Dan platen kopen. Ook dat is een feest. Ik kan het doen. Ik verzamel geen schoenen en doe jaren met mijn broeken en truien. Verre vakanties hoeven ook niet van mij. Elk jaar wanneer ik mijn vakantiegeld krijg, ga ik de platenzaken af en geef daar alles uit. Dat is mijn vakantie.'

In de woning van Henk Bouwer staan her en der wel enkele bescheiden stapeltjes cd's, maar het is duidelijk dat dit medium bij hem nooit echt is aangeslagen. Ernaar gevraagd schudt hij droef het grijze hoofd. 'Nee, ik vind het schandalig dat zoiets moois als muziek zo vreselijk verpakt wordt. Vanaf de eerste keer dat ik die dingen in mijn handen had vond ik het niets: die plastic bakkies, die boekjes die je er niet uit krijgt en de verhaaltjes die je alleen met een vergrootglas kunt lezen. Ik vind de prijs van cd's bovendien veel te hoog.'

'*Kind Of Blue* van Miles Davis was een van de eerste cd's die ik hoorde. Ik vond er niets aan. Ik miste alles: gevoel, warmte, menselijkheid. Ik vond het te mooi gemaakt. Te glad. In de ijver om oude opnamen op te poetsen beroven ze het naar mijn smaak van de ziel. Ik val toch vooral over de verpakking. Die doosjes gaan altijd kapot. Daar is al rekening mee gehouden, want in de winkels zag je al snel pakketjes met lege doosjes. Bij platen heb je dat niet. Als je daar normaal mee omgaat blijven die gewoon heel. Die hoef je niet te vervangen. Als de hoes los gaat zitten, plak je hem gewoon.'

'Toch ben ik een paar keer gezwicht. Bijvoorbeeld voor zo'n enorme doos met tien cd's van Billie Holiday. Alles wat ze ooit op Verve heeft uitgebracht. Een prachtig pakket, inclusief een mooi boekje. Het staat er nu maar. Ik draai het nooit. Ik zie ook af en toe Japanse cd's in een kartonnen hoesje. Die zien er al heel wat beter uit. John Zorn komt ook alleen nog maar op cd uit. Daar kan ik niet omheen. Ook koop ik af en toe jazz van Nederlandse bodem; vooral om die jongens en meisjes op die manier een beetje te steunen. Vanwege mijn betrokkenheid bij SMøR wil ik ook op de hoogte blijven van de ontwikkelingen in Nederland.'

'De komst van de cd heeft een flinke impact gehad op wat voor muziek ik in huis haal. Al heel snel verscheen er geen nieuwe jazz meer op elpee. Alleen nog op cd. Kennelijk is daar geen markt meer voor. Dus koop ik weinig nieuwe jazz meer, ik volg dat zoveel mogelijk via andere kanalen. Zoals radio. De platenindustrie heeft mij op die manier honderden platen door de neus geboord. Zo ervaar ik dat echt. Waren ze op elpee verschenen, dan had ik ze wel gekocht.'

'Het viel mij op dat veel goede rock, hiphop en pop nog wel op elpees verschijnt. Dus ben ik juist dat steeds meer gaan kopen. Die overgang is naadloos gegaan. Ik ben vooral gespitst op nieuwe gitaarbands. De jazz staat niet stil, maar een nieuwe Miles Davis heeft zich nog niet aangediend. Voor de rock is het juist een erg goede tijd. Om de haverklap dienen zich goede jonge bands aan. Ik ben daar erg op gespitst. Als ik voor het eerst iets als The White Stripes hoor, weet ik al na tien tellen: dit is er een voor mij! Heerlijk, de muziek is weer een stap verder!'

MET WELGEMEENDE EXCUSES AAN DUKE ELLINGTON;
BILLIE HOLIDAY; WILLEM BREUKER; J.S. BACH;
CAPTAIN BEEFHEART; SARAH VAUGHAN;
CHARLES IVES; JIMI HENDRIX ETC. HEB IK MET
TRILLENDE HANDEN GEKOZEN VOOR DIE LP.'S DIE
OOIT BIJ VERSCHIJNEN DE MEESTE INDRUK
HEBBEN ACHTERGELATEN:

AYLER, ALBERT - LOVE CRY
BEATLES, THE - SGT. PEPPER'S LONELY HEARTS CLUB BAND
BLAKEY, ART - AND THE JAZZ MESSENGERS
BLEY, CARLA - ESCALATOR OVER THE HILL
COLEMAN, ORNETTE - FREE JAZZ
COLTRANE, JOHN - IMPRESSIONS
EMINEM - THE SLIM SHADY LP
ROLLINS, SONNY - THE BRIDGE
SHEPP, ARCHIE - BLACK GIPSY
ZAPPA, FRANK - FREAK OUT!

SUPERSTAR CONCERT SERIES
THE ULTIMATE SUMMER RADIO CONCERTS
TURN ME ON
WESTWOOD ONE RADIO NETWORKS
Lite
BEER
SUPERSTAR
CONCERT
SERIES

André Methorst

André Methorst (1964) is accountmanager bij een papiergroothandel. Hij is vanaf de eerste jaren betrokken bij het Nederlandse hardrockblad ***Aardschok***, waarvoor hij over zijn favoriete muziekstijl schrijft: adult oriented rock - melodieuze hardrock voor volwassenen, zoals die werd gemaakt door hoofdzakelijk Amerikaanse groepen als REO Speedwagon, Boston, Foreigner, Heart, Loverboy, Journey en Nightranger.

André Methorst stond twee jaar geleden op een platenbeurs in België in wat bakken te snuffelen. Hij was een paar jaar daarvoor weer begonnen met het kopen van vinyl, hoofdzakelijk om de collectie te herbouwen die hij ooit weggedaan had. Al snel stuitte hij op een van die verloren zonen: *Rock Untill You Drop* van de Britse hardrockband Raven.

'Op de blanco binnenhoes van mijn oorspronkelijke exemplaar had ik met balpen het logo van die band nagetekend,' glimlacht hij. 'Ik vond die strakke letters destijds erg mooi. Wie schetst mijn verbazing toen ik, om het vinyl te controleren, de elpee uit de hoes trok en ik plotseling oog in oog stond met mijn eigen tekening! Hier had ik zomaar de plaat in handen die ik achttien jaar eerder, ergens in Nederland, van de hand gedaan had. Voor vijf gulden, denk ik. Wie weet hoeveel eigenaren die plaat in tussentijd heeft gehad en waar die rondgezworven had? Enfin, het vinyl en de hoes zagen er nog steeds acceptabel uit en voor zeven euro mocht ik mij opnieuw de eigenaar noemen. Ik heb dit fraaie staaltje toeval maar opgevat als een bevestiging dat het goed was dat ik een deel van mijn verloren collectie weer aan het terugkopen was.'

André Methorst is de klassieke spijtoptant. Halverwege de jaren '80 had hij een fantastische collectie hardrock en metal. Ruim 2500 elpees en een paar honderd singles. Veel zeldzaam spul, verzameld tijdens strooptochten langs winkels en platenbeurzen of geruild met bevriende muzikanten en medeverzamelaars.

Toen arriveerde de cd.

Hij ergerde zich al een tijdje aan de kwetsbaarheid van elpees: de tikken en de krassen. Het splinternieuwe zilveren schijfje, dat met het beloftevolle 'perfect sound forever' geïntroduceerd werd, leek het ideale alternatief. Bovendien, zijn vader werkte bij Philips, samen met Sony de uitvinder van deze nieuwe geluidsdrager. André Methorst beaamt dat dit, achteraf gezien, ook wel eens een rol gespeeld zou kunnen hebben. 'Vanwege de baan van mijn vader hadden we vaak de mooiste elektronische spullen thuis. Zoals de cd-speler. Zelfs nog voordat er veel titels op cd beschikbaar waren.'

Samen met een bevriende verzamelaar hakte hij de knoop

door: het grootste deel van de collectie mocht gaan en zou, voor zover mogelijk, vervangen worden door cd's. Stukje bij beetje werden de elpees verkocht, deels via beurzen, andere aan vrienden die het vinyl wel trouw waren gebleven. 'Veel verdween naar Duitsers, die ook toen al heel fanatiek waren als het ging om zeldzame hardrock en metal items. Nu begrijp ik waarom; het meeste spul is flink in waarde gestegen.'

Wat overbleef was een rijtje van ongeveer honderd platen; albums waaraan de herinneringen zo persoonlijk waren dat hij het niet over zijn hart kon verkrijgen ze weg te doen. En flink wat cash, die de grote schoonmaak opleverde.

Veel later kwam daar nog wat bij: spijt.

André Methorst raakte in de vroege jaren '70 verslingerd aan popmuziek dankzij de hits van The Osmonds, The Sweet, Queen, Mud en de andere oogverblindende acts uit die tijd.

'Ik had op jonge leeftijd al meteen een zwak voor nummers met een lekkere ruige gitaar in de hoofdrol,' memoreert hij. 'Die harde kant van de muziek trok mij vanaf het begin. De meeste vrienden van mij zwichtten massaal voor de disco. Ik ging samen met mijn beste maatje vierkant voor de hardrock. Disco en hardrock waren destijds onverenigbare werelden. Mijn helden van toen? Van Halen, Rush, Boston, Styx, Deep Purple en Angel. Vooral de eerste elpee van Van Halen maakte een gigantische indruk op mij. Het is nog steeds een dierbaar album. Die songs, die energie en vooral het fantastische gitaarspel van Eddie van Halen! Ik was verkocht. Die gasten waren hun tijd ver vooruit. Alle muren van mijn slaapkamertje waren binnen de kortste keren bedekt met posters en foto's van Van Halen. Ik kocht elke *Popfoto* en *Hitkrant* waar wat over hen instond, ook al waren het vijf regels en was de foto niet groter dan een postzegel.'

'Eind jaren '70 kwam er een golf van Britse hardrockbands opzetten: Judas Priest, Iron Maiden, Saxon, Def Leppard en talloze minder bekende goden. New Wave Of British Heavy Metal was daar al snel de verzamelnaam voor. Het was hardrock die weer net wat energieker was dan alles wat daarvoor gemaakt was. Ik kocht zowat alle elpees die in deze hoek verschenen. Het was een sport om de singles van acts als Mythra, Hellanbach, Tygers Of Pan Tang, Weapon en Sweet Savage op te snorren, die vaak via kleine labeltjes als Guardian, Neat en Heavy Metal Records uitgebracht werden. Ik ruilde ook veel per post met verzamelaars uit alle werelddelen. In Nederland kwam je overal platen tegen van bijvoorbeeld Teaser, het latere Vandenberg. In Amerika en Japan waren die een vermogen waard. Dat was dus goed ruilmateriaal.'

'Ik hing veel rond in platenzaken in Eindhoven, met name Bullit, en ontmoette daar onder andere de jongens die later *Aardschok* opgericht hebben. Het was altijd weer inspirerend om het eindeloos over muziek te hebben. We probeerden elkaar de loef af te steken door zoveel mogelijk nieuwe, obscure bandjes te ontdekken. Een opwindende tijd.'

'Een paar jaar later sloeg Amerika terug met groepen als Slayer, Metallica, Agent Steel en Megadeth, die lieten horen dat alles nog een streepje sneller en harder kon. Uit Canada kwamen giganten als Lips - later Anvil, Exciter en Rapid Tears. Opnieuw kocht ik alles wat los- en vastzat.'

'Ik werd al heel vroeg op het spoor van Metallica gezet; toen nog totaal onbekend in Europa. Een kennis in Amerika stuurde hun eerste demo toe. Ze wilde weten wat ik ervan vond. Woorden schoten tekort. Ik werd compleet weggeblazen. Dit was harder en inventiever dan alles wat ik daarvoor gehoord had. Ik ben meteen gaan schrijven met die gasten. Vooral met Lars Ulrich, de drummer.'

André Methorst pakt een doos en duikt er een lijvige stapel correspondentie uit op. Vellen volgeschreven met het hoekige handschrift van de slagwerker. Het zijn verhalen over de gestage stroom optredens, de eerste recensies en het wel en wee van de prille studio-opnamen. Tussen de brieven zitten gesigneerde flyers en posters van optredens in Los Angeles en San Francisco – de thuishavens van de band. 'Ik doe dit natuurlijk nooit weg,' glimlacht de eigenaar. 'Maar ik vraag mij wel eens af wat dit stapeltje zou doen op een veilingsite als eBay. Dit spul hoort eigenlijk thuis in een museum. De band heeft nu een miljoenenstatus. Wie had dat ooit gedacht?'

'Ik was destijds hun eerste contact in Nederland. Lars vond dat wel apart. Zo'n bloedfanatiek jongetje van zeventien in dat verre Nederland. In die prille periode heb ik allerlei hand- en spandiensten voor ze verricht. Metallica was destijds een echt garagebandje. Alles stond nog in de kinderschoenen.'

'Ik voelde mij een beetje hun frontsoldaat in Europa, met Metallica als mijn missie. Ik stuurde flyers en bio's rond naar diverse Europese hardrockbladen en kopieerde de demo's, die ik vervolgens naar radioprogramma's stuurde. Ook in Nederland. Als ik daarop terugkijk was het allemaal heel amateuristisch. Bij de nationale radio kreeg ik overigens geen voet tussen de deur. De toenmalige 'heavy' deejays Alfred Lagarde en Hanneke Kappen draaiden die demo's nooit. Kennelijk maakte Metallica geen indruk. Pas een jaar of twee later brak de band door. Ik word nog vermeld in de "credits" op hun debuut *Kill 'Em All* uit 1983 en beschouw dat als een leuke vorm van erkenning voor alles wat ik voor die jongens heb gedaan.'

Halverwege de jaren '80 kantelde de muzieksmaak van André Methorst. Hardheid maakte plaats voor melodie. 'In die tijd bezorgde ik samen met wat collega's exemplaren van het rockblad *Aardschok* bij platenzaken overal in Nederland, waaronder Boudisque in Amsterdam. Daar waren altijd het eerst allerlei interessante importplaten te koop. Op een keer stuitte ik daar op *So Fired Up*, de vijfde elpee van de Amerikaanse band Le Roux. Ik was meteen hevig onder de indruk. Van de songs, het geluid, maar vooral van de heldere en krachtige vocalen. Ik stortte mij meteen op allerlei andere adult oriented rock: melodieuze hardrockbands, vooral uit Amerika. Grote namen als Survivor, Foreigner en Journey kende ik natuurlijk al, maar ik ging vooral op zoek naar allerlei minder bekende groepen.'

'Deze omslag in mijn muzieksmaak viel samen met de opkomst van de cd. Het was voor mij een optelsom: ik had de indruk dat dit het medium van de toekomst was, en door mijn recente belangstelling voor A.O.R.-muziek vond ik hardrock en metal minder interessant. Dus ging het leeuwendeel van mijn elpee- en singlecollectie de deur uit. Daar zaten prachtige items tussen. Waaronder de originele *Soundhouse Tapes* van Iron Maiden, een single met daarop hun eerste opnamen. Ik was blij met de pakweg 150 gulden die ik ervoor kreeg, maar probeer hem daar nu nog maar eens voor te krijgen. Of wat dacht je van de eerste single, op geel vinyl, van Avatar, het latere Savatage. Voor 200 toenmalige guldens verkocht. Nu kun je daar een nulletje achter zetten. Ook weg: het 'filmblik' met daarin de eerste promo-ep van Queensryche. Die komt nog wel eens voorbij op eBay, uiteraard voor een klein kapitaal.'

Wat volgde was een sabbatical. Niet van een jaar, maar van een klein decennium. Halverwege de jaren '80 was de platencollectie van André Methorst geslonken tot een slordige honderd platen. Een draaitafel had hij nog wel, maar die was niet langer aangesloten op zijn stereoset. Rond 1995 volgde echter een nieuw keerpunt.

'Op zich was ik best tevreden met cd's. Ik ben een perfectionist en het gegeven dat ze altijd kraakloos klinken vond ik een groot pluspunt. Het geluid van sommige cd's is inderdaad erg slecht, maar andere komen soms verbazend goed voor de dag. Dat wisselt per titel.

'Ergens in 1995 liep ik toch weer eens rond op een platenbeurs. Om een paar cd's te scoren. Het verbaasde me dat er nog zoveel vinyl te koop was. Meer nog dan cd's.' Lachend: 'Tja, toen begon het toch weer te kriebelen. Ik kocht een paar platen die ik ooit weggedaan had. Vooral uit sentiment. Toen gingen mijn ogen al snel weer open. Die hoezen waren toch wel erg mooi. Ondanks de kwetsbaarheid klinkt vinyl toch erg warm en heeft het een enorme dynamiek. In vergelijking daarmee is een cd soms wel erg klinisch en zijn die plastic doosjes met die kleine boekjes lang niet zo mooi als elpeehoezen, waarvan sommige kunstwerkjes op zich zijn. Het hek was al snel van de dam: vinyl was weer terug in mijn leven.'

De platen en de installatie, waaronder een imposante versterker van Krell, stonden tot voor kort in de woonkamer van de modern ingerichte nieuwbouwwoning. Onlangs verhuisde alles naar de zolder. 'Ik kan er hier rustiger naar luisteren,' vertelt Methorst. 'Het is tevens mijn werkruimte. Het weghalen van de installatie uit de huiskamer is ook een beetje een concessie aan mijn vrouw. Het zijn inderdaad wel erg grote boxen. Beneden staat nu een compacte surroundset van Bose.'

Compact is ook nog steeds zijn collectie platen. Als het aan hem ligt groeit dit aantal niet spectaculair. Hij vertelt dat er per jaar een handvol elpees bij zullen komen. De verzameling telt een kleine 500 platen, plus ongeveer honderd voornamelijk in Japan geperste singles. 'Dit zijn vooral singles van mijn favoriete A.O.R.-bands, gekocht met het oog op een ooit aan te schaffen jukebox. Ik heb dan in ieder geval de vulling al! Of de singles wel goed zullen klinken in een jukebox weet ik niet, maar dat zien we dan wel weer.'

'Verder heb ik mij de afgelopen jaren op twee fenomenen gericht,' legt hij uit. 'Radioshows en Japanse persingen. Vooral in de jaren '80 werden door allerlei firma's in Amerika concertopnamen gemaakt van topbands. Die werden op elpee geperst en rondgestuurd naar geabonneerde radiostations. Die sets moesten eigenlijk weer geretourneerd worden, maar vaak gebeurde dat niet en uiteindelijk circuleerden er steeds meer onder verzamelaars. Vaak zijn het boxen met twee of drie elpees. Een compleet, uniek optreden, soms met aankondigingen en reclames. Machtig interessant, vooral omdat het geluid meestal veel eerlijker is dan op reguliere liveplaten. Westwood One en King Biscuit Flower Hour zijn de bekendere labels. Zo heb ik mooie registraties van Nightranger, Journey, Survivor, Foreigner, Heart en Mr. Mister, om er een paar te noemen.'

'Daarnaast heb ik veel van mijn oude favorieten teruggekocht op elpee. Vaak koos ik voor Japanse persingen. Het zijn meestal ware kunstwerkjes: dikker vinyl, prachtig geluid, degelijke hoes en allerlei extra's, zoals flexidiscs, posters, stickers en inlegvellen. En natuurlijk de zogenaamde obi: de papierstrip die eigenlijk weinig meer dan een prijskaartje is, maar vanwege die Japanse karakters en fotootjes machtig interessant. Ik koop nooit een Japanse persing zonder obi. En de kwaliteit van het album moet perfect zijn.'

Lachend: 'Ik ben wat ze in verzamelaarkringen een *mint freak* noemen. Zoals ik al vertelde schuim ik regelmatig het internet af. Ook ben ik weer veel op platenbeurzen te vinden. Ik geef niet, zoals vroeger, al mijn geld meer uit aan muziek. Voor heel bijzondere items tel ik 100 tot 150 euro neer. Dat is mijn bovengrens. Is de plaat duurder: jammer dan.'

André Methorst benadrukt dat hij niet per se terug wil naar de omvang van zijn oude collectie. 'Ik ga nu voor de toppers. Alleen het beste wil ik op de plank hebben. Voorbeelden? Een album als *The Hunter* van Orion; een band die gelieerd is aan Boston. Of de enige plaat ooit van Alliance uit 1982, op het piepkleine Handshake Records. Een machtig album! Van elke plaat die ik hier heb staan kan ik haarfijn uitleggen wat ik er zo bijzonder aan vind. Er zitten geen zwakke broeders tussen en dat bevalt mij wel.'

Hij illustreert dat door mij door zijn platenkast te leiden. Alle letters komen langs: Arc Angel, Balance, Cannata, Dare, Europe, Franke & the Knockouts - tot het eind van het alfabet.

'De vraag of ik spijt heb van mijn grote opruiming in de jaren '80 vind ik een lastige. In sommige gevallen kan ik mijn haren, als ik die nog zou hebben, wel uit mijn hoofd trekken. De ep's van Avatar en van Iron Maiden. Ja, daar heb ik spijt van, maar ik kan ook heel goed leven zonder de hardrock en metal uit die tijd. Als ik deze muziek terughoor vallen de productie en de techniek mij vaak bar tegen. A.O.R. daarentegen is tijdloze en kwalitatief goede muziek. De studio- en productiebudgetten waren destijds enorm, wat dan ook hoorbaar was in het eindresultaat. '

Vinyl is echter terug. En wel definitief. André Methorst illustreert dat met zijn enthousiaste relaas over een high-end draaitafel die hij onlangs aangeschafte: een Pro-ject RPM-6, uit het topsegment. Het apparaat is onderweg. 'Een mooie klank en een prachtig design,' glimlacht hij. 'Ooit verkocht ik vrijwel al mijn platen. Nu kom ik soms een elpee tegen waarvan ik de cd-versie al heb. De plaat gaat dan mee naar huis en de cd doe ik weg. Alles is nu totaal omgedraaid en ik heb het gevoel dat het voorlopig zo blijft. Het vinylvirus heeft mij weer ouderwets te pakken.'

1. DREAM THEATER - "Awake". 1994. East West Records 2 lp

2. MR. MISTER - "live at the Ritz, N.Y." 1986.
KING BISCUIT FLOWER HOUR 2 lp.

3. JOURNEY - "Superstar Concert Series". 1983
Westwood One Recordings 3 lp.

4. VAN ZANT - "live at the King Biscuit Flower Hour"
1985. KING BISCUIT 2 lp.

5. METALLICA - "Kill 'em All". 1983.
music for nations 2 lp.

6. SAVATAGE - "Sirens". 1983. Par Records. blue vinyl.

7. ORION - "The Hunter". 1984. Epic/Sony Japan.

8. HEART - "Superstar Concert Series". 1989
WESTWOOD ONE RECORDINGS 3 lp.

9. JOHN MILES BAND - "Transition". 1985.
Valentino Records / ATCO.

10. NIGHT RANGER - "live at the best of biscuit"
1985. D.I.R. Broadcasting 2 lp.

whistle
JUST BUGGIN'
Mah Nà
Mah Nà
"the original mix"

MANNENDING

Wipneus en Pim

Wipneus en Pim zijn de artiestennamen van Edwin van 't Schip (1967) en Mark Kneppers (1966). Ze kennen elkaar van de pabo in Heemstede. Als deejayduo werden ze bekend dankzij de Glitterclub dansavonden in Het Paard in Den Haag. Ze kregen daarna als Wipneus en Pim zowel in zalen als op festivals veel succes met een campy mix van pakkende hits, overbekende spelletjes en dito televisietunes.
De show is stevig geworteld in de jaren '70. Het duo werkt tijdens speciale optredens dan ook regelmatig samen met coryfeeën uit dat tijdperk, waaronder Dennie Christian en Edwin 'Ome Willem' Rutten.
Mark Kneppers timmert vanaf 2004 aan de weg met het eigenzinnige danceproject Kraak & Smaak. Hij beheert daarnaast een verkooppunt voor vinyl in een Leidse platenzaak.

Edwin van 't Schip: 'Ik ben opgegroeid tussen de platen. Mijn moeder draaide veel vinyl: Bob Dylan, Rod Stewart. Ik was een jaar of negen, tien toen ik het zelf ook ben gaan kopen. Leidraad was aanvankelijk het lijstje van de top-40. Veel singles dus. Mijn eerste grote idool was Rod Stewart. Een tijdlang heb ik alles verzameld wat ik van hem kon vinden, singles en elpees. Ik weet dat hij nu niet heel cool meer is, maar zijn vroege werk, uit het begin van de jaren '70, staat nog steeds als een huis. Ik moet bekennen dat ik hem altijd nog in de gaten houd. Ik blijf in mijn hart een warm plekje voor hem houden. Zoals hij herrezen is dankzij die *American Songbook*-cd's vind ik dus wel leuk, ook al heb ik niets meer met die muziek. Ik heb desondanks lang geprobeerd alles compleet te houden. Tot aan speciaal door de fanclub uitgebrachte singles toe. Alleen, het werd wel wat eenzijdig.'

Mark Kneppers, droog: 'Je zat vast in een Rod Stewart-tunnel.'

Edwin 't Schip: 'Waar ik helemaal uit ben gekomen. Ik ontdekte dat er veel meer muziek was. Ik wist al heel snel dat ik niet zo'n nerd wilde worden: iemand die allerlei versies van dezelfde single in huis haalt. Het is leuker om veel verschillende muziek te hebben. Toen ik twaalf, dertien jaar was ontdekte ik een winkel als Concerto in Amsterdam. Daar gingen mijn ogen echt open. Punk, new wave, alles kwam voorbij en pikte ik op.'

Mark Kneppers: 'Mijn ontwikkeling is in grote lijnen hetzelfde geweest. Ik had al heel vroeg iets met muziek. Vanaf het moment dat ABBA hun eerste plaat uitbracht, was ik ermee bezig. Ik was daarna gek van ska, met groepen als Madness en The Specials. Begin jaren '80 zwoer ik bij een groep als Joy Division. Nog altijd een favoriete band, waarvan ik naast de reguliere platen talloze bootlegs heb. Ik was een tijdlang vooral bezig met alternatieve acts als The Pixies, Sonic Youth, The Sound. Wat weer gevolgd werd door de diverse dancestijlen: house, jazzdance, acid jazz, hiphop, drum-'n-bass.'

Edwin 't Schip: 'Ik had al snel door dat ik meer met muziek had dan mijn vriendjes. Op mijn slaapkamer had ik twee platenspelers en luisterde naar een radiozender. Achteraf gezien is het heel logisch dat ik doe wat ik nu doe, maar dergelijke ambities koesterde ik destijds helemaal niet.'

Mark Kneppers: 'Ik had al heel vroeg veel platen. Althans dat vonden mijn vriendjes. Ik had er een stuk of vijftig. Dat was genoeg om als deejay uitgenodigd te worden voor feestjes in het plaatselijke jongerencentrum. Zo is het begonnen. We hebben heel lang los van elkaar gedraaid. Als serieuze deejays, met serieuze dansplaten. Ik vond dat snel saai worden. Twintig minuten house is prima, maar daarna wilde ik over naar funk, hiphop en breakbeat. In Den Haag is eigenlijk het idee ontstaan om iets geestigs te doen. Met spelletjes en aankondigingen. Alleen was ook daar binnen de reguliere housefeesten geen ruimte voor.'

Edwin 't Schip: 'We zijn toen als duo gaan werken. Ik doe vooral de presentatie, Mark de muziek. Dat pakte vanaf het begin heel goed uit. De muziek hadden we voor een groot deel al in huis. We kochten destijds al regelmatig grote collecties op. De interessante platen hielden we natuurlijk zelf, de rest probeerden we door te verkopen. We stuitten op veel geestige plaatjes, die hun weg naar onze show vonden. Ik heb het dan over de klassieke aerobicsplaat van Ron Brandsteder. Of een elpee van Ad Visser, die de beginselen van het spel Rummicub uit de doeken doet. Of Frits van Turenhout, die de bingogetallen voorleest. Zeer bruikbaar geluidsmateriaal voor de spelletjes die we voor onze shows bedacht hebben en waarin we steevast het publiek betrekken.'

Mark Kneppers: 'Het prettige is dat de platen die we voor onze optredens nodig hadden erg goedkoop zijn. Het is dubbeltjeswerk.'

Edwin 't Schip: 'De collectie die we gebruiken is wel afgerond. We gaan gemiddeld op pad met vierhonderd à vijfhonderd singles. Daar kunnen we hele avonden mee vullen, zonder in herhaling te vallen.'

Edwin 't Schip: 'Dat betekent natuurlijk niet dat we geen platen meer kopen. Thuis heb ik ongeveer 10.000 platen. Ik verzamel niet zo maniakaal als Mark. Ik vind dit een mooie, beheersbare omvang. Wanneer er een fikse stapel platen bijkomt, moet er een evenredig deel uit.'

Mark Kneppers: 'Ik heb tussen de 30.000 en 40.000 elpees. Die staan ook allemaal thuis. Vanaf het moment dat muziek in mijn leven kwam, ben ik platen gaan kopen. Het verzamelen zit mij in het bloed. Als kind verzamelde ik ook al postzegels, bierviltjes, blikjes, mosterdzakjes, servetten, ketchupzakjes en de bonnen van de keren dat ik met mijn ouders uit eten ging. Ik heb alles nog. Plakboeken vol.'

Edwin 't Schip, lachend: 'Die bonnen bewaar je nog steeds.'

Mark Kneppers: 'Ja, maar met een heel andere reden. Tja, waarom verzamelt een mens? Ik kan er eigenlijk geen zinnig antwoord op geven. Ik omring mij graag met mijn eigen spullen. Er kleeft een bepaalde geschiedenis aan. Ik kan ook heel lastig afscheid nemen van dingen. Ik ben op een feestje ook nooit de eerste die weggaat. Het valt mij overigens op dat vrouwen zelden verzamelen. Het is toch vooral een mannending.'

Edwin 't Schip: 'Overigens hebben we allebei wel een normaal sociaal leven. Er zijn mensen die vanwege hun collectie de deur niet meer uitkomen. Helemaal vereenzamen. Naast het verzamelen hebben we nog een normaal leven. Er is ook ruimte voor, zeg maar, normale dingen.'

Mark Kneppers: 'Ik heb sinds een tijdje een vinylafdeling in een cd-zaak. Ik koop vooral in en kom af en toe langs om te kijken hoe het loopt.'

Edwin 't Schip: 'Verzamelaars moeten eigenlijk geen winkel beginnen.'

Mark Kneppers: 'Dat weet ik ook wel. De eigenaar van de winkelruimte vertelde mij dat ook al. Ik koop dingen in die ik werkelijk prachtig vind, maar waar zich over een jaar misschien een klant voor meldt. Dat is niet commercieel. Ik zou strenger moeten zijn. Verder sleep ik de leuke dingen die ik inkoop natuurlijk zelf mee naar huis. Ach, ik draai op dit moment quitte. Ik hoef er niet van te leven. Overigens realiseer ik mij, sinds ik die winkel heb, dat wij eigenlijk enorm goede klanten zijn. Zolang als ik bezig ben heb ik een paar keer iemand over de vloer gehad, die in één keer voor 150 of 200 euro aan platen meenam. Dat waren dus uitzonderingen. Wij rekenen om de haverklap 300 of 400 euro af. Ik denk dat wij wekelijks voor 400 tot 500 euro aan platen kopen.

Toch?'

Edwin 't Schip, glimlachend: 'Ik vroeg mij altijd al af waarom mensen zo blij kijken als wij binnenkomen. Dit verklaart veel.'

Mark Kneppers: 'Toen ik begon was een tientje – in guldens – al heel wat voor een plaat.

De prijzen voor leuke platen zijn fors omhooggegaan. Je bent daar tegenwoordig al snel 30 tot 40 euro voor kwijt. Opvallend is dat je dan een hele tijd niets hebt. Vervolgens kom je in een categorie terecht waar je vanaf 150 of 200 euro kwijt bent. Ik probeer daar altijd onder te blijven. Heel af en toe wijk ik ervan af. Soms voor een heel bijzondere jazzplaat. Of een erg mooi jazzfunkalbum als *Is It Because I'm Black?* van Syl Johnson. Die krijg je niet te pakken zonder de hoofdprijs te betalen, maar dat is die dan ook meer dan waard.'

Edwin 't Schip: 'eBay vind ik fascinerend. Ik koop en verkoop regelmatig via die site, maar ik houd ook in de gaten wat voor items gigantische bedragen opbrengen. Elpees die 5000 dollar opbrengen. Of een setje met singles op het label Sun van Elvis dat voor een astronomisch bedrag van eigenaar verwisselt. Het is ongelofelijk boeiend om te zien wat voor verhalen schuilgaan achter zulke platen. Het laat ook zien hoe grillig de markt is. Onlangs werd een heel zeldzame maxisingle van Madonna geveild: *Erotica*. De eerste keer steeg de prijs tot 10.000 dollar. De tweede keer liefst tot 13.000. Exemplaren die daarna op eBay gezet werden, kwamen daar niet in de buurt. De twee mensen die bereid zijn om zoveel geld voor zo'n item te betalen, zijn bediend. Dan houdt het ook meteen op.'

Mark Kneppers: 'Zelf ben ik niet zo dol op eBay. Ik heb allerlei andere bronnen. Ik heb een vriend die in antiek handelt. Met hem kom ik op markten in België en Spanje. Je komt er altijd wel leuke dingen tegen. Verder draaien we overal in het land. Ik heb altijd een boekje bij me, met daarin een lijst met platenzaken. Zodra ik maar even tijd heb, trek ik eropuit. In het buitenland is dat niet anders. 'Waar is hier de platenzaak?' ligt in diverse talen op mijn lippen bestorven. Ik bezoek daarnaast natuurlijk trouw de platenbeurzen.'

Edwin 't Schip: 'Ik probeer nog altijd een paar keer per jaar een hele collectie op te kopen. Vooral vanuit Duitsland, want ik woon in het grensgebied. Ik heb ooit zesduizend elpees gekocht van een Duitse radiodeejay. Die collecties worden dan aangeboden via allerlei internetsites. Het leuke is dat je bij zo'n bulk per plaat veel minder kwijt bent dan wanneer je alles los koopt. Kortom: waar voor je geld. Het is bovendien erg leuk. In elke collectie zitten verrassingen. Ik heb mijn leukste platen op die manier gescoord. Ook zeldzame dingen, zoals een gesigneerde plaat van The Rolling Stones. Het is elke keer weer leuk om zo'n collectie naar huis te halen. Alles gaat in de achterbak van mijn auto. Een doos zet ik naast mij neer, op de passagiersstoel. Eén oog houd ik op de weg, met het andere check ik alvast wat er allemaal inzit. Dat is altijd weer spannend. Het is een leuke manier van verzamelen. Ik werk dus ook niet met zoeklijsten. Ik laat mij graag verrassen door nieuwe, onbekende dingen waarop ik stuit.'

Mark Kneppers: 'Ik heb evenmin een lijstje op zak, maar onthoud het wel wanneer ik iets leuks hoor dat ik nog niet kende. Bij een vriend maakte ik onlangs kennis met een plaat van een stel dat later opdook in King Crimson: *Giles, Giles & Fripp*. Een mooi album, dat ik niet heb. Terwijl het toch een basisplaat is.'

Edwin 't Schip, glimlachend: 'Was dat geen klap in je gezicht?'

Mark Kneppers: 'Ehm, ik kom hem nog wel een keertje tegen.'

Edwin 't Schip: 'Het grappige is dat we ongeveer hetzelfde verzamelen, maar elkaar nooit in de weg lopen. We wonen allebei in een ander deel van het land, dus dat scheelt wellicht. Toch leverde het vroeger, toen we allebei in Leiden woonden, ook nooit problemen op. We kunnen kennelijk veel van elkaar hebben. Al wist ik destijds als ik een platenzaak binnenkwam en ze zeiden 'Mark is al geweest,' dat ik rechtsomkeert kon maken. Hier was niets meer te vinden.'

Edwin 't Schip: 'Ik probeer nog steeds wel alles bij te houden. Van hiphop tot alternatief gitaarwerk. Daarnaast ben ik ook druk bezig om een elementaire jazzcollectie aan te leggen. Aan klassiek waag ik mij nog niet zo. Voor een deel komt dat doordat ik daar nog niet zo in thuis ben, maar het is ook een soort zelfbescherming. Er zijn weinig genres waar ik niets mee kan. Hardrock is daar één van. Ik heb daar echt niets mee.'

Mark Kneppers: 'Ik dacht heel lang dat het zwaartepunt van mijn collectie rock was. Toen ik dat onlangs eens naging, bleek dat niet zo te zijn. Ik heb veel hiphop, funk en jazz. Wat dat laatste betreft, heb ik veel op het befaamde label Blue Note. Een even groot zwak heb ik voor free jazz, zoals die gemaakt werd door Sun Ra en Archie Shepp. Ook ben ik gek op soundtracks. Of er veel zeldzame dingen tussen zitten? Vaak weet je dat gewoon niet. Ik heb een paar meter vinyl van het dancelabel Mo Wax. Daar zitten vermoedelijk heel wat collectible plaatjes tussen. Andere highlights zijn dat debuut van The Velvet Underground, met die afpelbare banaan. Of een box met alle elpees van Pink Floyd. Volgens mij gaat die op eBay voor 1000 dollar. Ik heb verder alles in huis van Serge Gainsbourg. Lastig om die nu nog te pakken te krijgen, want er woedt al jaren een hype rond die man. Ook zeldzaam: die blauwe box met elpees van Nick Drake. Ach, eigenlijk zegt het me weinig, al die bedragen.'

Edwin 't Schip: 'Nee, want zo'n box doe je toch nooit weg. Nick Drake verkoop je niet.'

Edwin 't Schip: 'Vinyl blijft toch het mooist. Tijdens onze shows draaien we alleen echte platen. Toch ben ik geen purist. Als ik een goede heruitgave voor een redelijk bedrag kan krijgen, ga ik geen 500 euro voor het origineel betalen. Het gaat in de eerste plaats om de muziek.'

Mark Kneppers: 'Elpees klinken vaak beter. Dat staat als een paal boven water. Draaien met vinyl blijft heerlijk. Alleen is het zo'n gezeul met die tassen. Onlangs was ik in Australië. Heel wat collega's bleken overgestapt op cd's. Die stapten toch heel wat lichtvoetiger rond. Ik denk erover om dus ook maar eens wat op cd's te branden. Al is het maar voor de extra's. Je krijgt wel eens het verzoek om wat vette hits te draaien. Je neemt niet zomaar een koffertje mee, maar een mapje cd's voor dergelijke gelegenheden is natuurlijk erg handig. Ik ben er nog niet helemaal uit. Maar vinyl zal ik altijd blijven kopen.'

Mark Kneppers: '"Is zo'n collectie nou een lust of een last?" wordt wel eens gevraagd. Ik vind het alleen maar erg leuk. Dus mij hoor je niet klagen.'

Edwin van 't Schip, lachend: 'En je omgeving?'

Mark Kneppers: 'Die ervaart het wel als een last. Denk ik. Overal waar ik tot nu toe woonde slibde ik dicht. Op kamers in Delft: binnen de kortste keren moest ik over de stapels platen heen klimmen om nog ergens bij te kunnen. Telkens verhuisde ik naar een groter huis. Eerst in Delft, later in Leiden.'

Edwin van 't Schip: 'In die kamer die je van mij hebt overgenomen, sliep je daar uiteindelijk niet letterlijk op je platen?'

Mark Kneppers: 'Klopt. Al mijn platen zaten in dozen. Die heb ik bij elkaar gezet en een matras overheen gelegd. Ik kon dus echt zeggen dat ik op mijn collectie sliep. In het huis waar ik nu woon had ik een afspraak met mijn vriendin. In het achterhuis zouden al mijn platen komen te staan. De met glas overdekte binnentuin werd de eetkamer. Het nadrukkelijke verzoek was om dat zo te houden. "Hoezo dan?" reageerde ik, zoals ik wel vaker doe. Zo moeilijk zou dat toch niet zijn? Tja. Een half jaar later was al een hele muur in die eetkamer gevuld met platen. De eetkamertafel was verdwenen. Daarvoor in de plaats is mijn bureau gekomen.'

Edwin van 't Schip: 'Vertel hem van de slaapkamer van je dochter.'

Mark Kneppers: 'Die staat ook vol met platen. En onze dochter? Die slaapt bij ons op de slaapkamer. We gaan binnenkort overigens verhuizen. Opnieuw naar een groter huis. Ik roep al maanden tegen iedereen: "Nu heb ik eindelijk genoeg ruimte!" Ik barst ook van de goede voornemens. Ik ben van plan voor elke strekkende meter elpees die ik koop eenzelfde hoeveelheid op te offeren. In theorie zou dat moeten kunnen. Ik heb bijvoorbeeld veel platen van Frank Zappa. Hij is een geniale man, maar dat betekent niet dat ik alles van hem moet hebben. Waarom doe ik zijn mindere elpees niet weg? Dan heb ik hem maar niet compleet. Als ik dit soort goede voornemens kenbaar maak, reageert mijn omgeving met meewarige blikken. "Het zal wel." Ze hebben die verhalen al zo vaak gehoord. Niemand die me gelooft.'

Top 10

Platenlabels die er wat moois van maken:

1. Mo WAX
2. Stones Throw / NOW AGAIN
3. Blue Note
4. Soul JAZZ
5. Impulse
6. Honest Jons
7. Kindred Spirits
8. Desco
9. Jazzanova - Compost - Records
10. Luv n' Haight

Edwin van 't Schip

ARCHIEF

Rob & Elly

Rob Berbee (1957) en Elly Alderden (1948) zijn eigenaars van platenwinkel Vinylarchief in Nijmegen.

Rob Berbee en Elly Alderden troffen bij thuiskomst ooit een tas met platen in de voortuin aan. Achtergelaten door mensen die tevergeefs aangebeld hadden. Het was gelukkig droog die dag. 'We staan in de buurt inderdaad bekend als "die mensen met die platen",' glimlacht Elly. 'Ik vond het wel bijzonder. Het oogde een beetje of ze te vondeling waren gelegd. We hebben ons er dan ook liefdevol over ontfermd. Zoals we dat met alle elpees doen.'

Het is op zich niet zo heel verbazend dat de twee in de buitenwijk bekendstaan als 'die mensen met die platen'. Vanaf de straat biedt de huiskamer al een imposant tafereel. De hele blinde muur, een meter of twaalf breed, is van onder tot boven bedekt met platen. Geen centimeter muur is meer zichtbaar. Op de enige vrije plank prijkt een degelijke stereoset, overigens zonder cd-speler. Het is een opvallend fraaie kast. 'Zelf gebouwd,' meldt Rob met terechte trots. Het is een efficiënt systeem van staande balken en legplanken, geverfd in een smaakvol donkerrood. 'Ik heb wel even laten uitrekenen of de vloer dit allemaal kan hebben. Het zou goed moeten gaan.'

Rob Berbee en Elly Alderden zijn bekende verschijningen in het verzamelaarwereldje. Niet alleen vanwege de winkel die ze in Nijmegen hebben, ze worden ook gesignaleerd op beurzen en rommelmarkten. Steevast in gezelschap van tassen vol elpees. Uit het relaas van de twee spreekt een grote liefde voor muziek en hun favoriete geluidsdrager: de elpee. Ze beschikken daarbij klaarblijkelijk over een groot hart, want zowel kwalitatief als kwantitatief behoort hun collectie 'vondelingen' tot een van de grootste in Nederland.

Het eerste vinyl wacht het bezoek al in de gang op. Een uit de kluiten gewassen kast bevat de afdeling wereldmuziek. Van liedjes afkomstig van eilanden uit de Stille Zuidzee tot klanken voortgebracht door een hele stam Pygmeeën. De huiskamer herbergt folk, psychedelica en rock uit Amerika en Engeland. De trap naar boven leidt naar tot inloopkasten getransformeerde slaapkamers, die ook tot aan het plafond gevuld zijn met elpees. Ook hier indrukwekkend ogende deelcollecties: alles van The Beatles, compilaties, filmmuziek, cabaret, kinderplaten, singer-songwriters en Nederlandstalig. Er staat ook een rij klassieke platen met op de hoezen de beroemde foto's van Paul Huf. De verzameling is zo uitputtend dat de fotograaf die ooit zelf kwam bekijken.

Verder rijen platen met beroemde toespraken, uitheemse vogelgeluiden, voorbij denderende stoomtreinen, geronk van de TT-motorraces in Assen en nog veel, erg veel meer. Er ontbreken weinig genres. Na enig nadenken erkennen ze dat house en hiphop goeddeels aan hen voorbij zijn gegaan. Ze houden er niet van en het is volgens hen vooral muziek uit het cd-tijdperk.

Wat kan er in een dergelijke collectie nog ontbreken? Ik doe een gok. *Musique Barbare*, een ietwat bizarre elpee uit de vroege jaren '60 van Karel Appel, vol knerpende elektronica en het amusante steenkolenengels van de meester zelf. Onlangs scoorde ik hem zelf, voor weinig geld. Maar zonder het litho dat bij de meeste exemplaren zat. Hebben Rob en Elly...?

De eerste greep is raak. Natuurlijk hebben de twee het album. In mooie staat, met litho.

Wanneer Rob Berbee melding maakt van een elpee met daarop het geluid van een hartritmestoornis, lijkt de conclusie gerechtvaardigd dat werkelijk elk denkbaar geluid ooit op een elpee is terechtgekomen. Elly Alderden knikt. Droog: 'We hebben ook nog een plankje met verslagen van maanlandingen.'

Haar partner knikt enthousiast. 'Ook die maken het verzamelen zo leuk. We hebben bijvoorbeeld op een plaat uit het toenmalige Tsjechoslowakije een verslag van de landing van de Apollo. Wat bezielde zo'n toen nog communistisch land om een succes van het "imperialistische" Amerika op die manier vast te leggen? Ik vind dat eindeloos fascinerend.'

Rob Berbee en Elly Alderden kennen elkaar sinds de vroege jaren '80. Hij had toen al een collectie opgebouwd van een slordige drieduizend platen. 'Ik verzamelde zelf niet, maar hield wel enorm van muziek,' aldus Elly Alderden. 'Ik had misschien honderd elpees, voor mijn gevoel ook een heel behoorlijke collectie. Naast een persoonlijke click was er ook een muzikale. Ik werd aangestoken door het enthousiasme waarmee Rob platen verzamelde.'

Het duurde niet lang of de twee gingen gezamenlijk op platenjacht. Vooral in de weekeinden, op rommelmarkten en platenbeurzen. 'In die periode werd de cd geïntroduceerd,' legt Rob Berbee uit. 'Tot mijn niet geringe verbazing verkochten mensen massaal hun platencollecties. Ik vond dat aan de ene kant heel triest. Hele levenswerken werden voor een habbekrats gedumpt. Ik heb nooit begrepen hoe je zoiets kunt doen. Zeker omdat platencollecties in die tijd weinig opbrachten.'

'Voor ons waren het echter gouden tijden. Overal waar we kwamen vonden we de mooiste partijen. Het ging in die tijd heel hard. Ik denk dat we op jaarbasis zo'n vijfduizend elpees kochten. Onze horizon is in de loop van de jaren steeds breder geworden. We houden allebei het meest van de folk, rock en psychedelica die eind jaren '60 en begin jaren '70 gemaakt werd.'

'We volgen ook hedendaagse groepen die daarop voortborduren, zoals de Amerikaanse folkband Espers. Als je hen hoort waan je je in het Engeland ten tijde van de vroege Fairport Convention. Twee albums heeft die band inmiddels uit. De eerste is al heel zeldzaam aan het worden. We houden daarnaast heel erg van avant-garde, elektronische muziek en modern klassieke muziek. Genres waar we ons vooral de laatste tijd op toeleggen.'

'Ons wordt natuurlijk regelmatig gevraagd wat we in vredesnaam moeten met zoveel elpees,' vervolgt Elly Alderden. 'Toen de cd opkwam, leek het lot van het vinyl bezegeld. We beschouwen onze collectie als een archief, een plaats waar de platen veilig bewaard blijven. Wat erop staat hoeft niet per se onze smaak te zijn. Het is minstens zo belangrijk dat een exemplaar van die plaat bewaard blijft. Er is gek genoeg in Nederland geen officiële instantie die dat bijhoudt, zoals dat overigens wel met boeken gebeurt. We zien het als onze taak om het cultuurgoed dat een plaat vertegenwoordigt te conserveren.'

Rob Berbee: 'Op die manier verzamelen we ook. We lopen wel eens over een rommelmarkt en dan zie je een doosje platen staan waarvan je weet: als die niet gekocht worden, gaan ze aan het eind van de dag allemaal de vuilcontainer in. Dus gaan ze maar met ons mee. We zijn wel altijd heel benieuwd naar wat we tegenkomen. We werken niet met lijstjes, maar laten ons graag verrassen.'

'Hoewel? Geloof het of niet maar we zoeken ook nog specifieke platen. We hebben ooit in een vlaag van verstandsverbijstering de eerste elpee van de folkzangeres Vashti Bunyan weggedaan. 'Die komen we wel weer tegen,' dachten we toen. Niet dus. Nu moeten we ons tevreden stellen met een recente heruitgave op elpee. Heel mooi hoor, maar het is niet het echte werk. We doen dus niet zo heel snel meer iets weg uit onze collectie! Ook zoeken we nog de enige elpee van de obscure band Mellow Candle: *Swaddling Songs*, op het Deram-label. Dat zal ook nog een hele klus worden.'

'Sommige elpees gaan mee vanwege de muziek, andere vanwege de hoes, de obscuriteit, of het verhaal dat erachter schuilgaat. We draaien dus niet elke elpee die we hebben. In sommige gevallen is het hebben simpelweg genoeg.'

'Er zijn wel grenzen in wat we uitgeven, maar die rekken steeds meer op. Vroeger vonden we een paar honderd gulden voor een elpee veel. Nu kosten collectors items al heel snel datzelfde in euro's. Overigens zijn niet alle zeldzame platen duurder geworden, eBay heeft ook voor een nivellering gezorgd. De beroemde Franse verzamelelpees van The Beatles zijn enorm in waarde gezakt. De ooit zo onvindbare *C.Q.* van The Outsiders zie je telkens voorbij komen, dus ook die levert veel minder op. De rek is er bij Nederbeat sowieso een beetje uit. Ik heb het idee dat er nu vooral gejaagd wordt op zeldzame hiphop en reggae.'

'We houden overigens bij het kopen voor onze collectie een paar richtlijnen aan. We letten vrij secuur op de conditie. We geven daarnaast de voorkeur aan persingen uit het land van herkomst van de band. Het thuisfront wist doorgaans het best hoe de platen moesten klinken. Neem The Beatles. De Britse persingen zijn onovertroffen, de meeste Amerikaanse zijn niet om aan te horen. Er zijn natuurlijk uitzonderingen. De hoes die het debuut van Earth & Fire in Engeland meekreeg is wonderschoon. Veel mooier dan dat nagemaakte envelopje met lucifers, waarmee wij het in Nederland moesten doen.'

'Of we precies weten wat we hebben en wat niet?' Rob Berbee

trekt voorzichtig zijn schouders op. 'In grote lijnen wel. Het is tot nu toe ondoenlijk om zo'n collectie in een computerbestand te zetten. Gelukkig hebben we allebei een goed geheugen. Mochten er doublures zijn, dan kunnen we die altijd nog overhevelen naar de winkel.'

Rob Berbee en Elly Alderden deden inderdaad het enige logische. Een aantal jaren geleden openden ze in Nijmegen een platenzaak, met de veelbetekenende naam Vinylarchief. Het begin was bescheiden, een kleine ruimte en een paar bakjes met platen. De onderneming begon al snel te groeien. Inmiddels is Vinylarchief een ruim opgezette zaak, die duizenden singles, elpees en – jazeker – cd's herbergt. Elly Alderden staat vooral in de winkel, Rob Berbee is vrijwel dagelijks op pad om platen op te kopen.

Elly Alderden ervaart vrijwel dagelijks in haar winkel dat de elpee nog verre van uitgestorven is. 'Natuurlijk is het zo dat veel verzamelaars al bezig zijn sinds de hoogtijdagen van de elpee. We krijgen ook veel spijtoptanten in de winkel. Mensen die ooit hun collectie hebben weggedaan, maar toch weer een platenspeler gekocht hebben. Die oude platen moeten dan ook weer terugkomen. Toch valt het mij ook op dat er een categorie jonge muziekliefhebbers is die niet warm loopt voor de cd en al helemaal niets van downloads moeten hebben, maar voor de elpee gaan.'

Zelf zijn ze nooit gezwicht voor het zilveren schijfje, al verkopen ze wel cd's in de winkel. 'Daar draai ik ook wel cd's, want voor achtergrondmuziek zijn ze best handig. Thuis hebben we ze niet. Het gaat ons overigens niet zozeer om het geluid, maar om de elpee als totaal: de hoes, het formaat en het ritueel van het platendraaien.'

Haar partner knikt. 'Een cd duurt mij vaak te lang. Een plaat duurt per kant gemiddeld twintig minuten. Dat is voldoende voor een moment van magie. Bij een cd van een uur verslapt de aandacht heel vaak. Ik ben wel eens opgeschrokken omdat een cd was afgelopen. Ik was de muziek helemaal vergeten. Het wordt te snel behang.'

De twee kozen bovendien nadrukkelijk voor de elpee, niet voor de single. Zelf trekken ze een vergelijking met de sportwereld. Je hebt atleten die excelleren in een korte sprint, anderen

zijn meer gebouwd voor de marathon. Zo is het met muziekliefhebbers ook. De fans van singles gaan voor het liedje, de instant kick.
'Het zijn ook vaak verzamelaars die op zoek zijn naar de ironie in de popmuziek,' weet Rob Berbee. 'Leuke liedjes, rare covers. Dat werk. Ik durf te stellen dat de mensen die van elpees houden wat dat betreft iets dieper gaan. Er soms echt voor gaan zitten om de subtiele opbouw van een elpee volledig op waarde te kunnen schatten. Het is een hele andere manier van met muziek bezig zijn. Je leert dankzij een volledig album ook veel meer kanten van een band kennen. Ik vind elpeehoezen bovendien vaak veel mooier dan singlehoesjes. Daar komt nog bij dat de muziek waar ik het meest van houd – folk, psychedelica, symfo en rock – typische elpeemuziek is. De bands in die genres brachten vaak nauwelijks singles uit.'

Aan het eind van de avond kijkt Rob Berbee een tikje bezorgd. 'Wanneer je zoveel platen hebt en daar zo intensief mee bezig bent, krijgen mensen al snel allerlei rare beelden van je. Alsof er voor niets anders ruimte meer zou zijn. We zijn absoluut niet wereldvreemd. Er zijn hele avonden dat er geen plaat op de draaitafel ligt. We kijken dan televisie, lezen een boek of hebben een goed gesprek. Je kunt best veel platen hebben zonder dat het je leven beheerst.'

Raven and Mills - Can y Melinydd - 1977

Ellufant - Release Concert - 1972

Technical Space Composer's Crew - Canaxis 5 - 1968

John Coltrane - A Love Supreme - 1964

Acid Mothers Temple - La nòvia - 2000

Slovenska Gruda - Pesmi - 1983

Black Velvet - People of the world - 1972

Muddy Waters - Electric Mud - 1968

Nico - Live in Tokyo - 1986

Brian Jones - Presents the pipes of Pan at Joujouka - 1971

KLEURRIJK

Johan Visser

Johan Visser (1950) werkte jarenlang bij de platendistributeurs Boudisque en Semaphore. Hij is sinds 1996 eigenaar van Clearspot, distributeur van heruitgaven op cd en elpee, onafhankelijke releases, boeken en dvd's.

Johan Visser legt de single voorzichtig op de draaitafel. De naald zakt in de groef. De eerste gitaarakkoorden komen heel bekend voor, maar klinken tegelijkertijd net iets anders. Het lijkt overigens of er in de studio een bataljon koks eitjes staat te bakken. Het gespetter is niet van de lucht. Dan zet de rest van de band in en grijpt de zanger de microfoon. Ah, natuurlijk! *Dark Rose*, oorspronkelijk van onze eigen Brainbox, de band van gitarist Jan Akkerman en zanger Kaz Lux.

Het nummer gaat verder. Het transformeert tot een woeste souljam, waarbij een denkbeeldige James Brown goedkeurend toekijkt. Aan het eind van het nummer lijkt of de Amerikaanse hardrockband Blue Cheer nog even langs wipt om het nummer van een ronkend slotakkoord te voorzien.

Wie zijn dit in vredesnaam?

Johan Visser onthult het met zichtbaar plezier. Dit is de band Pax. Nee, niet uit Eindhoven of Zoetermeer, maar... uit het verre Peru! Het plaatje stamt uit de eerste helft van de jaren '70. Zo ver reikte de invloed van de Nederlandse popmuziek destijds.

Johan Visser heeft een kleurrijke collectie, *Dark Rose* van Pax is daar maar een voorbeeld van. In de volgepakte zolderkamer van zijn nieuwbouwwoning staan duizenden elpees en singles, met beat, psychedelica en rock uit alle windstreken. Hij zet nog een plaat op. Een elpee ditmaal. De overdadige hoes belooft al veel. De band is The Speakers uit Columbia. Opnieuw vult de kamer zich met geweldige muziek. Felle beat, pop en psychedelica, alleen vanwege de onderhuidse latin-invloeden toch net even anders.

Al luisterend vraag ik mij af waarom we als verzamelaars zo gebakken zitten aan de voor de hand liggende groepen uit Amerika en Engeland. Elders op de wereld werd, vooral eind jaren '60 en begin jaren '70, minstens zo mooie muziek gemaakt.

Johan Visser groeide op als boerenzoon in de kop van Noord-Holland. Op de boerderij was er weinig aandacht voor een luchtigheid als muziek. Wel hing er in de keuken een speaker, waaruit de klanken van de distributieradio kwamen. Twee kanalen waren er destijds: Hilversum 1 en 2. Daar in die keuken maakte hij kennis met de popmuziek.

'Op een dag – ik was een jaar of acht, negen – hing ik er rond en werd getroffen door een liedje van de Amerikaanse broers The Everly Brothers. Ik vond het meteen fascinerende muziek. De beat, de samenzang, de melodie, alles! Ik vermoed dat het hun hit *Bird Dog* was, maar het kan ook *('Til) I Kissed You* geweest zijn. Vanaf dat moment was ik niet meer bij die speaker weg te slaan. Hij hing vrij hoog, maar ik was lang – toen al – en als ik op een stoel stond, kon ik er perfect naar luisteren. Ik heb daar heel wat uren gestaan, op die stoel. Buddy Holly werd al snel een andere held van mij.'

'Mijn ouders gingen er schouderophalend aan voorbij. Mijn vader zong in het kerkkoor en had weinig op met dit nieuwe geluid. Ze legden me geen strobreed in de weg. Ze waren alleen heel lang niet bereid om een platenspeler te kopen. Dat vonden ze een onzinnige investering. Dus moest ik het vooral hebben van een vriendje, dat een bandrecorder had. Uren heb ik op zijn kamer naar muziek zitten luisteren.'

'Verder waren er sporadisch jeugdprogramma's op de radio: *Tijd voor Teenagers* bijvoorbeeld. Daarnaast was er het onvolprezen Radio Luxemburg. Halverwege de jaren '60 gebeurde dan toch een wonder: mijn ouders gingen over tot de aanschaf van een pick-up. De singles die ik daarop wilde draaien had ik allang in huis. Het waren de eerste twee singles van The Golden Earrings, zoals die band zich toen nog noemde: *Please Go* en *That Day*. De eerste dag dat we de platenspeler hadden heb ik die singles urenlang gedraaid. Ik kon er mijn ogen niet vanaf houden: die naald, de groeven en de ronddraaiende labels. En natuurlijk: de muziek!'

Johan Visser vertelt dat zijn budget voor muziek steeds groter werd dankzij hele zomers bloembollenrapen. Ook tijdens zijn studententijd in Amsterdam ging een groot deel van zijn budget op aan platen. Zijn helden in die tijd: Frank Zappa & The Mothers Of Invention, Pink Floyd, Jimi Hendrix en Led Zeppelin. 'Ik kan mij nog heel goed herinneren dat ik van mijn moeder een toelage van 45 gulden kreeg. Ik kocht daar dan ham, kaas en brood voor. 's Avonds at ik in de mensa. Op de een of andere manier lukte het om aan het eind van de week rond de 20 gulden over te houden. Daarmee ging ik naar de Amsterdamse platenzaak Concerto, waar ik voor dat geld als het een beetje meezat drie of vier elpees kon kopen. Al snel groeide mijn collectie als kool.'

Die groei zette zich door toen Johan Visser via een baan bij de Amsterdamse platenzaak Boudisque terechtkwam bij de gelijknamige distributeur. Deze firma legde zich in de jaren '70 en '80 onder meer toe op het opsnorren van partijen platen, vooral in Amerika, om die in Nederland weer door te verkopen. Vooral warenhuizen met vrijwel vergeten voorraden oude elpees ontpopten zich regelmatig als ware goudmijntjes. Op zoek daarnaar maakte Johan Visser menige trip naar Amerika, waarbij hij ook zijn eigen verzamelwoede kon botvieren.

'Ik was ooit, begin jaren '80, in Minneapolis. Er was in die tijd net wat te doen rond de Amerikaanse garageband The Litter. Vooral in Europa was er een grote vraag naar hun eerste elpees. Toen we in een van de eerste platenzaken die we aandeden langs onze neus weg informeerden naar de beschikbaarheid daarvan werden we bijna de winkel uit gelachen. Dat waren toen al bijzondere items. We hoefden onszelf echt niet wijs te maken dat we die nog voor weinig geld konden scoren.'

'Een paar straten verder werd mijn aandacht getrokken door een antiekzaakje, dat buiten ook een bakje met platen had staan. Het oogde wel veelbelovend. "Heb je nog meer?" vroegen we de eigenaar. Dat had hij inderdaad. Wat heet. Hij vertelde in een naastgelegen theater een gigantische collectie opgeslagen te hebben. Zo bijzonder, dat we al 500 dollar moesten dokken om alleen maar een paar minuten te mogen kijken. Na enig wikken en wegen hebben we dat gedaan. We hadden inderdaad maar een paar minuten nodig. We kwamen in zo'n ouderwets theater terecht, waar op het podium een gigantische hoeveelheid platen stond. Vele tienduizenden albums. De eerste greep was al raak: oude rock, beat, psychedelica. Allemaal originele Amerikaanse persingen. We zijn tot een deal met de eigenaar gekomen. Dagenlang zijn we – letterlijk – als berggeiten over die enorme berg platen gekropen, waarbij de mooiste dingen boven kwamen. Tienduizenden elpees zijn uiteindelijk naar Nederland gekomen. Voor een heel aantrekkelijke prijs. Jazeker, inclusief een stapel van die oude elpees van The Litter. Na afloop konden we het toch niet nalaten om nog even naar die eerste winkel terug te gaan, wuivend met een stapel Litter-elpees. Dat is echt een van de hoogtepunten in mijn verzamelaarleven geweest.'

Johan Visser ging ook regelmatig privé naar Amerika om op jacht te gaan naar platen, een aantal keren in gezelschap van Michel Terstegen van platenzaak Da Capo, die elders in dit boek is geportretteerd. 'We bezochten dan de ooit zo befaamde platenbeurs van Austin, maar gingen ook de stad in, op zoek naar interessante winkels. Op een bepaald moment hadden we via insiders opgevangen dat er in een winkel veel moois te halen viel, maar... we moesten ons haasten.'

'Wij op pad, in onze huurauto. Je zult zien dat je dan net de weg kwijtraakt. De spanning nam toe, de hoeveelheid adrenaline in onze aderen steeg. We waren daar bijna aan bezweken, toen we de winkel toch in het vizier kregen. We hadden een enorme haast met uitstappen; eenmaal voor de deur van de winkel sloeg mij de schrik om het hart. Ik had de deur in het slot gegooid, met de sleutel nog in het contact. Sterker nog: de motor draaide nog steeds. Gelukkig had Michel zijn raampje op een kier gelaten, zodat we de auto toch nog in konden. Overigens viel het aanbod in die winkel vies tegen. Dat zul je altijd zien.'

Verzamelen is jagen, blijkt uit het relaas van Visser, met alle emoties van dien. Tijdens zijn talloze bezoeken aan winkels en beurzen werd hij daar regelmatig zelf door bevangen. Hij zag om zich heen hoe dit nog veel extremer kon. Zoals een keer op een platenbeurs in Parijs. Alle verzamelaars hadden zich al vroeg gemeld, want die het eerst komt, het eerst maalt. Je weet immers nooit of een particuliere handelaar volkomen onbewust is van de waarde van bepaalde singles of elpees. De enige manier om daarvan te profiteren is om als eerste bij dat krat te zijn. Het viel Johan Visser op dat zeker tot elf uur een tafel bedekt bleef met een kleed en dat ook de verkoper in geen velden of wegen te zien was. Gretige verzamelaars drentelden om de tafel heen, speculeerden over het aanbod, maar durfden toch geen tipje van de sluier op te lichten.

Na wat een eeuwigheid leek kwam de verkoper toch opdraven. Het kleed onthulde onder meer een bakje met Franse ep's uit de jaren '60. Dat waren toen al felbegeerde items. De plaatjes bleken ook nog eens in een perfecte staat te verkeren. Desondanks vroeg de handelaar er het ridicuul lage bedrag van 12 gulden voor. Johan Visser: 'De eerste die dat bakje in de gaten had, had een gouden dag. Die kerel plukte het dan ook helemaal leeg. De een na andere pracht-ep kwam naar boven.'

'Het punt was dat een van de grootste verzamelaars van dergelijke ep's ter wereld net te laat was toegesneld. De arme man kon slechts toekijken. Dat deed hij dan ook verre van terughoudend. De stoom sloeg hem uit de oren. Bijna letterlijk. Bleek weggetrokken begon hij de gelukkige koper uit te maken voor alles wat mooi en lelijk is. Als hij in praktijk had gebracht wat hij allemaal verwoordde, was zijn concurrent die dag niet levend de beursvloer afgekomen. Ik heb wel eens gehoord dat hem nog eens zoiets overkwam, waarbij hij zo emotioneel werd, dat hij in een nabijgelegen hospitaal ter observatie is opgenomen. Tja, verzamelen brengt niet altijd het beste in een mens boven.'

Johan Visser vertelt dat het verzamelen hem ook talloze goede momenten bezorgd heeft. Zoals onverwachte ontmoetingen. 'Je moet weten dat ik al decennia lang gek ben op een Amerikaanse band met de fraaie naam West Coast Pop Art Experimental Band. Hun eerste wereldwijd uitgebrachte elpee was een van de vijftig albums die ik al in 1967 had gekocht. Zoals gebruikelijk in die tijd luisterden we naar de plaat, terwijl de hoes – met daarop de kop van bassist Shaun Harris – intensief bestudeerd werd.

Vele jaren later was ik met een collega van Boudisque in Los Angeles. We hadden een afspraak met een manager van een lokale hardrockband. Wellicht zouden we daar iets mee gaan doen. We meldden ons bij een fraai appartement in Santa Monica. De deur zwaaide open en ik stond plots oog in oog met diezelfde Shaun Harris! Nog voordat hij een woord van welkom uit had kunnen spreken floepte er bij mij al uit: 'You are Shaun Harris from the West Coast Pop Art Experimental Band!' Hij had het niet meer; twee mafkezen uit Nederland die hem binnen een seconde herkennen vanwege zijn vorige leven. We hebben die hele middag zitten bomen over zijn eigen band. Hij bleek ook nog manager te zijn van – *of all people* – Barry Manilow.'

'Hij stond erop dat we aan het eind van de middag ook nog mee zouden gaan naar zijn buurvrouw. Dat bleek een voormalige filmster van een jaar of tachtig. Ook zij woonde heel prettig. Ze liet zich bedienen door een ex-Mister America van een jaar of 25. Volgens Shaun Harris ging zijn dienstverlening nog verder dan alleen het inschenken van thee. We benijdden hem niet. "Boy" werd hij door de dame genoemd. Op het toilet hingen de oude foto's uit haar glorietijden. We hebben die middag onze ogen uitgekeken en achteraf enorm gelachen. Dat is namelijk een aardige bijkomstigheid van het verzamelen: je komt op plaatsen waar je anders nooit zou komen. Verder gaat het natuurlijk vooral om de muziek die je altijd weer mee naar huis troont.'

Johan Visser kijkt om zich heen. 'Ik ben heel blij met mijn collectie. Toch realiseer ik mij dat mij waarschijnlijk niet de tijd gegund zal zijn om alles ooit nog te draaien.' Glimlachend: 'Dat is wel een beetje de keerzijde van het hebben van zoveel platen. Ik grijp bovendien vaak naar dezelfde platen: die op manshoogte in de vakken staan. Ik kruip zelden over de grond om wat van de onderste planken op te diepen. Jaren geleden dacht ik daar iets op gevonden te hebben. Ik had een hometrainer gekocht, die ik in de platenkamer neergezet had. Ik nam mij voor om elke keer dat ik zat te fietsen, een plaat zou beluisteren. Ik zou beginnen bij de A en zo door het hele alfabet heen fietsen.' Met een lichte zucht: 'Ik kwam niet erg ver. Telkens kwam ik platen tegen waarvan ik dacht: nu even niet. Welke muziek je wilt horen is zo afhankelijk van je stemming. Ik zie het nu maar zo: ik kan uit de kast pakken wat ik op elk willekeurig moment zou willen beluisteren. Dat is en blijft een geweldige luxe. En dat is ook het fijne van het hebben van zo'n uitgebreide collectie platen.'

bij DEZE mijn lijstje.

Een TOP 10 van mijn favoriete platen samenstellen bleek een ondoenlijke zaak.
Ik kan als het moet op elk moment van de dag een andere top 10 inleveren.
Derhalve hier een lijstje van 10 platen welke bepalend zijn geweest voor de verdere ontwikkeling van mijn muzikale voorkeur(en) en de daaruit voortgevloeide en tevens totaal uit de hand gelopen verzamelwoede ook wel 'hobby' genoemd.

1965 THEM - Angry young them
1966 MOTHERS OF INVENTION - Freak out
1967 CREAM - Disraeli Gears
1967 Pink Floyd - pipers at the gates of dawn
1967 Jimi HENDRIX EXPERIENCE - Are you experienced.
1968 SPIRIT - same, 1e lp
1969 LED ZEPPELIN - I
1969 KING CRIMSON - In court of Crimson king
1970 GENTLE GIANT - same, 1e lp
1971 GENESIS - nursery crimes

Een Top 1000 samenstellen was makkelijker geweest!

Groeten
Johan

MAAR EERST DE KWESTIE: VINYL - JA OF NEE?

Vinyl in de praktijk

Vinyl als geluidsdrager wint de laatste jaren weer gestaag aan populariteit. Oudere muziekliefhebbers herontdekken hun collectie platen, jongeren realiseren zich steeds meer wat voor een coole dingen elpees eigenlijk zijn. Voor zowel de beginnende als de gevorderde vinylfanaat heb ik praktische tips verzameld over het kopen, onderhouden en bewaren van elpees en singles.

Stel, je hebt dit boek gelezen, maar je bent wat betreft vinyl nog een onbeschreven blad. Wellicht hebben de verhalen je belangstelling gewekt. Heeft het, ruim 25 jaar nadat vinyl met de komst van de cd luidkeels doodverklaard werd, nog zin om zelf elpees en singles te gaan verzamelen? Heel wat verzamelaars zullen die vraag luidkeels met 'ja!' beantwoorden. Hoe meer gelovige zielen immers, hoe beter.

Ik denk daar wat genuanceerder over. Het is vooral een afweging die je uiteraard helemaal zelf moet maken. Wel wil ik wat argumenten voor en tegen aandragen, die je bij die overweging zouden kunnen helpen. Daar gaan we dan:

Contra

Wie platen wil draaien heeft een platenspeler nodig. Dat klinkt logisch en dat is het ook. Zwicht echter niet voor de plastic apparaatjes die her en der voor rond de 100 euro verkocht worden. De eerste ervaring met vinyl zal daarmee alleen maar op een teleurstelling uitdraaien. Een matige platenspeler zal altijd minder klinken dan een matige cd-speler. Met andere woorden, wie werkelijk van vinyl wil genieten, moet bereid zijn te investeren een draaitafel en enige accessoires.

Van de meeste bands en artiesten verschijnen nog steeds platen, maar de prijs daarvan ligt vaak hoger dan die van cd's. Bovendien lijken platenmaatschappijen er een duivels plezier in te scheppen om de oplagen zo klein mogelijk te houden, waardoor sommige titels al na enkele weken uitverkocht raken en de status van collector's item bereiken.

Er wordt veel georeerd over de superieure geluidskwaliteit van vinyl, maar veel bands en platenmaatschappijen beschouwen het als een bijproduct voor een nichemarkt. Zo wordt het dan ook behandeld. Heel wat platen rollen ergens in Oost-Europa van de lopende band. Ze klinken nergens naar en de hoezen vallen bij de eerste aanraking uit elkaar.

Veel hedendaagse muziek wordt van begin tot het eind digitaal opgenomen. Als het dan toch nog op elpee verschijnt, luister je in wezen naar een in vinyl geperste cd.

Hoe je het ook wendt of keert: vinyl is bewerkelijk. Ook al is de cd lang niet zo onkwetsbaar als men ons destijds wijs probeerde te maken, het schijfje is ideaal voor de ietwat gemakzuchtige muziekliefhebber. Elpees zijn kwetsbaarder, nemen meer ruimte in en zijn gevoelig voor stof. Datzelfde geldt voor de platenspelers. Op gezette tijden moet de naald gereinigd en vervangen worden. De kosten die hiermee gemoeid zijn, zijn afhankelijk van het type naald dat gebruikt wordt.

Veel platen worden fanatiek verzameld, vooral originele en exotische persingen van obscure albums en popklassiekers. De prijzen daarvan zijn de afgelopen jaren vaak spectaculair gestegen.

Ten slotte, zoals je elders in dit boek hebt kunnen lezen, kan verzamelen behoorlijk verslavend zijn, kost het veel geld en vergt het veel ruimte...

PRO

Wie werkelijk voluit van elpees en singles wil genieten, hoeft echt geen tweede hypotheek op zijn of haar huis te nemen. Voor tussen de 300 en 400 euro zijn al mooi vormgegeven en fraai klinkende draaitafels te koop, die moeiteloos laten horen wat voor moois er in al die groeven verborgen zit.

De afgelopen jaren is er veel oude muziek op cd verschenen, vaak voorzien van allerlei extra's als dvd's en bonustracks. Daar staat tegenover dat die schijfjes wat betreft klank niet op kunnen tegen de oerplaten. Sommige mastertapes hebben decennia op een plank in een vochtige kelder gelegen. Soms hoor je dat. Wie echt wil ondergaan hoe jazz, blues en pop uit de jaren '50, 60 en '70 kan klinken, kan bijna niet om de originele platen heen.

Veel jonge bands besteden wel degelijk grote aandacht aan de vinylversies van hun albums. Het duo The White Stripes, dat zweert bij analoog, brengt nog steeds alles uit op subliem klinkende singles en elpees. Hetzelfde geldt voor het Schotse gezelschap Belle & Sebastian. Mooie muziek, prachtige platen. Ook de oude garde blijft het medium trouw. De soloplaten van Paul McCartney zien nog altijd het licht in de vorm van volmaakte persingen. Of wat dacht je van The Rolling Stones, waarvan hun recente succesalbum *A Bigger Bang* geluidstechnisch de cd in het stof laat bijten. Of Cream, dat de recente reünie overzette op drie hemels klinkende plakken vinyl... Enzovoorts, enzovoorts.

Vinyl mag bewerkelijk zijn, het vergt ook een betrokkenheid die de luisterervaring kan verrijken. Wie herkent het niet: je zet een cd op en tien minuten later ben je heel ergens anders met je gedachten. Het is een nogal vrijblijvende ervaring. Een plaat trek je uit de kast, de elpee moet met enige zorg uit de hoes gehaald worden, waarna de naald naar de groef geleid wordt. Het is een mooi ritueel, dat je veel meer bij de muziek haalt. Laat ik het zo zeggen: een cd is een snelle kop koffie, een elpee een goed glas wijn.

Het onderhoud dat een platenspeler vergt, of het reinigen van tweedehandse elpees, wordt door menigeen als lastig ervaren. Toch is er een categorie muziekliefhebbers die het eeuwige gefrutsel aan de platen en de speler als een leuke extra dimensie van de hobby zien. En er zijn platenspelers op de markt die erg onderhoudsarm zijn.

Sommige platen zijn peperduur; andere kosten bijna niets. Wie nog maar weinig muziek in huis heeft, maar bijvoorbeeld een zwak heeft voor de popklassiekers uit de jaren '70 en '80, kan zich met een minimumbudget storten op de platenbakken op rommelmarkten en in kringloopwinkels. Het volledige oeuvre van The Eagles, Simple Minds, ELO en The Police ligt er voor zelden meer dan 1 euro te koop.

Hoewel platenmaatschappijen de laatste jaren met grote ijver proberen iets moois te maken van de cd (digipacks, extra's), blijft het een klein doosje met daarin een zilveren schijfje. Platen zijn mooi. Van de hoes, de zwarte groeven rond het label, tot de mogelijke extra's in de vorm van posters en tekstvellen. Platen hebben bovendien een persoonlijkheid. Een persing uit Amerika oogt, voelt en – jawel! – ruikt heel anders dan het verre broertje uit Engeland of Frankrijk. Cd's hebben daarbij vergeleken veel minder persoonlijkheid.

Vinyl lijkt het eeuwige leven te hebben. Op gezette tijden lekken onrustbarende verhalen uit over rottende en verkleurende cd's. Of de wereld binnenkort opgezadeld zit met miljarden cd's die geen kik meer geven, is een kwestie van angstig afwachten.

Feit is dat elpees het knagen van vader tijd moeiteloos hebben weerstaan. Goed verzorgde elpees uit de diepe jaren '50 klinken nog steeds als een klok.

Ten slotte, de ongrijpbare 'cool'-factor. Cd's zijn ten dode opgeschreven. Nog een paar jaar en ze zijn definitief verdreven door al dan niet legale downloads. De verkoop van vinyl neemt de afgelopen jaren weer toe. Een tendens die deels te danken is aan jonge deejays die nog steeds zweren bij vinyl en het een trendy imago bezorgden. Je ziet ze dan ook steeds meer: jonge muziekfreaks met een platentas op hun rug, vol trendy maxi's of elpees van alternatieve gitaarbandjes.

Informeren

Wie voor het eerst op platenjacht gaat, doet er goed aan zich te informeren. Je betreedt namelijk een wereld waar een geheimtaal gesproken wordt, die doorspekt is met termen als obi, plakrand en matrixnummer. Zeker als je van plan bent om te gaan investeren in originele persingen is het belangrijk je huiswerk goed te doen. Alleen dan zie je bijvoorbeeld het verschil tussen de echte Nirvana-single *Love Buzz* op het Sub Pop label, en een van de talloze imitaties. De eerste is meer dan 1200 euro waard, de ander een paar tientjes.

Het gaat te ver om op deze plaats uit de doeken te doen waar je per label en bij elke band precies op moet letten. Dat valt buiten de strekking van dit boek. Bovendien is het complexe materie, die niet op een paar bladzijden samen te vatten is. Er zijn bovendien al talloze boeken die wat dat betreft bol van de informatie staan, zoals de zogenaamde *price guides* van Record Collector (Engeland), Oldie Markt (Duitsland) en Goldmine (VS).

Heel wat minder waardevol zijn de prijsaanduidingen. Menig verzamelaar rekende zich al rijk, maar kwam toen de collectie in de verkoop ging van een koude kermis thuis. De aangegeven waarde biedt hoogstens een indicatie van de zeldzaamheid. Verder is het vooral wat de gek ervoor geeft. Een bepaalde elpee kan op eBay het ene moment voor 500 dollar van de hand gaan, terwijl een identiek exemplaar, in dezelfde staat, luttele weken later nog niet de helft oplevert. Wie daar een verklaring voor heeft mag het zeggen.

Kopen

De werkelijke romantiek van het platen kopen is toch echt alleen in platenwinkels en op platenbeurzen te beleven. Wat is er nou leuker dan urenlang graven in bakjes vol singles en kratten vol platen. Het is, zeker op een platenbeurs, ook prettig om vast te stellen dat je niet de enige bent die behept is met een ongeneeslijke vinyltic. Soms heb je die bevestiging even nodig.

De jacht is leuker dan de vangst, vertelde menige verzamelaar mij. Dat is misschien een tikje overdreven, maar er zit veel in. Zeker wanneer je een onbekende platenzaak binnenstapt, weet je nooit wat je er aan zult treffen. Toegegeven, vaak is het niets. Wie echter regelmatig zijn vaste adresjes inspecteert, stuit vroeg of laat op een pareltje. Dat gevoel, om voor niet al te veel geld die langverbeide plaat uit de bak te trekken, daar gaat het om! Elke verzamelaar zal dat beamen.

Het aantal platenzaken dat nog vinyl verkoopt, met name tweedehands, lijkt de laatste jaren iets terug te lopen. Een blik in de onvolprezen Nederlandse *Vinylzakengids*, een uitgave van het *Platenblad*, leert dat er in vrijwel elke stad en zelfs in de meeste dorpen nog altijd winkels zijn die handelen in het zwarte goud.

Een voordeel van het kopen in winkels of op beurzen is dat je de kwaliteit van de elpee of de single met eigen ogen kunt controleren. De staat van de hoes geeft vaak al aardig aan hoe er met de plaat is omgesprongen. Toch dient elke aankoop letterlijk tegen het licht gehouden te worden. Vlekjes kunnen verwijderd worden, oppervlakkige krasjes hoeven geen drama te zijn, maar japen die met de nagel voelbaar zijn, zullen ook vrijwel altijd hoorbaar zijn. Alleen kopen als je echt desperaat bent. En, het klinkt bijna betuttelend, maar check of de juiste plaat in de hoes zit. Je zult niet de eerste zijn die juichend thuiskomt met die eerste Pink Floyd in mono uitvoering, om vervolgens het verzamelde werk van Vader Abraham uit de hoes te trekken.

Een fors deel van de handel heeft zich desondanks verplaatst naar het internet. Binnen Nederland komt nog steeds veel terecht op Marktplaats. Verzamelaars die internationaal mee willen dingen, kunnen niet langer om eBay heen. Handelen via eBay en de broertjes en zusjes daarvan mist misschien de romantiek van het ambachtelijke spitwerk, het is wel de manier om aan platen te komen die normaal nooit in onze contreien gesignaleerd worden.

Vrijwel iedereen kent inmiddels de gruwelverhalen van pakken geld die opgestuurd worden, zonder dat de gewonnen plaat ooit opduikt. Of die als 'mint' (= puntgaaf) omschreven stereo persing van *Please Please Me* van The Beatles met het goud met zwart Parlophone-label, die in werkelijkheid oogt alsof een complete kennel honden eraan geknaagd heeft.

Ook hier luidt het devies: je huiswerk doen! Check altijd de feedback van verkopers. Dat zijn de ervaringen van mensen die eerder met de aanbieder te maken hadden. Zijn er veel negatieve reacties – laten lopen die veiling! Kijk ook wat voor feedback de verkoper zelf achterliet. Het legt soms bloot dat de verkoper in kwestie behept is met een extreem kort lontje.

Zeker wanneer je belangstelling hebt voor een duurder item, heeft het zin om vragen te stellen. De snelheid waarmee je antwoord krijgt en de wijze waarop, vertelt veel over de accuratesse en de mentaliteit van de verkoper. Check ook wat de verkoper in kwestie verder nog verkoopt. Is het een ervaren handelaar die in niets anders handelt dan platen, of iemand die toevallig wat platen aantrof op zolder? In het ene geval zal de wijze waarop een plaat omschreven is serieuzer genomen kunnen worden dan in de andere.

Het is mijn ervaring dat vooral met reguliere platenzaken die een deel van hun voorraad via eBay verkopen, goed zaken te doen is. Het zijn vaak bedrijven die al jaren bestaan, een bepaalde ervaring hebben opgebouwd en – heel belangrijk – er baat bij hebben dat de klant tevreden is en dus terugkomt.

Verder is het simpelweg een kwestie van ervaring opdoen. De gehaaide eBay-er voelt op den duur in de vingertoppen of-ie een paar muisklikken verwijderd is van een werelddeal, of op het punt staat gruwelijk belazerd te worden. Echte regels zijn er niet. Goed, misschien eentje: bij gerede twijfel de aanbieding laten lopen. Elke plaat komt minstens nog een keer voorbij.

Er is al heel wat geschreven over de impact van eBay op het verzamelen. Die is heel groot. In het kort komt het erop neer dat de prijzen van de absolute topitems gigantisch gestegen zijn. Deels door hypes die aangewakkerd werden, maar ook doordat er ergens op de wereld – vaak in Japan – altijd wel iemand is die bereid is de absolute topprijs te betalen voor dat zeldzame brokje psychedelica dat in eigen beheer werd uitgegeven.

Een ander voorbeeld is de mono versie van het zogenaamde *White Album* van The Beatles. Tien jaar geleden stond die in de bakken voor een paar tientjes (in guldens), sinds de verhitte verhalen op audiosites is de dubbelaar (uiteraard plus posters, foto's en zwarte binnenhoezen) goed voor honderden euro's en blijkt die nog maandelijks met een paar tientjes in waarde te stijgen.

Daar staat tegenover dat het aanbod ook enorm toegenomen is. Heel wat platen, vooral in de middencategorie qua zeldzaamheid, zijn daardoor in waarde gedaald en dus betaalbaarder geworden.

Dankzij eBay zijn markten plotseling ook heel dichtbij gekomen. Neem goede country. In Nederlandse platenzaken kom je die nauwelijks tegen. Daar moeten we het doen met Johnny Cash, John Denver en de onvermijdelijke Jim Reeves. Voor die paar leuke titels moest voorheen stevig betaald worden. In Amerika is – sorry: open deur – country een miljoenenindustrie. Het is dus kinderspel om via eBay voor bijna niets de beste bluegrass, western swing of outlaw country op de kop te tikken. Onze droomplaten zijn in Amerika winkeldochters.

Met andere woorden, het mes snijdt aan twee kanten. Sommige platen zijn duurder geworden, maar volgens mijn ervaring is het merendeel juist in prijs gedaald. En eBay heeft nog een voordeel. Wie zijn of haar platen weg wil doen kan nu kiezen. Voorheen was deze 'afvallige' afhankelijk van de prijstechnische grillen van de locale handelaar. ('Nee mevrouw, ik kan hier eigenlijk niets meer mee. Nou vooruit, vijf euro voor de hele stapel.') Velen hebben inmiddels, met succes, de collectie gesleten via het internet.

Vroeger werd kopen in het buitenland nogal gehinderd doordat het lastig was om het geld bij de koper te krijgen. Via de banken was het duur en traag; cash opsturen was altijd vol risico's. Er zijn inmiddels betere alternatieven, zoals het aan eBay gelieerde Paypal; een soort online bank, met een account waarmee zowel betaald (via je credit card) als ontvangen kan worden. Ook deze methode is niet vrij van strubbelingen, maar het heeft bewezen heel wat veiliger te zijn dan honderd euro in een envelopje te stoppen en dan maar af te wachten.

Onderhoud

Platen zijn als een veeleisende geliefde. Wie bereid is veel te investeren, krijgt ook veel terug. Wie de liefde laat verslonzen, betaalt daar vroeg of laat een hoge prijs voor.

Eerst maar even het onvermijdelijke: hoe houd ik de plaat correct vast? Er is, waarde lezer, maar één juiste manier: met de duim tegen de buitenrand van de elpee, en de andere vier vingers op het label. Vingers op de groeven is een doodzonde. De vettige substantie die achterblijft oogt lelijk, wordt hard en dus hoorbaar en trekt vuil aan.

Nieuwe platen gedijen het best in een plastic beschermhoes, die voorkomt dat vette vingerafdrukken zich vastzuigen in de kartonnen hoes, en gaat slijtage tegen bij het van de plank afhalen en weer terugzetten van de elpee. Hetzelfde geldt trouwens voor singles.

Het is bovendien aan te bevelen op de standaard papieren binnenhoes te vervangen door een exemplaar dat gevoerd is met zacht plastic. Platen die regelmatig in en uit een papieren hoes geschoven worden, krijgen een wat mat aanzicht en kunnen zelfs krassen oplopen.

Er is op audiosites ook al heel wat gebekvecht over het reinigen van tweedehands elpees. Na jaren spoelen, inweken en drogen geef ik je hieronder mijn tips.

Veel oudere tweedehands platen zitten vol vingers, biervlekken, klonten kaarsvet en substanties waarvan je de samenstelling soms maar beter niet kunt weten (het waren immers wilde tijden, die jaren '60). Die troep krijg je er alleen uit door een reinigingsvloeistof in de strijd te gooien.

Natuurlijk, wanneer een plaat smetteloos oogt en klinkt: niets meer aan doen. Een dun laagje stof laat zich het best verwijderen met een goed borsteltje (over doekjes ben ik minder te spreken). Erg prettig zijn ook die ietwat kleverige gummie rollers, waarmee je het stof van de plaat tilt.

Er wordt in menig Nederlands huishouden geklungeld met kraanwater en handdoekjes. Niet doen! Kraanwater bevat kalk. Kalk heeft de onaangename eigenschap niet te verdampen, maar zich met ware doodsverachting vast te zetten in de delicate groeven van elpees. Van de regen in de (kalkrijke) drup, heet dat.

Behoorlijk effectief is de Knosti Disco Antistat-methode, die al tientallen jaren bekend is. De elpee wordt gehangen in een plastic bak vol speciale reinigingsvloeistof. Deze wordt handmatig rondgedraaid, waarbij de groeven door borstels onder handen genomen worden. Na het bad mogen de platen in alle rust uitdruipen in een bijgeleverd rekje. Bij elke behandeling wordt de vloeistof echter steeds troebeler en er zal er bovendien altijd een residu achterblijven in de groeven.

Veel effectiever, maar ook prijziger, is om elektrisch te gaan. Hoewel? Voorheen moesten wij arme Europeanen het doen met de peperdure apparaten van Amerikaanse makelij, zoals de VPI of de Nitty Gritty, machines die allemaal tegen de 1000 euro kostten. En het beroemde werkpaard van de Brit Keith Monk ging menigeen helemaal het budget te boven. Onlangs kwam echter een relatief goedkoop Europees alternatief op de markt, met de kittige naam Okki Nokki.

De machine werkt op vrijwel dezelfde wijze als de grote broers: de elpee wordt op een soort draaitafelplateau gelegd, een motor brengt de boel aan het draaien en de plaat wordt door middel van een borstel bevochtigd met reinigingsvloeistof. Dat moet enige tijd inwerken, waarna een met vilt afgezette buis de plaat weer droog zuigt. Klaar is Kees. Het is de meest effectieve manier om een plaat te reinigen. Vinylfreaks met zeldzame platen en in het bezit van grotere collecties zouden een dergelijk apparaat beslist moeten overwegen.

Zelf zou ik niet meer zonder willen.

Over de buitenhoes kan ik korter zijn. Aan kartonnen hoezen waarop gekliederd is (namen schrijven op platenhoezen had al decennia geleden in het Wetboek van Strafrecht opgenomen moeten worden), zijn wat dat betreft reddeloos verloren. Elke poging om die weg te krijgen, maakt het meestal nog erger. Hoezen die gelamineerd zijn, zijn doorgaans nog wel te redden door met een in alcohol gedrenkt doekje over de inkt of lijmresten heen te gaan. Het dunne laagje plastic voorkomt (meestal!) dat de hoes zelf zal verkleuren. Maar wees altijd zeer behoedzaam!

Uiteraard geldt ook voor de minutieus schoongemaakte plaat: voorzie die van een nieuwe binnenhoes en beschermende buitenhoes. Deze accessoires zijn in veel platenwinkels te koop, maar ook verkrijgbaar op platenbeurzen en via internetsites.

De platenspeler

Voor een paar honderd euro zijn er al heel verdienstelijke nieuwe draaitafels te koop. Helaas hebben de meeste moderne versterkers geen speciale phono-ingang meer, dus is er in die gevallen een speciale phono-voorversterker nodig. Die zijn er in alle prijsklassen, van enkele tientjes tot een paar duizend euro. Er is daarnaast een levendige handel in betrouwbare 'vintage' draaitafels van onder meer Dual, Thorens, Linn, Garrard, Lenco en Technics.

Het is elk geval erg belangrijk dat er op de draaitafel een goede naald zit. Een versleten exemplaar brengt onherstelbare schade toe aan vinyl. Het verdient dan ook aanbeveling om jaarlijks de naald door een ervaren audiodealer te laten controleren.

Het is daarnaast van belang dat een platenspeler goed afgesteld wordt. Een te grote naalddruk, een arm die te veel naar links of rechts zwenkt, het zijn allemaal factoren die het geluid negatief beïnvloeden en de levensduur van een elpee drastisch kunnen bekorten.

Opbergen

Ter volledigheid ook nog wat tips over het opbergen van platen:

- Platen gedijen het best wanneer ze verticaal opgeborgen worden, in een kast met vakken van ongeveer 30 centimeter breed. Zelf bouwen kan, maar een zekere meubelgigant uit Zweden heeft ook buitengewoon bruikbare kasten in het assortiment.
- Zorg dat de platen zo recht mogelijk staan. Scheefgezakte collecties trekken (onherstelbaar!) krom. Vul halflege vakken eventueel op met boeken.
- Stel platen nooit bloot aan direct zonlicht. De (ruggen van de) hoezen zullen verkleuren en door de warmte kan het vinyl kromtrekken.
- Zorg ervoor dat de ruimte droog is. Vooral de dikke Amerikaanse hoezen lijken wel sponzen, die alle vocht in zich opzuigen. En na een tijdje erg onaangenaam kunnen gaan ruiken.
- Bewaar platen in elk geval nooit plat, zeker niet als stapel. Aanwezige stofdeeltjes worden door de zwaartekracht in het delicate vinyl vastgedrukt.

Het lijkt allemaal heel wat, maar geloof mij: in de praktijk valt het allemaal reuze mee. Het rommelen met platen kan juist erg leuk zijn. Een ietwat verwaarloosde elpee of single weer in oude luister herstellen kan heel erg bevredigend zijn. Je hebt toch maar even een mooie plaat voor de poorten van de vergankelijkheid weggesleept. En zoals de hoofdpersonen in dit boek al in allerlei toonaarden beleden hebben: vinyl vergt veel, maar je krijgt er nog veel meer voor terug!

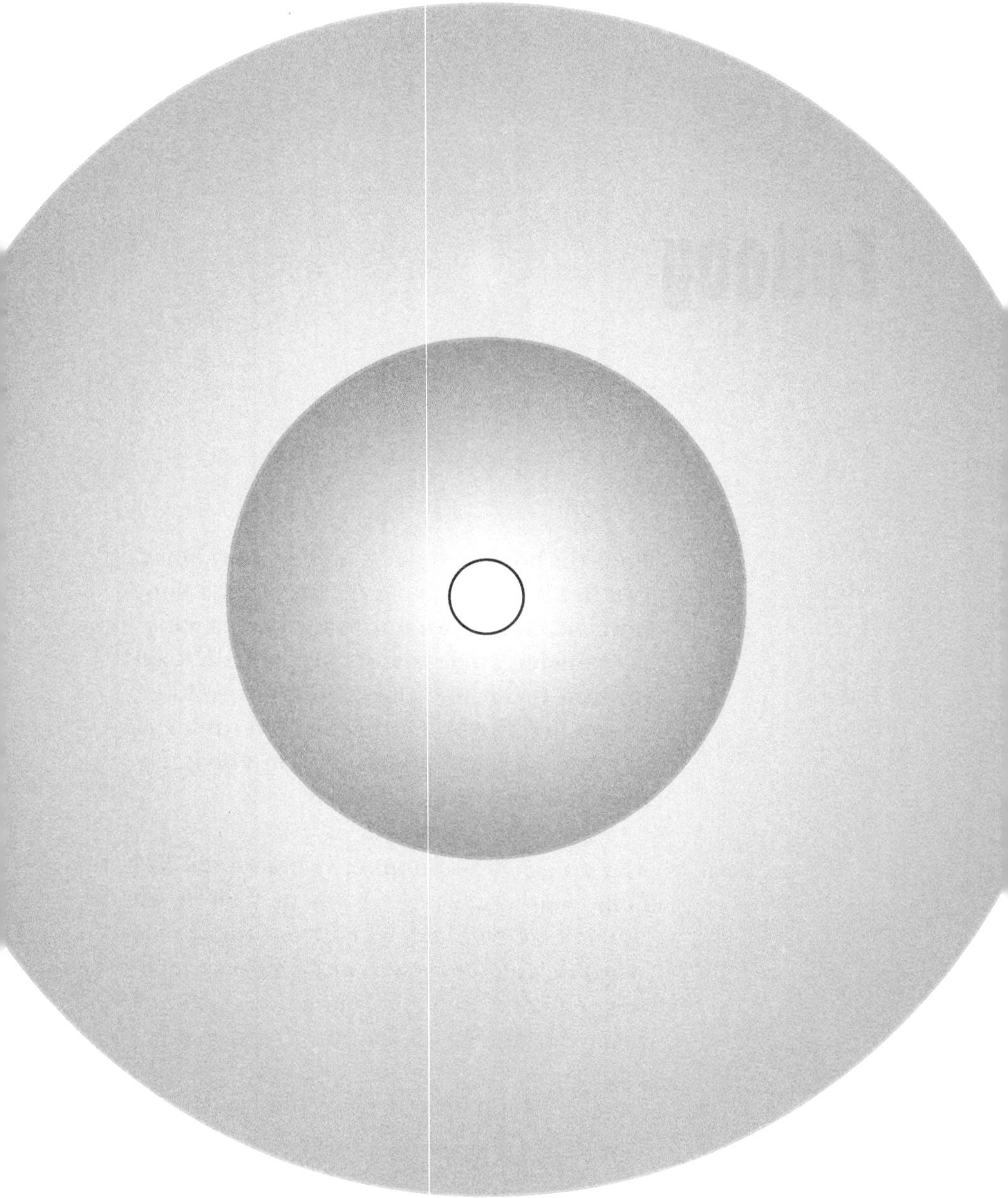

Wow!

Epiloog

Voor dit boek heb ik 22 mensen het hemd van het lijf gevraagd over hun liefde voor muziek, het fanatisme waarmee ze vinyl verzamelen en de invloed die het allemaal op hun leven had. Heerlijke gesprekken waren het, die bij mij heel wat herinneringen opriepen. Op de valreep van *Vinylfanaten* wil ik er een aantal delen.

Met enige schroom moet ik bekennen wel eens van elpees te dromen. Platen en muziek, ze betekenen veel voor mij. Soms word ik wakker terwijl er in mijn gedachten een nooit in werkelijkheid verschenen plaat van The Beatles rondtolt. Of staat het zweet nog in mijn handen vanwege een supercollectie waar ik net naast greep. Pfew – het was gelukkig maar een droom!

Tijdens het werken aan dit boek schoot mij een heel aparte droom te binnen. Ik was een jaar of negentien. Ik had de jaren '60 nauwelijks bewust meegemaakt, maar de muziek uit die tijd interesseerde me des te meer. Een van de bands die ik destijds compleet probeerde te krijgen was het Amerikaanse Moby Grape. De platen daarvan waren toen al behoorlijk zeldzaam. Ik zal nooit vergeten dat ik op een vrijdagavond het net heruitgegeven debuut uit 1967 had gekocht. Er ontbrak nu nog één titel in mijn verzameling: *Wow*, de tweede elpee, uitgekomen in 1968.

's Nachts droomde ik dat ik die elpee aantrof op de rommelmarkt in het hartje van Delft, die ik elke zaterdag trouw afstruinde. Ik voelde mij de volgende ochtend bevangen door een merkwaardig soort zekerheid: die plaat zou ik vinden. Vandaag.

Ik repte mij, vroeger dan normaal, op de fiets naar het centrum. Bij de eerste kraam, in de eerste doos, hoefde ik maar drie platen voorbij te bladeren. Daar stond hij: *Wow*! Een originele Amerikaanse persing, in perfecte staat. Hakkelend vroeg ik de verkoper wat de elpee moest kosten. Twee gulden vijftig, mompelde deze, uiteraard volkomen onbewust van het bijzondere moment. En van de plaat in kwestie.

Het was een ongelofelijke ervaring, een pril hoogtepunt in een leven met muziek dat een jaar of zes daarvoor begonnen was.

Halverwege de jaren '70 kochten mijn ouders een volwaardige stereoset. De overbodig geworden koffergrammofoon was voor mij: een crèmekleurige Philips, met een rood deksel waarin de speaker zat. Achter een roostertje gloeiden oranje lampen. Een oudere zus gaf mij een handvol singles: Earth & Fire, Gilbert O'Sullivan, Dave & Ansil Collins, Herman's Hermits en... Focus.

Die laatste single, met daarop de hits *Hocus Pocus* en *Sylvia*, heb ik – letterlijk – grijsgedraaid. Vooral het eerste nummer. Het woeste geroffel van Pierre van der Linden, de gillende gitaarsolo van Jan Akkerman en het hysterische gejodel van Thijs van Leer – het was alsof er een venster openging naar een wereld die zoveel opwindender was dan dat aangeharkte bestaan in Delft-Zuid.

Het duurde niet lang of al mijn zakgeld ging op aan platen. Ik krikte mijn budget verder op door kranten te lopen en in de kassen te werken. Ik zigzagde mij een weg door het heden en verleden van de popmuziek. De sombere observaties van Lou Reed, het bronzen stemgeluid van Johnny Cash, de straatpoëzie van Herman Brood, de ronkende bikerrock van Motörhead en de barokke bombast van Queen – ik vond het allemaal even mooi.

Rond die tijd kreeg ik een hificatalogus in handen. Op een van de pagina's stond een foto van een muziekrecensent: een man van zekere leeftijd, die gebogen over zijn typemachine zijn werk deed. Ik heb uren naar de achtergrond van de foto getuurd: een muur van platen. Ik fantaseerde er vaak over. Wat moest het geweldig zijn om zoveel muziek in huis te hebben...

Het beeld zette zich vast in mijn geheugen en dreef mijn kooplust naar nog grotere hoogten. Ondertussen schoten hypes, trends en stromingen voorbij. Ik pikte nog net het staartje van de punk mee, genoeg om een levenslang fan van de Ramones te worden. Ik omarmde de metal, die vanaf het eind van de jaren '70 vanuit Engeland de wereld overspoelde: Judas Priest, Saxon, Iron Maiden, Def Leppard en vele anderen. Later kwam daar het Amerikaanse antwoord van Metallica, Slayer en Megadeth overheen.

In tegenstelling tot veel andere headbangers stond ik het mijzelf toe om ook naar andere muziek te luisteren. De somberheid die mij in de nadagen van de puberteit regelmatig overviel, werd perfect verwoord door Ian Curtis en zijn Joy Division. Na diens dood koesterde ik mij aan The Cure en Depeche Mode. Luisterend naar Jefferson Airplane, The Beatles, The Kinks en The Beach Boys probeerde ik een beeld van de jaren '60 te krijgen.

Jarenlang focuste ik mij op die muur, niet op de zwoegende man. Mijn smaak verbreedde zich steeds meer. Ik had al vroeg een vrij helder beeld van de wijze waarop popmuziek was ontstaan en hoe het in de loop van de jaren was uitgewaaierd. De wortels, de stam en de takken. Ik wilde alles ontdekken: van de vroegste blues en country, via de rock-'n-roll, de jaren '60 met de beat, soul en garage, naar de pop, punk en hardrock van de jaren '70.

Ik stelde mij doelen: ik wilde alles hebben dat Jerry Lee Lewis ooit op plaat had gezet. Daar kwam Roy Orbison bij. Weer later het bluegrass duo The Louvin Brothers – onsterfelijk dankzij hun klassieke elpee *Satan Is Real*. Het bleef zich uitbreiden, van oude hiphop tot trendy dance en lounge. Ik begon jazz te verzamelen. De klassieke muziek sloop op kousenvoeten mijn kasten in.

Gaandeweg werd ik ook steeds perfectionistischer. Platen met tikken ruilde ik in voor puntgave exemplaren. Beduimelde hoezen werden eveneens vervangen. Ik werd verliefd op de onvolprezen Japanse elpees, audiofiele uitgaven en testpersingen.

Het vinyl bleef ik trouw. Ik was heel even onder de indruk van de compactheid van de cd en de afwezigheid van bijgeluiden, maar elpees bleven voor mij het meest menselijk klinken. Tegen die authentieke platenhoes kon dat plastic doosje al helemaal niet op.

Ik ben in de loop van de tijd wel wat bijgedraaid. Veel nieuwe cd's klinken verdraaid goed, maar elpees verzamel ik en zal ik nooit verkopen.

De eerste jaren sleet ik mijn leven als ambtenaar in een omgeving die ik sindsdien uit mijn herinnering probeer te wissen. Doodongelukkig werd ik er. Ik zocht compensatie door 's zaterdags in een platenzaak te werken, doordeweeks 's avonds in de Rotterdamse club Nighttown te draaien en bij een regionale zender een wekelijks heavy metal-programma te presenteren. Een overvol leven, zeker naast een gezin.

Na zes rampjaren op kantoor nam ik een voor mijn doen revolutionaire stap en ging bij een platenmaatschappij werken. Ik hoopte er de liefde voor muziek aan te treffen, maar ontdekte al snel dat ik daarin naïef geweest was. Een jaar later – eind 1991 – wist ik het zeker: ik zou voortaan fulltime over muziek gaan schrijven. Een bestaan vol onzekerheid, maar met veel muziek.

Het is intussen vijftien jaar later. Die foto uit de catalogus is gaan leven. Ik ben die zwoegende man geworden. Het is mooi om te kunnen leven van muziek: cd's bespreken, concerten bezoeken en muzikanten interviewen. Ik heb talloze helden uit mijn jeugd in de ogen mogen zien.

Ik was zo'n idolaat fan van Deep Purple en Rainbow-gitarist Ritchie Blackmore, dat ik als pukkelige puber al zijn solo's uit mijn hoofd kende. Vijftien jaar later sprak ik hem. Urenlang, in een kasteel in Duitsland. Na afloop speelde hij een uur gitaar. Zijn verloofde Candice Night zong. Een privé-concert dat nog altijd in mijn geheugen gegrift staat. In de jaren daarna interviewde ik de charmeur Mick Jagger, de warrige Brian Wilson, de onderhoudende Herman Brood en de warme B.B. King.

In de afgelopen 25 jaar metselde ik aan mijn eigen muren van vinyl. Planken vol singles, ep's, en elpees. En, laat ik eerlijk blijven: cd's en dvd's. Het is alles bij elkaar meer muziek dan ik menselijkerwijs ooit nog zal draaien. Het is zelfs meer dan mijn doorgaans uitstekende geheugen kan bevatten, merkte ik onlangs. Vandaar dat ik besluit met een anekdote die minstens zo gênant is als de bekentenis over mijn dromen waarmee ik dit relaas begon.

Onlangs was ik in een platenzaak in Den Haag. Er werden mij een paar superzeldzame Nederlandse punksingles aangeboden. Waaronder die van de band de Mollesters, een van de schaarse Haagse bijdragen aan de jaren '70-punk. Het plaatje uit 1978 oogde alsof het een lang en liefdeloos leven in een vochtig kraakpand achter de rug had. Kreukels en krassen alom. Toch moest het veel geld kosten, 150 of 175 euro, de eigenaar was er nog niet helemaal uit. Ik twijfelde. Ik zat net op een hardnekkige Nederpunktrip. Ik vermande mij echter en schafte een paar minder dure singles aan.

De weken daarna bleven de Mollesters aan mij knagen. Soms tot diep in de nacht. Hoeveel waren er van die dingen gemaakt? 400 of 500? Beslist niet meer. Zou ik het kreng ooit nog eens tegenkomen? Langzaam kwam ik op andere gedachten. Mijn collectie kon absoluut niet zonder. Toch? Uiteindelijk had ik mijzelf overtuigd en meldde ik mij andermaal in de Hofstad.

'Verkocht,' reageerde de winkelier op de slecht geacteerde achteloosheid waarmee ik naar de single informeerde. 'Aan een Canadees die nog veel meer punksingles meenam. Zoals die van Filth. Honderden euro's hebben we daarvoor gekregen.'

Snakkend naar enige troost bedacht ik me dat mij die bandnaam wel iets zei. Had ik die single, verschenen op hetzelfde Plurex-label dat ons de Mollesters bracht, niet al lang in huis? Eenmaal thuis controleerde ik het meteen. Inderdaad! Alle plaatjes op Plurex stonden trouwens gebroederlijk bij elkaar. Inclusief – en ik kon mijn ogen nauwelijks geloven – die van de Mollesters. In perfecte staat bovendien! Ik voelde me dolgelukkig en een tikje beschaamd tegelijk.

Al eerder had ik (bijna) platen gekocht die ik al lang in huis had. Dit was dus het gevolg van die excessieve platenjacht.

Dus stoppen met kopen? *No way!* Er is nog zoveel mooie muziek te ontdekken. In alle genres, uit alle windstreken. Doublures voorkom ik wel door mijn collectie in een computerbestand onder te brengen. Ooit heb ik daar alle tijd voor, maak ik mijzelf wijs. Verder blijf ik onbekommerd speuren, kopen, luisteren en vooral genieten! Net als de 22 vinylfanaten die ik voor dit boek sprak.

Robert Haagsma

Dankwoord

Graag wil ik iedereen danken die een bijdrage heeft geleverd, in wat voor vorm dan ook, aan de totstandkoming van *Vinylfanaten*.

Allereerst Jan van Miert en Dorien Stilma van uitgeverij het Spectrum. Jan vanwege het enthousiasme waarop hij mijn idee voor dit boek vanaf het begin onthaalde en de bruikbare suggesties die hij deed. Dorien voor de uiterst plezierige begeleiding tijdens het schrijven en het engelengeduld als er door mijn toedoen weer eens een deadline sneuvelde.

Verder natuurlijk Jack Tillmans voor foto's die nog mooier bleken te zijn dan ik durfde te dromen. De geïnterviewden zijn perfect vastgelegd en de portretten betekenen voor mij een enorme verrijking van het boek.

Jan van Dorsen van platenzaak Record Palace in Amsterdam, omdat hij mij op het spoor van een aantal in dit boek geïnterviewde verzamelaars zette.

Cas Bosland van de Mega Platen en CD Beurs voor het enthousiasme dat hij vanaf het prille begin tentoonspreidde, de praktische hulp bij de lancering van dit boek op 'zijn' beurs en zijn vlammende voorwoord.

Dit boek had natuurlijk nooit geschreven kunnen worden zonder de 22 verzamelaars die hun deur voor mij openzetten, in hun geheugen groeven, platen lieten horen, zwoegden op de top-10's, openhartig waren en vooral hun liefde voor muziek wilden delen: Emiel Buis, Jules Deelder, Walter Hoeijmakers, Miss Djax, Jan Vollaard, Johan Derksen, Eric van den Hurk, Deejay Git Hyper, Marthy Coumans, Metal Mike van Rijswijk, Kees de Kat, Erik Heylen, Hans Seegers, Berend Dubbe, Stephen Dewaele, Willem Venema, Michel Terstegen, Henk Bouwer, André Methorst, Wipneus & Pim, Rob & Elly, Johan Visser.

Verder wil ik graag iedereen bedanken die op de een of andere manier een bijdrage heeft geleverd aan mijn eigen muzikale leven, nu of lang geleden:

Erwin van Faassen, Jan Pieter 't Hart, Jan Reijnders, Luuk Krol, Axel Kabboord, Willem Bemboom, Jean Paul Heck, Ron van Hal, Tjerk Lammers, Nico Heemelaar, Peter van der Meulen, Jan Smit (die andere!), Patrick Oxsener, Paul Bergen, Peter Pakvis, André Smilde, Yvo Tap, Hans Broere, Thijs Mantel, Thierry van Sliedrecht, Sjuul Kok, Onno Cro-Mag, Gerd Jan Vleugels, André Verhuysen, Doron Nagan, Aldo Perotti, Hans van Vuuren, Mikael Åkerfeldt, Sandra Bulthuis, Robbie Woning, Rinus Gerritsen, Bas Smit, Jaap Wagemaker, Jaap van Eik, Boudewijn Bonebakker, Ed Warby, Ed Knegtel, Vincent van Bentem en Hans van den Heuvel.

En vanzelfsprekend dank ik de (belangrijkste) platenzaken die mij al jaren zo voortreffelijk bedienen. In Rotterdam: In & Verkoop, Boekhandel Delftshaven, Boom Box, Plaatboef, Demon Fuzz en Hitsound. In Amsterdam: Record Palace, Sound Of The 50's, Distortion, Boudisque en Concerto. In Utrecht: Da Capo en de Grammofoonwinkel. In Delft: Plexus en Playland.

DANK!